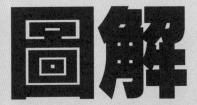

三大特色
- ●一讀就懂的班級經營入門知識
- ●文字敘述簡明易懂、觀念完整
- ●圖表方式快速理解、加強記憶

班級經營

林香河
林進材 著

閱讀文字

理解內容

觀看圖表

五南圖書出版公司 印行

為什麼班級經營如此重要

近年來,學校在少子化後的教育結構下,開始產生了許多變化,包括教學的活化與課程的重新安排,學校開始重視學校本位課程的發展以及教師的教學與學生的合作學習。學校教師除了要不斷地接受各種評鑑,尚且需要面對家長與教學的壓力之外,也需要因應更多除了教學以外的事件發生,而這就是班級經營最重要的要項。可惜的是,對於教師帶班級的經營與管理,卻在這些學校的教育結構變化當中缺席了。

當新聞媒體報導關於校園霸凌事件、學生在網路上透露對學習的無助感、該上學的學生因故沒有到校、學生在體育課突然昏倒從此再也沒有醒過來……等等事件,無論對學校的名聲以及該校師生,都是很大的傷害。回歸問題的結構,教師的班級經營若做得好,責任問題就不在學校與教師;班級經營若做得不好,學校與教師就難辭其咎。

學校與教師面對二十一世紀教育的改變潮流,回歸到教室中,除了教師的教學能力與實力外,對於班級經營更要重視。學生在教室與學校隨時都可能發生任何問題,班級的經營與管理就是在控制這些問題的發生,將傷害降至最低。如此才能讓學生在學習的生涯當中留下美好的學習回憶,而對教師的教學生涯也能留下完美的句點。

本書的結構與編排正因應了當前閱讀者的需要,將文字內容加以重新整理安排,並利用學習心理學的原理——從具體、半具體到抽象,將部分的內容加以圖像化、表格化,藉以使閱讀者不因教科書的內容厚重而產生閱讀的恐懼感,也不因為過度的圖像化及表格化而弱化了閱讀的能力。在閱讀上的建議,必定要與班級經營的實務相連結,利用書中提供的理論、策略、

方法、原則等等，加以轉化為屬於各位教育者自己的班級經營哲學，從中發現到自己對學生的影響力，強化自己在教學當中的熱情與活力。

最後，本書的完成最要感謝的是各位閱讀者對本書的支持。此外，五南圖書出版公司在長年支持教育的情況下，為教育市場出版相關教育書籍盡一份社會責任的情懷，令人感到相當的佩服。

林香河、林進材

本書目錄

本書目錄

本書目錄

本書目錄

本書目錄

本書目錄

第 1 章

班級經營的理論與內涵

　　班級經營在教師教學生涯中是相當重要的一環,班級經營雖被列為教育專業中的技術層面(skill domain),實際上卻會影響教學活動實施的成敗,輕則影響教學活動的順暢,重則導致教師在教學中的挫折。因此,本章針對班級經營的理論與內涵等,作為教師班級經營的參考。

Unit 1-1
班級經營的重要性

班級是一個複雜的小社會，同時是學校最基層的小團體。其組成要素為教師、學生及環境。在此生態系統中，教師與學生循著某一特定的準則或慣例（routine），適當有效地處理班級中的人、事、物等各項要素，以發揮教與學的效果，達成教育目的。

1970年以還，開放教育的理念逐漸受到重視。學習的空間與生活環境在無形中擴大，教學不再侷限於教室，舉凡操場、社區、校外教學場所等學習場地，都需要依據教育上的需要，做整體性、系統性的規劃統整，方足以回應日新月異的教育革新與發展。

從教育改革運動在國內展開以還，一些新的教育活動如火如荼的展開，舉凡十二年國教、九年一貫課程、小班教學、統整課程、學校本位課程、彈性課程、總體課程、學習檔案、學校本位評鑑、教學視導、行動研究等，在在顯示出中小學教師必須以「萬能、無所不能」的專業能力，才足以回應教育革新的需求。

有鑑於此，班級經營（classroom management）遂成為教育過程中重要的一環，成為教師在教學過程中影響教學成效的主要因素。而班級經營的主要重點正是在於產生和維持教室情境，使教學依教師計畫有效地進行，如鼓勵良好行為、培養師生關係、建立有益的團體行為常模等管理活動。教師如果無法在教學前階段，進行有效的班級經營，那麼教學活動就無法順利的進行。

班級經營通常被認為是教學成功的先決條件，是為教學做整頓工作（簡紅珠，民85）。然而，在教師教學過程中，如果無法有效地做好班級經營工作，則容易將班級經營置於教學之上，影響教學的成效與品質。

此外，依據相關研究文獻指出，班級經營和教室管理是有經驗教師（experience teacher）或初任教師（novice teacher）最感到沮喪的一環（Veenman, 1987; Yinger, 1980; Woods, 1983；林進材，民92；張秀敏，民88）。不管是新手教師、專家教師，在生涯發展中都必須針對班級經營，做專業方面不斷地成長與學習，透過經驗的傳承與銜接，汲取專業方面的能力，方能使專業能力回應外界對教育發展的期望，進而提升自己的專業知能，減少嘗試錯誤的機會，讓教學活動更順利。

班級經營的內涵

1.行政經營
- 目的：建立和維持班級的情境。
- 內容：班級常規制訂、座位安排、班級行事曆的擬定、每日例行工作之執行等。

2.班級環境經營
- 心理環境：指班級教室氣氛等無形的心理環境。
- 物理環境：指班級教室場所其相關的教學設施而言。

3.課程與教學經營
- 班級活動的基本歷程與核心，攸關教學品質的良窳。
- 擬定各種創意的教學活動計畫，以提升教學效果。

4.學生偏差行為的因應
- 學生偏差行為與暴力問題是班級經營的一大致命傷。
- 教師應體察學生的心靈深處，走進內心世界，形成支援與支持系統。

5.常規管理經營
- 此套規則是由師生共同協商約定俗成的，用來配合教師教學或引導班級活動的進行，訂定學生教室活動的例行工作（routine）和班規（rules）。

6.班級氣氛
- 班級師生或學生同儕之間交互作用而形成的一種獨特氣氛。此種獨特的氣氛影響班級每一個成員的思想、信念、價值觀、態度、期望或行為模式等。

7.時間的管理經營
- 班級經營時，教師必須掌握時間因素，瞭解多少時間做多少事的行為模式。
- 時間管理可以分成教學時間的管理與學習時間的管理。

8.班級訊息的處理
- 語言溝通：包括音量大小是否適中？說話速度快慢是否合宜？語彙使用難易是否恰當？發言是否清晰等。
- 非語言溝通方面，包括手勢和表情的傳達是否吸引學生的注意力？教學者是否具有親和力？

Unit 1-2
班級經營的理念

「怎樣的教師，決定怎樣的學生。」冷靜思考班級活動中所需要的各種理想落實在日常生活中，則班級生活的一點一滴都值得師生共同經營。

一、平等：以學生為出發點

教師在班級生活中，對不同家庭背景的學生，都應該給予相等的關懷，一視同仁。儘量避免因個人的喜好而形成對學生的不同期望，進而影響對學生的態度。教師在班級經營中，應該凡事以學生為出發點，以平等的心對待學生。

二、扎根：為學生尋找方向

教師在面對學生時，除了傳授學生知識外，也應給予學生正確的生活教育以及生活態度，以避免學生學習各類知識之後，濫用各種專業知識。因此，教師在班級生活中，應該隨時引導學生瞭解自己、面對自己、並強化自我的概念，在生命中尋找方向。如此，才能在班級學習生活中，將各種學習知識與日常生活作緊密的結合。

三、包容：體諒學生的差異

學生來自於不同的家庭，每一個學生擁有不同的特質，教師應該能瞭解學生的個別差異，給予不同的關愛和關懷。

四、關愛：接納學生的不同

教師在班級經營中，以開放接納的心，讓學生可以隨時向教師表達需要關懷的需求，則學生對班級生活、對教師容易產生認同感，不至於因師生關係的疏離而導致師生之間的衝突。

五、引導：提供正確的方向

教師應給予學生在生活上、態度上的正確引導。在面對學生學習時，應該引導學生汲取各層面的知識，並且引導學生將知識轉化成為有用的生活經驗，結合學習知識並有效地運用在生活上。

六、同理：給予真誠的關懷

一般教師在面對學生時，很難運用輔導方面的同理心，同理學生各方面的行為。例如，班上如果出現學生不寫回家作業時，教師最常出現的反應就是指責、怒罵，而忽略同理心的運用。如果教師可以冷靜地傾聽學生的心聲，並給予改過的機會和時間的話，相信在班級生活中，師生的關係會更融洽，衝突的機會無形中就會降低。

七、溫暖：營造溫馨的環境

在教室中無法放鬆自己的心情，教室生活讓教師和學生之間的關係緊張，並且無形中觸及學生緊張的情緒。因此，教師應該設法營造輕鬆、自由、溫馨的班級教室環境，讓教師與學生都喜歡待在教室裡。

八、接納：瞭解個體的差異

面對緊張的學習生活時，教師如果可以秉持專業接納的心，容許學生進行各種嘗試，可以積極自由地做自己想做的事，則學生在班級生活中會是相當自在的。

有效班級經營的基礎

1.認識學校與社區發展和歷史

· 班級經營規劃與設計，必須配合學校過去歷史、現在特色與未來發展，才能達到應有的效果。

· 瞭解社區的成長與特色，才能有效掌握社區民眾對學校發展的期望，做為班級經營的參考。

2.熟悉學校各單位的措施

· 學校的行政運作有固定的軌跡可循，行政人員的決策有其不同的考量，最後會落在教師身上。學校的行政運作及各單位的措施要有相當程度的瞭解。

· 將學校的行政運作及各單位的措施，視為班級經營的一部分。

3.充分瞭解學生

· 學生是教學的主體，班級組成的重要分子。班級經營的成敗關鍵在於學生行為的表現。

· 教師在班級中能否掌握學生，充分瞭解學生，遂成為班級經營的要件。

4.建立良好的師生關係

· 班級是教師、學生與環境所組成的生態系統，教師與學生互動關係的建立是良好班級經營的先決條件。

· 師生良好關係的建立，有助於班級經營活動的推展。

5.良好的親師溝通

· 教師有權利也有義務讓家長走進教師的教學中，參與教師的班級經營活動。

· 良好的親師溝通過程中，讓家長瞭解學校教師的教育理念、對學生的要求、教室中的作息、學生在學校表現、教師的教學風格、希望家長配合的地方等。

Unit 1-3
班級經營的模式

以認知心理學角度探討班級經營的相關研究興起，歸納班級經營相關研究文獻，其模式的應用包括：（王文科，民85：3-8）

一、行為改變模式

行為改變（behavior modification）模式主張對於個體行為需先明確界定有待改變的目標行為，其次為評量該行為，分析行為改變的增強物，依據行為改變的原理採取介入措施，最後再評量行為改變情形。在此過程中，透過獎懲，增強或削弱目標行為。行為改變模式的研究，通常採用所謂的「ABAB」設計，由研究者先行評量行為的基準線（A），接著採取介入措施（B），其次停止介入以觀察行為是否回到原來的基準線（A），然後再導入介入措施（B）。

行為改變技術模式強調班級經營應運用正、負增強，以維持學生良好行為或去除不良行為以塑造新的行為等。

二、現實治療模式

現實治療（reality therapy）模式是由處理班級行為問題的控制論（control theory）發展而來的，此理論的主要假定有三：一為當學生的需求獲得滿足時，則感到快樂；如果學生未獲得滿足，則感到挫折；其次由於很少給予學生滿足需求，因而學生的工作不利，比較難實現其潛能；最後學校必須營造能滿足學生需求的各種情境。現實治療模式的理論重點在於強調學習環境的營造，以迎合學生自身的需求，透過與環境互動達到自我實現與快樂的經驗。

三、教師效能訓練模式

教師效能訓練（teacher effectiveness）模式是衍自Gordon的有效親職訓練而來，其主要的假定有二：首先為學生的不當行為可以透過各種途徑自我矯治；其次是透過師生間的溝通與對話可以矯治學生的不當行為。教師效能訓練模式重視師生之間的溝通與對話。主張教師要積極傾聽學生的感受與觀念，並不斷回應學生的反應。透過師生相互間的對話，讓學生瞭解自身不當行為及問題行為的癥結及其可能產生的影響，並且讓學生學習解決自己的問題行為。

四、獨斷訓練模式

獨斷訓練（assertive discipline）模式主張教師應該讓學生瞭解自己的期望，遵守期望與不遵守期望可能產生的後果。例如，教師要求學生必須遵守班級常規，否則需接受應有的懲罰。如果學生違背教師的期望，教師可能立即採取獨斷反應，要求學生接受行為的後果。因此，獨斷訓練模式的具體做法是由教師指導學生行為的方式，訂定明確可行的班級規則，並與學生相互溝通，讓學生明白班級的規則和限制。獨斷訓練模式的運用，通常必須配合教師期望與學生自我期望策略的運用，將班級生活中的各項規則與規範，作清楚明確的界定，讓學生瞭解行為所產生的後果。

班級經營要領

1. 經濟有效的處理班級事務
專家教師在處理班級事務時能利用先前知識與經驗統整訊息，運用外界的資訊做為訊息處理的基礎。

2. 安排或改善班級學習環境
教師將本身特有的教育哲學觀與教育理念融入其中，使班級學習環境對學習者具有相當程度的吸引力和號召力。

3. 規劃與運用班級時間
教師應該在班級經營過程中，將相關的時間做妥善的規劃，例如一天的時間規劃、一週的時間規劃、月的時間規劃、學期的時間規劃等。

4. 激勵班級和諧氣氛
班級氣氛的營造，將日常生活經驗融入班級生活中。此外，可以運用各種教學媒體以及各種光電產品，作為營造班級氣氛的輔助器。

5. 維持班級秩序利於教學與學習
包括生活教育的輔導和問題行為處理，主要的目的在於引導教育學生循著班級既定的規範，養成良好的班級生活習慣，以利於教學和學習的進行。

6. 改正或矯正學生不良行為
在班級生活中，學生表現不良行為時，教師應該以同理心、積極傾聽、熱忱接納等輔導技術，給予更多的關懷及輔導處遇。

7. 有效的施教
班級教學活動的實施與班級經營是相輔相成的，在教學活動實施中，教師應該不斷檢討反省教學活動，激發學生在學習上的驅力和動機。

8. 激發良好的師生間互動
班級同儕之間良性互動，是型塑班級次文化的重要基礎，可以激發對班級的向心力，即時解決學習上的難題。

9. 學生偶發事件處理
教師在平日班級經營中，應該具備各種危機處理的基本常識，以防微杜漸和各種危機處理策略，減少並降低班級的意外事件。

10. 適宜常規訓練以協助學生正常社會化
隨時教導學生各種生活常規，並且隨時提醒學生應有的生活教育，養成良好的生活習慣。

11. 配合學校行政措施
教師必須隨時瞭解學校行政方面的各項措施，提供學生即時的訊息並且要求學生配合，也應該隨時提供行政系統和部門參考，使班級經營工作更順暢。

Unit 1-4
班級經營應掌握的要點

　　教師要能深入瞭解學生的次文化，精準地掌握學生的各種動態，作為擬定班級經營策略的參考。教師不一定要和學生打成一片，但至少要能充分掌握學生的一言一行、一舉一動，才不至於成為班級生活中的「局外人」。

一、要讓學生歡欣而來

　　在學校生活中，教師應該設法營造溫馨的學習氣氛，讓教師和學生都喜歡在教室中學習，學生可以視上學為生活樂趣之一。「打招呼」是一天的重要開始，教師可以透過「打招呼」吸引學生的注意力，並激發學生在學習上的樂趣。

　　班級座位的安排，教師可以視教學上的實際需要，隨時予以調整，以增加學生在班級生活上的樂趣，並增加學生同儕之間的互動機會。

　　「好的開始是成功的一半」，教師和學生在每日的接觸中，應該隨時提供學生新鮮的點子，作為一天學習生活開始的「好彩頭」，不但可以激發學生的學習動機，對師生之間關係的促進亦有正面積極的意義。

二、要讓學生滿載而去

　　教師在班級經營方面，必須絞盡腦汁擬定各種有趣、生動的學習活動，才能讓學生對班級學習具備高度的信心。除了在一天的開始提供學生創意的活動之外，在一天課程結束之前，也應有頭有尾、有始有終地做生活上的總結。尤其在離開學校之前，教師可以綜合一天的學習活動，引導學生進行生活事件的

統整。有創意的教師，在教學活動前應該設計各種足以吸引學生注意力的教學活動（如變魔術），引起學生的注意力，同時作為激發學習動機的媒介。

三、要讓學生忙得不亦樂乎

　　班級經營的「相對論」指出，在班級生活中如果教師忙碌的話，學生就會過於悠閒；如果教師讓學生忙碌的話，教師就會擁有更多的休閒時間。因此，班級生活中，教師應該有效運用並組織學生，透過各種分工合作，讓學生在班級生活中為班上付出、為自己負責。一位具有十足魅力的教師，在教學活動實施時，以精彩的內容吸引學生，讓學生願意在學習方面投入，願意做各種犧牲。讓學生降低對班級生活的恐懼和焦慮，讓學生喜歡班級的組織氣氛，願意投入班級生活的各種組織，對教學品質與學習效率的提升具有正面的意義。

四、要掌握全局

　　「擒賊先擒王」是班級經營在常規管理等各方面的至理名言，換言之，教師在班級生活中，要能隨時掌握狀況，對於班級內的各種訊息可以完全掌握。尤其是班級生活中的各種事件、人與人之間的互動關係、學生同儕的關係和互動、發生在班級中的每一個故事等，都是教師在班級經營中要隨時掌握的。有效地運用班級學生在平日生活中的次文化，或掌握學生愛表現的特質，並加以因應，對班級經營有正面積極的意義。

班級經營七招

1 果斷紀律招──自我肯定、肯定學生
自我肯定方面，教師本身必須對自己充滿信心，對學生充滿期望，並向學生溝通自己的期望。

2 和諧溝通招──就事論事、有話好說
一個能隨時聆聽學生想法的教師，不僅無損於專業威權，更能在學生心目中建立專業的形象。

3 目標導向招──知己知彼、百戰百勝
儘量以「目標導向」策略，引導學生共同達成班級目標。唯有擬定明確的班級目標，並據而擬定目標達成的時間表，班級才能朝向預定目標前進。

4 交付責任招──理性選擇、自律律人
教師在交付責任時，應該以理性選擇方式，依據學生的學習特性給予適當的任務、適當的鼓勵，作為強化該行為的誘因。

5 肢體語言招──盡在不言、動靜得宜
教師平日應該與學生培養出默契，只要教師眼神一閃，學生可以立即解讀出教師所要表達的意思。

6 掌握全局招──眼觀四面、耳聽八方
教師本身必須具備細膩的心、敏銳的觀察力，對學生的反應要能看在眼裡、放在心裡、握在手裡，隨時給予適當處理。

7 行為塑造招──獎善懲惡、改邪歸正
透過行為主義對個體行為的解釋，從「刺激──反應」的行為模式中，擬定各種行為改變的策略。

Unit 1-5
班級管理的內涵

一般而言，班級管理的內涵包括級務管理、教學管理、環境管理、人際關係經營、常規管理、違規處理、獎懲運用等。所以，教師應該依據上述的內涵擬定創意的班級經營策略，如此在班級經營時才能得心應手。此外，善用班級人力資源，以達班級管理事半功倍之效。

一、級務管理：運籌帷幄、決勝千里

級務管理是教師班級經營首要面對的項目，教師在接手新班級時，應該先瞭解班級學生的特性、班級的氣氛、班級的特性、班級次文化等，以作為規劃班級級務的依據。

二、教學管理：教學成功、大家輕鬆

教學活動是班級生活的重點，創意的班級教學需要教師發揮創意的專業能力，才能使教學活動的進行，吸引學生的注意力，激發學生在學習方面的興趣。教師如能掌握教學要領，隨時運用各種創意策略，學生對學習活動不再感到惶恐、緊張，則學習效果就會加倍。

三、環境管理：資源有限、創意無窮

面對傳統教室的建築規劃，在擁擠的空間中如何發揮建築本身的教育功能，教師必須深入瞭解並集合各種資源。班級環境的管理在資源運用方面，需要教師運用學校的現有資源，結合班級家長、社區的無限資源，將資源引進班級生活中，才能活化學生的學習環境，提高學生對環境的吸引力。

四、時間管理：掌握先機、分秒必爭

懂得運用時間的班級，教師與學生都可以從中受益，強化班級學生本身的向心力，同時可以加強教師與學生之間的互動關係。除了正式課程之外，可以安排具有班級特色或學校特色的課程。

五、人際關係：你濃我濃、忒煞情多

人際關係的管理包括學生與教師之間的人際關係、教師與家長之間的人際關係、學生與同儕之間的人際關係、班際與班際之間的人際關係、班級與學校之間的人際關係、班級與社區之間的人際關係等。教師必須教導學生如何營造良好的人際關係，培養人與人之間的默契，營造班級與學校各個行政單位之間的良性互動，才能讓班級活動的進行，可以結合周遭的各種資源。

六、常規管理：井然有序、動靜合宜

班級常規的擬定與管理，教師必須依據學生在身心方面的發展狀況，結合教育心理學、發展心理學的發展階段任務特性，擬定比較適當的班級常規，作為管理學生的依據和參考。

班級人力資源運用

3.全班都是長

- 班級幹部的選用，應該讓全班學生都有參與的機會，教師可以針對全班的公共事務，細分成各種職務，讓全班學生都有擔任幹部的機會。

- 透過「全班都是長」的理念，凝聚學生對班級的向心力。

2.幹部的選拔方式

- 班級幹部的選拔方面，教師可以依據自願、推選、輪流、內閣制的方式處理，讓班級幹部的選拔更制度化。

- 如果是國小高年級以上的學生，在幹部的任用方面，可以考慮以內閣制的方式，由教師依標準選任班長之後，再由班長以內閣制的方式負責班級的各種重要事項。

1.幹部運用標準

- 在班級幹部的選用方面，教師應該以「人人有機會、個個能上榜」方式，讓全班都可以有擔任幹部的機會。

- 比較理想的方式是依據學生在各方面的表現，作為遴選幹部的參考，讓學生可以從擔任幹部中學習服務的精神。

第 2 章

班級常規的理論與建立

章節體系架構 ▼

　　在教學活動實施過程中，若缺乏良好的班級常規作為後盾，則教師的教學無法收到預定的目標和品質。相關的研究指出，班級經營是教學實施的前置作業，如果班級常規無法建立，則容易使教學屈居在班級經營之下。本章重點在於探討班級常規的理論與建立，內文包括重要理論與策略、重要班級管理策略、教室秩序維持策略、班級獎賞制度建立、以愛為出發點的懲罰、班級常規的建立、不守常規的處理等，作為教師班級經營的參考。

Unit 2-1
班級常規的重要理論與策略

班級常規包括規則（rules）和程序（procedures），兩者在本質上都是有關行為的期望和規範。這些期望，可能以明文的規定或口頭的約定呈現，也可能是以隱含的方式，由班級的成員遵循著，習以而不察焉。所謂的規則，是指一般性的期望或標準，用以規制學生的言行舉止。例如，「學生之間要相互尊重」，就是一條很重要的規則（單文經，民91）。所謂程序，包括經過認可的做事方式或行為準則，如繳交作業的程序、削鉛筆的程序、拿杯子喝水的程序、上廁所的程序等等，其作用在使學生能知先後順序、循序行事等。

一、教室秩序

教室秩序是個難以界定的名詞。Doyle（1980: 395）對秩序的定義是：「秩序具有管理人的功能，及藉由組織班級團體、建立常規和秩序、反對不當行為、監控和調整班級事件等等。」Au（1980）等人則認為教室秩序，簡單的說，「就是在可接受的範圍內，對於一些促進教室活動必須的行動方案，學生要去遵守。」（Wittrock, M. C., 1986: 396）或是，「教室秩序管理」則指教師在上課情境中，對於學生講話行為之處理，及其對學生表現良好行為之稱讚、對學生表現不當行為之指責的處理情形（郭丁熒，民83）。

二、班級常規

常規（discipline），教育國際辭典（International Dictionary of Education）將其定義為「意指教師的教室控制或對學生行為的一般約束」（Page and Thomas, 1977, p.106）。派克報告（The Pack Report）將常規視為「能維持一種有秩序的系統，以利學習活動之進行及教學目標之達成」（Scottish Education Department, 1977, para, 3.1）。

Everton等（1984）指出，班級常規是教室行為的一般準則或期望（general standard or expectation for classroom behavior）。其內容包括教師和學生都可以接受的、認可的、允許的及期望的教室行為，和師生無法接受的、不認可的、不允許的、禁止的教室行為等，都包括在班級常規的範疇中。

Cangelosi（1988）指出，班規是指教師認可的行為和禁止的行為，最好是以正面行為來敘述，因為班規訂定之後，教師和學生都會很認真的遵守，所以班級的訂定，在內容和規範方面都必須語意明確。

Canter（1984）指出，班規是教師對學生班級行為的期望，教師對學生的要求相當多而繁雜，因此，教師應該從班級各種行為內涵中選出最重要的三至五條，並且以可觀察且具體的行為標準訂定，並要求學生遵守。

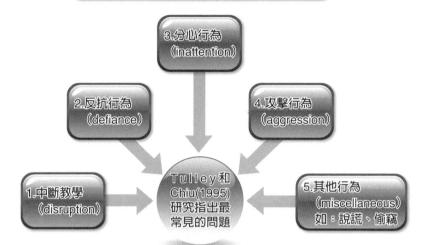

班級常規的問題與維持的方法

3.分心行為
（inattention）

2.反抗行為
（defiance）

4.攻擊行為
（aggression）

1.中斷教學
（disruption）

Tulley 和
Chiu(1995)
研究指出最
常見的問題

5.其他行為
（miscellaneous）
如：說謊、偷竊

中小學教師在教室中最常運用的班級常規維持方法	
1. 說話語調的運用	透過說話語調高低變化，傳達教師本身的情緒狀況
2. 手勢規範的運用	讓學生瞭解教師目前處於何種狀況之下
3. 小組競賽的策略	維持學生的班級常規，進而達到教師的預定標準
4. 以計分圖形比賽	將學生做事先的分組，擬定各種比賽計分的標準
5. 運用帶動唱活動	透過帶動唱的方式，集中學生的注意力
6. 念兒歌的策略	透過念兒歌的方式減少吵雜或反社會的行為
7. 做基本動作的策略	由教師喊口令、學生做動作。例如起立、坐下、舉手
8. 老師問學生答策略	透過問題提問與回答，讓學生將注意力集中在課堂上
9. 運用音樂輔導策略	透過音量的調整控制，提醒學生注意教師的教學行為
10. 旋律運用策略	事先向學生說明聽到某旋律時應做的動作，並請遵守
11. 人物扮演策略	學生立即扮演或模仿各種事物的型態
12. 數數兒策略	請學生數數兒以集中學生的注意力
13. 猜領袖策略	指定一名學生當領袖，由學生進教室猜領袖是誰
14. 各種口技表演	請學生表演各種口技，由全班評比誰最佳
15. 運用「就是你」策略	用亂數表的方式抽取精神不佳的學生進行問題的回答
16. 改變教師位置的策略	教師應該隨時在教室各角落中走動
17. 調整學生座位	規矩不好的學生調到離教師最近的座位上
18. 舉牌警告策略	教師事先設計警告牌，明確地指出行為不佳的範圍
19. 分組比賽策略	透過分組比賽方式獎勵和懲罰班級表現行為
20. 採取摸彩策略	教師可以透過摸彩方式給予各種獎勵或懲罰

Unit **2-2**
影響班級常規的因素

016

一、教師方面

1.教學內容

教師的教學內容影響學生在班級學習的常規表現，教師將教學內容事先融會貫通並且對教學內容熟悉，以充分的教學準備進行教學活動，則教學就不至於枯燥乏味，影響學生的學習興趣。

2.教學方法

教師教學方法的運用，影響學生對學習內容的興趣，如果教師一直採用傳統教學法，在教學內容與方法方面不求改進或沿用傳統的講述法，則學生對教師的教學方法缺乏興趣，時日久了容易對教學產生厭倦，失去原有學習的興趣及注意力。

3.教師素養

如果教師在專業方面的經驗充足，可以隨時將各種專業知能運用在班級經營上，則學生的常規管理就可以得心應手，在情緒控制方面就可以隨時調整。當學生出現不良行為而影響上課情緒時，教師可以隨時運用各種策略，調整學生的行為。

二、學生方面

1.無心向學型

此類型的學生對讀書缺乏興趣，對學習失去信心，在學校生活中不遵守校規、不遵守班規。不僅自己不願意學習，也經常搗亂同儕的學習。在上課中經常不服從教師的指示，在課堂中嬉戲影響班級秩序。

2.心智幼稚型

此類型的學生在心智方面呈現不穩定的現象，對自身的各種行為一點也不感到愧疚。在生活中表現出來的行為是相當幼稚的，無視於班級常規的存在，也不顧及別人的感受。

3.愚魯自閉型

此類型的學生包括有生理缺陷的學生，例如，自閉症、語言表達能力低、智商低的學生。此類學生在學習過程中，無法像一般學生一樣正常的學習，無法掌握教師所傳遞的各種訊息，其行為比較無法正常化，容易影響班級學習的進行。如果教師面對此類型的學生，本身又缺乏特教方面的專業知能，在處理上無法收到即時的效果，則班級秩序容易失控。

4.情緒困擾型

情緒困擾的學生通常來自家庭問題，如父母親不當的教養態度、父母離異、家庭暴力等，影響學生正常的情緒發展，導致情緒困擾而影響正常的學習。此類型的學生，在班級學習中總是情緒不穩定，注意力無法集中，影響班級常規和秩序。教師在處理情緒困擾學生的行為時，必須透過輔導策略的運用，調整學生的情緒狀況，才能減少情緒困擾學生對教學的影響。

5.家庭依賴型

此類型的學生主要是受到家庭生活的影響，例如來自黑社會的家庭，學生的行為從耳濡目染中學到各種反社會的行為，因此，在班級生活中出現各種干擾的行為，進而影響教師教學活動的進行。教師必須隨時給予必要的提醒，降低學生行為對教學的影響。

班級常規教導

及早教導 — 一個班級經營的成功與否，取決於剛開學前幾週，尤其是剛上課的第一天。

系統實施 — 教師要在開學前就要先依據學生的身心發展、班級教學上的需要等特性先想好。

掌握時機 — 教師應該針對班規的內容和特性，在學期開始時就教給學生。

先簡後繁 — 學期一開始，先安排簡單易行的活動，待班級的狀況穩定後，教師再實施複雜的活動和程序。

全體參與 — 全面性讓班級每一位學生瞭解班級共同常規內容，教師不在而學生出現違規的行為時，其他同儕可以提醒違規的學生。

融入教學 — 班級常規制訂必須融入教師教學中，以免教師在過程中，花太多時間在單一學生行為的管教上面而失去對教室的控制。

持續提醒 — 教師透過問答、複誦、角色扮演、遊戲等方式，加強學生對班級常規的瞭解。

隨時調整 — 班級學生規矩已經獲得改善，則必須針對常規的內容加以檢討，不斷地調整班級常規的內容以符合班級生活上的需要。

Unit **2-3**
班級常規的執行要領

圖解班級經營

018

一、遵守公平原則

班級常規的訂定必須遵守公平原則，不可以因人設事，對每個學生的行為都應該採取公平原則。

二、建立班規權威

班級常規建立之後，教師應該指導全體學生共同遵守，如果學生觸犯班級常規就必須徹底執行，不可以有例外，如此才能建立班規的威權性。如果班級常規訂定之後未能徹底執行的話，班規形同虛設，就無法收到預期的效果。

三、立即處理原則

班規的訂定應該在剛開學時，才能收到預期的效果。當學生出現違反班規行為時，應該立即給予應有的處理，例如，學生上課遲到、不交作業、上課不專心、出現打架行為等，就應該瞭解其行為的緣由，立即進行班規的處置。

四、運用自治規範

教師在執行班規時，應該運用班級幹部、班長、副班長、風紀股長，以及各小組組長、小老師等，將違反班規的學生給予勸阻，勸阻無效的話，再由教師公開處理。

五、團體制約策略

在班級常規執行中，最有效的策略是運用團體制約策略，教師可以「每排」、「每小組」為單位，作為競賽評比計分的單位。學生在班級生活中為了爭取團體榮譽，不但會自我約束，也會約束其他違規的同儕。

六、掌握機會教育

班級常規的執行，機會教育是相當重要的。尤其在學生犯錯違規時，教師必須針對學生的行為，提出立即性的輔導與矯正。學生如果有優異的表現，也應該利用機會公開表揚，才能收到社會學習示範的效果。

七、運用個別輔導

教師必須針對犯錯的學生，給予個別的指正與輔導，針對學生的偏差行為給予勸導，並且指導學生如何面對錯誤並改正不良的行為。對於經常犯錯的學生，教師可以運用個別輔導策略，情節嚴重者依規定通知家長，請家長配合學校的規定。

八、激勵團體士氣

團體士氣的激勵對學生的班級生活而言，是相當重要的策略。班級是一個小型的社會，學生必須遵守班級中的各種規約。教師可以運用各種團體士氣的激勵策略，強化學生在團體生活中的優異表現。

九、激勵團體士氣

任何個體在成長過程中，都需要「重要他人」的鼓勵與增強，教師在班級生活中應該針對學生的好表現，隨時給予鼓勵以強化學生的行為；對於在班級生活中犯錯的學生，教師可以低調私下規過或技巧性的運用各種策略，以不傷害學生的自尊心為原則，積極鼓勵各種優異的行為表現。

十、和諧溫馨氣氛

班級氣氛的和諧與溫馨相當重要，會影響學生對學習的動機。教師在班級中應該營造良好的師生關係，發揮各種專業能力，有效地落實班規，透過各種策略營造優質的班級學習生活環境。

班級管理重要策略	
1. 身體趨近	運用各種肢體語言，作為常規管理的策略運用
2. 照顧全場	透過班級學生名單或座位表的方式，掌握每一位學生的動態
3. 適時發問	對學生問問題的方式，隨時瞭解學生的學習參與情形
4. 具幽默感	幽默感的運用可化解家長和教師的歧見，促進良好關係的維持
5. 說小故事	說說日常生活小故事可提高教學效能，促進良好班級生活
6. 生活體驗	教師將生活中可能經歷的重要技術、經驗融入教學中，教導學生
7. 勞動分配	培養學生基本的生活技能，並且進行班級生活中的清潔工作
8. 自我表露	教師透過自我表露分享自己的成長經驗、提供學生美好生活記憶
9. 適時停頓	學生表現超出教師的容忍度，用此來制止學生的反社會行為
10. 催化互動	採用小組或分組競賽的方式，催化學生彼此之間的互動
11 偶發處理	將偶發事件，形成班級經營的備忘錄，作為處理程序的參考
12. 順水推舟	針對學生的個別表現，給予各種回饋的策略
13. 個別引導	因應學生的個別差異，引導學生進行有效率的學習
14. 維持自尊	儘量避免在公開場所給學生難堪
15. 立即酬賞	學生表現良好行為時，教師應該在公開場合給予立即性的酬賞
16. 分組約束	分組學習競賽，具有團體規範約束力，以達到同儕提醒功效
17. 分組合作	引導學生進行團體合作，達到團體成長的目標
18. 小老師制	沿襲同儕學習輔導的理念，請小老師協助班級常規的管理
19. 發掘專長	讓每位學生各司其職、各司其事，對班級運作具有正面的意義
20. 準時下課	讓學生瞭解學校的作息，依據作息時間表從事班級各項工作
21. 課前準備	進行週計畫、月計畫、學期計畫、學年計畫等型態的課前準備
22. 言出必行	勿亂開支票導致信用破產，在學生面前失去專業方面威信
23. 事先規劃	在接新班級或學期一開始就擬定新計畫，作為班級經營的參考
24. 學生自選	班級學生的各種自治幹部遴選，教師必須指導學生自選
25. 提高成就	教師依據學生在學習方面的各種表現，提高對學生成就的要求
26. 同理表達	學生出現各種反社會行為時，讓學生有傾訴心事的機會
27. 溫馨愉快	提供班級生活的愉快氣氛，吸引師生在班級教學和學習的動機
28. 定期檢討	將各種不合時宜常規、班級規範做適度的調整，隨時因應變化
29. 掌握資訊	在班級生活中隨時和學生分享各種外界的訊息
30. 不加標籤	勿將「壞學生」的標籤貼在學生身上，導致傷害學生的自尊心
31. 允許嘗試	允許學生進行各種的嘗試討論，引導學生瞭解社會中危機
32. 民主公平	以民主公平的方式對待班級的每一個學生
33. 相互協商	透過民主過程決定各種班級事務
34. 權威作用	教師在班級生活中，針對各種專業能力發揮應有的權威作用
35. 容許爭辯	透過各種爭辯的方式，讓學生瞭解「民主的精神」
36. 避免衝突	班級衝突發生時，應該引導學生發揮同理心，面對及解決問題

Unit 2-4
教室秩序維持策略

一、開學後立即將教室規則定好

教師在開學前，應該針對學生的身心發展、年級階段、學習任務等擬定一學期應該遵守的教室規則，在開學後立即將教室規則定好讓學生瞭解。

二、指導學生共同訂定教室規則

班級教室規則的訂定應該由師生共同協商形成，教師在協商過程中讓學生瞭解教師的期望、教師對學生學習的要求，學生也可以透過協商將自己的想法表達讓教師瞭解。

三、引導學生熟悉教室規則內容

教室規則訂定之後，教師應該引導學生瞭解並熟悉教室規則的內容。在執行教室規則初期，教師應該隨時注意學生的行為是否符合教室規則，如發現行為有問題，教師應該立即給予糾正。

四、教師應詳細說明並以身作則

教室中制訂的各種常規，教師應花時間向學生講解說明，並且以身作則。當學生在班級生活中侵犯到其他學生時，教師須加以制止、規勸並說明之。

五、通知家長瞭解教室規則內容

一般而言，家長對孩子的學校生活情形是不清楚的，往往等到孩子在學校出問題時，才會瞭解孩子在學校的學習表現。教師在制訂教室常規之後，應該將各種常規的內容以書面資料讓家長瞭解。如果家長對學校班級常規能有詳細的瞭解，就可以在家庭生活上面配合學校的要求，進而透過親師合作給予孩子正確的生活教育。

六、事前做好各種學習規則擬定

教師在教學之前，應該針對班級學生常規給予有效的規範，在上課前掌握學生班級規則，做好教學前的充分準備，避免在教學活動進行時花過多的時間在常規的處理上面。

七、處理違規學生態度前後一致

教師對學生在班級常規方面的要求應該要前後一致，並且在標準的擬定方面要具體明確，如此才能收到預期的效果。如果教師在教室規則的擬定方面，僅停留在規定階段而忽略執行階段，則學生對教師會失去應有的尊敬。

八、運用一對一的行為處理方式

當學生犯錯，教師在糾正行為時，應該儘量避免傷及學生的自尊心，並且以一對一的方式處理。教師在大庭廣眾下處理學生的行為，容易傷及學生的自尊心，進而對教師產生恨意。教師應儘量在私下場合處理學生的偏差行為，讓學生不至於在公開場所丟臉。

九、降低違規學生對教學的影響

一般教師在處理學生偏差行為時，容易中斷教學並影響教學活動的進行。尤其新手教師往往因為學生的反社會行為，中斷教學加以制止而影響學習活動。教師在處理學生行為時，應該儘量留到下課後再處理，使大多數學生的學

習活動不受干擾。

十、連續犯錯者應給予加重懲罰

　　班級生活中如果學生對自己犯錯的行為不知悔改，並且一犯再犯的話，教師應該給予嚴厲的懲罰以昭炯戒。如果學生是第一次犯錯的話，教師應該給予改過的機會；倘使學生行為一再重複而不知悔改的話，教師應該運用各種有效的中斷策略，強制學生立即改過，以避免影響學生的學習活動。教師在處理學生行為時，應該儘量留到下課後再處理，使大多數學生的學習活動不受干擾。

班級獎賞制度項目	
1. 獎勵卡	幾張獎勵卡換何種獎勵或優待等
2. 互助獎	如果學生彼此之間相互協助或幫忙的話，就頒發互助獎
3. 準時獎	針對上學不遲到的學生所設立的，一個月以內都沒有違反規定頒之
4. 保護獎	班級中常會出現學生以大欺小的現象，因此教師可以設置保護獎
5. 完美獎	一週內未出現被風紀股長記錄任何缺點，教師就頒完美獎
6. 閱讀獎	學生可以閱讀完固定的書籍量的話（例如讀完一百本書）頒之
7. 文學獎	鼓勵學生寫作並投各種學校刊物或報紙上發表
8. 表現獎	學生在各方面的表現足以作為班級楷模
9. 進步獎	鼓勵學生和自己的行為比較
10. 誠實獎	學生表現出誠實的行為（如拾金不昧的行為）
11. 惜福獎	表現出愛惜公物的行為，就應該給予惜福獎以資鼓勵
12. 奉獻獎	志願打掃廁所，願意擔任學校的各種義工
13. 協助獎	同學需要各方面的幫忙，可以自動自發地給予協助
14. 獻策獎	學生針對班級問題給予正面建議，提供好的策略讓教師做參考
15. 榮譽獎	透過行為表現為自己爭取榮譽
16. 全勤獎	學生在一學期學習生活中，都沒有請任何的假
17. 愛心獎	學期末透過學生，推薦全班最有愛心的同學選拔
18. 孝順獎	學期結束之前由同學推薦全班最孝順的同學，經由票選決定給予
19. 創意獎	提供創意的點子經全班採用者
20. 通融獎	採抵用卷的方式，在表現不佳或是違規犯錯時作為抵過之用
21. 優待獎	針對平日表現好的學生而設置的，減少該生在班級的勞動服務工作
22. 文化獎	鼓勵學生學習各種樂器
23. 助人獎	鼓勵學生在班級生活中隨時發揮助人的精神，藉以發揮同學愛
24. 體能獎	鼓勵喜歡運動而功課不理想的學生，讓此類學生取得特別的榮譽
25. 精熟獎	針對各科學習訂定相關的獎勵標準
26. 反省獎	學生在行為方面確實地反省、確實地改過的話就頒給反省獎
27. 書寫獎	針對愛打小報告的學生而設置，透過書寫的方式適當表達
28. 警告牌	學生表現出干擾教學的行為，教師就應該隨時舉牌警告
29. 五星獎	表現如果持續優異，最後頒給班級最高榮譽五星獎
30. 勞動獎	隨時提供為班上服務的表現，教師就可以頒給相關的勞動獎

Unit 2-5
班級常規的建立

一、班規建立的重要

　　班規的建立，其目的在於維持班級學習活動的正常，使班級活動的進行可以進入正軌，班規的建立最終目標在於引導學生自治及良好習慣的養成。張秀敏（民87）指出，班規的擬定對班級經營而言具相當的關鍵性。

　　1.建立良好的班級秩序：使教師能專心於教學，學生可以快樂學習。

　　2.提高學生的學習效果：班級秩序如果能井然有序的話，學生學習氣氛就會熱烈，自然能啟發學生的興趣，提升學生學習的效果。

　　3.培養學生自治能力：常規是透過民主的程序，共同的參與，建立團體的規範，藉此可以培養學生守法的習慣及自治的能力。

　　4.建立安定感：學生在一個新班級或新環境中，都有一種不確定感，班規的訂定，能使學生知道教師的要求、期望或標準是什麼而有安定感。

　　5.研究顯示：沒有一個教室管理好的班級沒有訂定班規。

　　6.預防行為問題產生：學生本性是冒險、自發的、不累的，容易產生行為問題。訂定班規，讓學生知道哪些行為是要避免的，哪些行為是被允許或接受的。

二、班規教導的時機

　　一般而言，剛開始學生會花一段長的時間測試教師的班級要求與班級常規，學生想要瞭解教師的底線在哪裡？因此，開學第一天就應該將班規建立

好，以後的日子，教師就比較容易管理學生，未來的班級經營就能得心應手（洪若馨，民92）。有鑑於此，班規的教導時間應該在班級常規制訂之後，教師立即將班規的主要內容，教導讓學生瞭解，才能收到預期的效果。如果班規制訂之後，教師並未向學生說明清楚，運用各種班級教導技巧的話，學生對班級容易視若無睹，失去班規的意義。

三、班規的教導方法

　　班規的教導必須配合班級教學活動的實施，教師在班級常規建立之後，需設法使班規的遵循成為自動化反應，班級教學的進行才能順暢，學生才能安心地進行學習活動。Shirley和Jonathan（1987）指出班規的教導方法有：

　　1.呈現班規：教師可以在班級討論班規時，以文字或圖片方式呈現班規。

　　2.運用舉例：教師可以藉著舉正面及反面實例，清楚地解釋每一條班規，透過解釋並舉具體的例子說明每一條班規的內涵。

　　3.修正或增加班規：學生喜歡遵守自己所制訂的班規，請學生一起針對班規做制訂，並且一起討論班規、批評班規。

　　4.將班規條文張貼在教室明顯的地方：如此可以收到隨時提醒學生的效果。

　　5.規律地提醒學生班規：教師可以每天在班級生活中讓學生演練班規，不斷提醒學生班規的要求，並讓學生實際地遵守班規。

鼓勵學生計畫書

（一）訂定獎勵制度的重要原則

1. 確實公平執行，切記朝令夕改、訂定太高、模稜兩可的標準。
2. 特殊個案應另訂一套標準，做變通的調整。
3. 獎勵物要有吸引力，在計畫進行初期才會有努力的動力。
4. 獎勵貴在即時，不宜延宕太久，切忌太複雜。
5. 要人性化，一個人是否有進步來獎勵，別跟其他人比較。

（二）獎勵法

第一級：蓋「兔寶寶章」
第二級：滿十個「兔寶寶章」，換一張「兔寶寶家族鼓勵卡」
第三級：滿三張鼓勵卡，可得到「特製個人大頭貼」一份及禮物

兔寶寶章

1. 整星期都沒有被「班規簿」上登記。
2. 參加校內外比賽得獎。
3. 班際比賽得獎，全班每人都可蓋章。
4. 熱心服務得到同學、老師的肯定。

（三）獎勵制度的其他運用方式

1. 如果全班有二十五人拿到「個人大頭貼」，就帶全班去烤肉郊遊。
2. 記錄每個學生的得獎情形，期末做為操性給分的重要依據。

被「扣獎」的行為

1. 犯班規被風紀股長登記在「班規簿」上。
2. 上課不專心。
3. 吵架、欺負別人。
4. 課本、用具、作業沒帶、沒寫、潦草。
5. 打掃不認真、負責區域不整齊，經衛生股長檢查後不合標準。

Unit 2-6
班級常規維持要點

班級常規制訂之後，教師必須針對班級常規的內容配合班級氣氛，依據各種執行要領，才能收到規範的作用。一般而言，班級常規的執行可以考慮下列幾項要點：

一、朱文雄（民81）的看法

1.實踐班規的檢討，可分個人的反省與團體的檢討。

2.個人的反省，最好設計好表格，由學生每天反省記錄，以收到效果。

3.對於未能實踐班規的學生，應研究其原因，予以個別輔導。

4.組成班規評鑑小組，評鑑班上同學遵守班規的優劣情形。

5.配合獎懲制度：班規的要求與實施必須配合班級的各種獎懲制度，才能收到預期的效果。

二、Shirley和Jonathan（1987）的看法

1.規律的提醒學生班規：學期初，每天讓學生複習班規，教師並需不斷的提醒學生班規內容。

2.表達對學生的信心：開學初，教師不斷的提醒學生班規和表達對學生的信心，相信學生會試著盡力去做好的。

3.強調學生遵守班規所帶來的結果：例如早一些完成作業，就有自己可以利用的時間。

4.隨時注意學生的行為是否符合班規。

綜合以上的分析與討論，可以發現班規的維持必須師生共同參與，隨時提醒學生班規的內涵，並留意學生的行為是否符合班規的要求。對於遵守班規的學生應該給予適當的獎勵，如果學生違反班規的話，也應該透過各種方式（如將姓名寫在黑板上）提醒學生已經觸犯班規。此外，教師也應定期檢討班規的內容是否需要調整，隨時提醒學生遵守班規。以下提供訂定班規時可考慮的幾點事項：

1.班規應該適宜：班規的訂定不宜過多，通常班級所定的班規大約在五至八項就足夠了。

2.條文內容應該易於實踐：班規內容的制訂應該適合學生的身心發展階段，符合學生的年紀和能力，並能附一些具體的範例可遵循。

3.班規敘述應該是正面的：班級常規內容的敘述，文字應該是清楚的、正面的、概括的、適合各種情境的，讓學生參與討論並做補充說明解釋。

4.結合學習和人際相處：班規的制訂應該至少包括兩類，即學習上和與人相處上所需要的規矩。

5.班規應該易於瞭解：開學初三天內，應該將班級常規定出來，和學生做清楚明確的溝通，以便讓學生清楚每項規則所代表的行為期望。

6.班規和校規應該一致：班規的訂定要配合校規，不可以有任何的牴觸。

鼓勵班上孤立分子

朋友互補法
安排一、兩位風趣、外向、熱心、有耐性的同學坐在他旁邊，願意邀他一起玩，拉著他一起做事，培養同伴的情誼。

工作成就法
派給他一份能力所及的工作任務，以建立他對自己的信心，使同學正視他的存在。如請他傳句話或傳個紙條給其他班級的老師、整理老師的桌子、幫老師倒茶……

團體動力法
分派一項工作，讓他和眾人合力完成。設計一些遊戲，讓他有機會與團體有身體接觸。

輕鬆表心事
利用午餐約會的時間瞭解他的心事。

去除病症法
找到他不與同學、老師接觸的真正原因，設法排除，問題就能迎刃而解。

尊重其選擇
如果他只是喜歡安靜，並沒有其他的嚴重問題，那麼就順其自然，適時表現師長及同學們的善意即可。

Unit 2-7
重要的班規内容

　　教師必須思考在班級生活中，要建立哪些重要的班規擬定，以配合學生的身心發展情形、班級的特性、教學上的需要等。有關班規內容的擬定，應因年級、班級、階段而有所不同。

一、張秀敏（民87）指出重要班規

1.上課說話要舉手。
2.待人有禮貌。
3.收拾好自己的東西。
4.在教室和走廊要用走的，不能跑逃追逐遊戲或大聲喧嘩。
5.不能打人、推人、撞人或傷人。
6.給每個人學習的機會。
7.遵守校規。
8.尊重別人及其所有物。
9.保持環境整齊、清潔。
10.要注意安全。
11.要愛惜公物。
12.注意聽。
13.工作要做好。
14.知道何時可以說話。
15.知道何時用手和用腳。
16.知道何事要向教師報告。
17.仁慈。
18.遵守教師的指示。
19.說話有禮貌。
20.上課要專注。
21.上課前做好各種準備。

二、國小一年級的常規訓練項目

（一）常規訓練

1.聽到上課鐘響要立即進教室在位子上坐好。2.上課要注意聽講。3.上課發言要先舉手，教師同意後才能發言。4.身體不舒服或跌倒受傷的處理。5.教師點名時應舉手答「有」。6.下課時別忘了上廁所，及上廁所的指導。7.作業簿的收發方式。8.手勢的利用：食指放在嘴巴。

（二）生活規則

1.上課不站起來，不吃東西，不玩玩具，不看課外讀物。2.不奔跑。3.不亂丟紙屑、垃圾。4.遇見師長要有禮貌。5.說話要輕輕的小聲說。6.和同學要相親相愛、不可打架。7.放學時要排路隊。

（三）家長事先指導小朋友

1.會說出就讀的學校名稱和班級。2.會說出家裡的住址、電話號碼、爸媽及自己的姓名。3.熟悉到學校上下學的路線及路上行走安全。4.養成早睡早起的習慣。5.培養好的衛生習慣。

（四）班級秩序管理事前的預防

1.訂立班級公約：要明確、具體。2.常規訓練：學期開始。3.生動活潑的教學。4.分組比賽：例如，好（○）不好（　）具團體制約的效果。5.賦予責任：學習成就低的，有表現的機會。

（五）處理的策略

1.哀兵記：做個「請安靜」牌子。2.接近的控制：不動聲色走到學生旁邊。3.發警告牌：三張以上當值日生。4.製造不同氣氛：教師停止說話。5.運用消弱原理。

師生默契用語

當學生情緒有些浮動，或為了再度激發學生學習興趣，老師會帶動簡單的口訣，帶領學生活動。此法大約為期一至二個月。老師們提供的例子如下：

老師	學生	老師	學生
好孩子	靜下來	存好心	說好話
要發表	我舉手	123	請安靜
（學生的姓名）	請專心	金剛指	舉起來
大白鯊	閉嘴巴	講話要	舉手
123 223 323 423 523 ㄅㄧ下	香蕉人 木頭人 稻草人 機器人 睡美人 醒過來	頭要…… 背要…… 大眼睛……	正 直 看老師
上課不專心	學習不安心	身體放輕鬆	安靜來上課
噪音聽太多	心情就緊張	天才比一比	看誰最美麗
學習要用心	眼睛看前面	最佳小主角	換我做做看
集中注意力	老師在前面	超級蘿蔔蹲	眼明手腳快
尊重講話者	眼睛看著他	誰來比一比	我來比一比
動動你的腳	快快來集合	先管好自己	再關心別人
誰來對對碰	我來對對碰	對面的（學生名）	看老師（看黑板）
我是智多星	貢獻好點子	你有問題嗎	舉手來發問
尊重別人	要注意聽	你知道怎麼做	不用老師再提醒
1 號坐姿	面向老師	請你跟我這樣說	我會跟你這樣說
發出聲音	影響別人	請你跟我這樣做	我會跟你這樣做
不看老師	目中無人	你有聰明小腦袋	我會自己動動惱
（敲樂器三聲）	請注意	跟我這樣做	跟你這樣的
拍手打節奏	以拍手回應	踏踢踢、踏踢踢嗨 （拍手）	踏踢踢、踏踢踢嗯 （拍手）

第 3 章

班級氣氛的營造與經營

••••••••••••••••••••••••••••••• 章節體系架構 ▼

　　班級氣氛的營造對班級經營是相當重要的，營造一個屬於自己獨特風格的班級氣氛，是屬於教師專業的範疇。良好的班級氣氛中，師生相處愉快，不但教師教學勝任愉快，學生也可以從中受益良多。因此，如何營造良好的班級氣氛是一項重要的課題。本章針對班級氣氛重要理論與策略、班級氣氛的營造、班級是快樂天堂、教室布置與設計、學習角落的布置與美化等等議題，進行學理與實務方面的探討，提供教師在班級氣氛營造方面的參考。

Unit 3-1
班級氣氛的影響因素

030

一、教師人格特質

　　教師人格特質如何影響班級氣氛，相關研究指出，教師人格特質、需欲、價值、態度可以預測其班級經營氣氛（Walberg, 1986b）。Engstrom（1981）的研究發現：影響班級之氣氛有教師的人格及特質、學生參與決定及同儕態度、教室環境及教學實施等四項要素。

二、教師期望

　　根據波希爾（Persell, 1977）的研究發現：學生的特質、社經背景、測驗分數、動作快慢、容貌、行為、性別，以及過去的成績，都會影響教師對一個學生的期待；教師本身的心向（mental set）和偏見，往往也會形成他對學生的期望；此外，社會規範、資深教師對新進教師的影響和學校能力分班、分組等因素，都是影響教師期望的重要因素（盧美貴，民82）。教師期望效應是影響師生交互活動的重要因素之一。

三、教師領導行為

　　Lewin、Lippitt和White（1939）等人最早研究教師領導行為對團體社會氣氛的影響。他們針對十到十一歲的學生，在民主、權威、放任三種領導方式之下，所形成的社會氣氛及表現的行為作比較。結果發現：教師的領導行為的確會產生極為不同的社會氣氛，這些氣氛特別表現在個別的行為及社會互動上（蔡璧煌，民87）。在班級教學中，教師居於領導地位，研究指出，班級經營氣氛與級任教師的領導型態有密切關聯（陳密桃，1981；王俊明，1982；黃文三，1986；李彥儀，1991）。教師的領導行為是預測該班的經營氣氛的指標之一。自從Rosenthal和Jocobson（1968）在「教室中自我應驗的預言作用」研究中，強調教師期望具有「自我應驗的預言效果」之後，震撼美國整個教育界（郭生玉，1980）。教師的期望與其行為、態度、價值、理想是密不可分的，對於班級的期望將流露於師生互動情境，影響班級經營氣氛的風格，也影響學生期望與成就。

四、學校組織

　　Hargreaves（1967）在研究英國現代中學的學生文化時，發現到學校能力編班結果，產生了順從與反學校文化兩種現象。蔡培村（民69）研究發現：在學校組織較佳之學校中，班級氣氛會較好。因此，學校組織對班級氣氛的影響是正面且積極的。學校組織特性影響教師的班級經營中的氣氛，因而希冀班級氣氛良好的話，應該從學校組織改造起。

五、學校所在地及學校環境

　　Randhawa和Michaluk（1975）曾以八至十一年級學生為對象，進行班級氣氛的城鄉差異比較研究，結果發現：在「學習環境量表」的班級氣氛某些層面上，有城鄉差異的現象存在（蔡璧煌，民87）。

班級同儕關係管理原則

1.教師正確的態度
教師在輔導班級同儕關係時，必須秉持公平、公正的態度，對學生要一視同仁，不可有所偏頗，否則容易失去學生的信任。

2.同理心的運用
學生難免因不同的生活經驗、家庭背景、價值觀相左而產生衝突。教師在處理學生同儕關係時，必須考量以減少不必要的衝突。

3.增強策略
教師在班級生活中應該隨時觀察學生的行為表現，對表現好的行為隨時給予學生正增強，讓學生建立良好行為的模式，瞭解良好行為表現的後果。

4.人際關係輔導
人際關係的培養影響學生在班級生活中和同儕互動情形，教師必須針對一些不活躍或不受歡迎的學生，給予表現的機會。

Unit 3-2
班級氣氛的理論基礎

班級氣氛的研究，最早起源於1920年代社會心理學中團體動力學（group dynamics）與社會計量技術（sociometric technique）的發展，但真正建立理論基礎而成為有系統的研究，則是近三十年的事。本文將就班級氣氛研究的兩個主要理論──「班級社會體系理論」及「環境壓力理論」作探討（Getzels & thelen, 1960；蔡璧煌，民87；陳奎熹，民79）：

一、班級社會體系理論（Classroom as A Social System）

最早提出「社會體系」概念來研究人類社會行為的是T. Parsons；而將此概念具體化，發展出一套分析人類社會互動的理論模式，並用以闡明教學情況中行為改變問題的，則當推Getzels和Thelen（1960）。

Parsons曾經指出「社會體系」的特性：(1)它包括兩個人或兩個以上人群的互動；(2)一個行動者與其他行動者處在一個「社會情境」中；(3)行動者之間有某種互相依存的一致行為表現，此種表現是由於彼此具有共同的目標導向（或共同價值觀念），以及彼此在規範與認知期望上的和諧（陳奎熹，民79）。

二、環境壓力理論（Environmental Press Theory）

首先以環境壓力的概念來研究個體在環境中行為的，是人格心理學家H. A. Murray；而這個概念的發展，則是1930年代社會心理學大師K. Lewin（勒溫）「場地說」（Field theory）的延伸。他以「生命空間」（life space）作為理論之基礎，是個體與其心理環境交互作用而成。

Lewin以關係式B=f (P E)，表示行為(B)是個體(P)及環境(E)兩者之間交互作用的函數。其中，「E」既代表物理環境，亦代表社會環境及生理環境，而「P」則是個體的內心、才能、知識等。此兩者的交互作用，造成最後的合力，由此以支配行為的出現（鄭肇楨，民76）。

此外，Stern（1970）亦基於上述看法，提出了「需求－壓力」的理論，行為是人格需求與環境壓力間趨於和諧的函數。若「需求－壓力」關係保持穩定而一致的狀態，則參與者會產生滿足與實現的感覺；反之，若「需求－壓力」間是不穩定、不一致的連結狀態，則會使參與者感到不舒服、有壓迫感而退縮不前（引自黃昆輝，民77）。

有鑑於此，Getzels和Thelen（1960）認為人類在社會體系中表現社會行為，通常受到兩方面因素的影響：一為制度方面的因素，指制度中的角色期望，又稱「團體規範」層面（nomothetic dimension）；一為個人方面的因素，指的是個人的人格特質與需要傾向，又稱「個人情意」層面（idiographic dimension）。

影響人類社會行為的關係圖

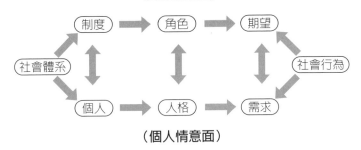

（團體規範面）

制度 → 角色 → 期望

社會體系　　　　　　　　　社會行為

個人 → 人格 → 需求

（個人情意面）

（資料來源：陳奎憙，民79，149）

班級社會體系詳圖

Getzels 和 Thelen（1972）以為在制度和個人間應再加一個「團體」（group）作為二者間的折衝。其詳圖如下：

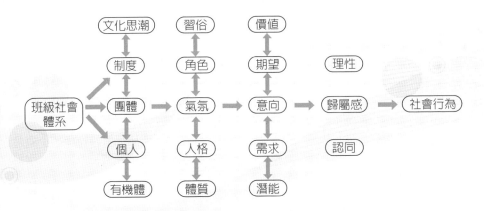

文化思潮　習俗　價值

制度　角色　期望　理性

班級社會體系　團體 → 氣氛 → 意向 → 歸屬感 → 社會行為

個人　人格　需求　認同

有機體　體質　潛能

（資料來源：陳奎憙，民79，153）

Unit 3-3
教師的領導方式與班級氣氛——第一類取向

關於班級氣氛研究的取向，大概可分為三個方向：一是取向於班級教室中教師的領導方式對於班級氣氛的影響；二是取向於以「團體動力學」（group dynamics）的理論為主；三則是取向於班級學習環境對班級氣氛的影響。接下來就以此三大取向與班級氣氛作一探討。

第一類取向的研究著重於教師不同教導方式會使學生產生不同的班級氣氛與學習效果。談及教師領導方式對班級氣氛的影響，首先要追溯到Lewin、Lippitt和White的研究。Lewin、Lippitt和White（1939）以民主（democratic）、權威（authoritarian）和放任（laissez-faire）三種領導方式，研究其對團體的社會氣氛造成何種影響。結果發現：民主式的領導，成員較能共同討論一切事物，朝團體目標邁進，工作效率較高；權威式的領導行為，團體成員彼此缺少合作，多以自我為中心、互相攻訐；而放任式的領導，成員雖有很大的自由空間，但彼此卻互相攻訐，而且不瞭解工作目標及性質（Lewin, Lippitt, & White, 1939: 271-299；王俊明，1982：29）。

其後，Lewin等人的研究被廣泛的應用到教師領導行為的研究（Blair, Jones, & Simpson, 1975；吳武典，1978：46-51），所得的結果亦顯示出民主式的領導行為，有助於學生的學習態度、學業成就、成就動機及生活適應等，且班級氣氛亦較為融洽；權威式的領導行為雖有利於學生的學業成就表現，班級亦有較好的秩序，但學生的學習態度則傾向被動，而且人格適應力較差；而放任式的領導行為，對於學生的學業成就、人格適應都有不利的影響，學生經常互相推讓工作，不能協調互動，班上在各方面的表現均差，甚無凝聚力。因此，教師透過民主的方式來領導，對於學生的內控信念、成就動機及人格適應等各方面，皆較權威型或放任型的領導來得有利與恰當。

在國內方面，陳密桃（1981）應用雷汀（W. Reddin）三層面理論（鄭詩釧，1998：20），以「工作」和「關係」兩個層面，將教師領導行為分為統合型（高工作高關係）、奉獻型（高工作低關係）、關係型（低工作高關係）及獨立型（低工作低關係）四種，探討其對班級氣氛的影響。其研究結果發現：統合型和關係型的級任教師，其班級積極氣氛較佳；而獨立型的教師，其班級氣氛就顯得較為消極（陳密桃，1981：161-207；王俊明，1982：31）。

綜合上述的研究可以得知，不論是在國內或國外的研究結果都顯示，不同領導類型的教師，其班級氣氛亦因此而有差異；也就是說，教師不同的領導方式，的確能影響班級氣氛的形成，且是一個關鍵性的因素！

班級氣氛營造策略

1.鼓勵發言
鼓勵平日比較沉默的學生發言,訓練學生的發表能力,使教學的氣氛更加熱絡。

2.尊重學生
對學生尊重相待,學生對教師才會以禮相待。

3.瞭解學生
透過對學生的瞭解,才能掌握學生各方面的特質,針對學生的學習特質給予專業方面的協助。

4.以讚美取代懲罰
善用獎勵做為激發學生學習的策略,引導學生進行各學科的學習。

5.製造雙向溝通的機會
學生偶爾犯錯的話,教師不可對學生過於苛責,隨時給予學生改過向善的機會。

6.公平對待
對每一位學生一視同仁,不可因個人的喜好與對學生的刻板印象,形成對學生不公平的現象。

7.隨時在場
教師在場,所以學生可以積極地參與各種活動,透過活動的實施與推展,營造良好的氣氛。

8.運用同理心
接納學生在班級中的各種行為,以專業同理的方式瞭解學生各種行為表現。

9.民主領導的方式
摒除傳統一言堂的形式,提供學生更多元的表達意見機會。

10.肯定學生
透過教師的肯定,可以引導學生建立自信心。

11.具幽默感
透過幽默感,降低學生對班級生活的恐懼感,進而無形中減少師生之間的衝突。

Unit **3-4**
第二類取向：團體動力學與班級氣氛

團體動力學（group dynamic）的創始者是Lewin，其理論是要探討團體的性質、發展的法則，以及團體內全體與部分的交互關係，並就動力學的原理，從事實驗研究。簡言之，團體動力學所著重的是團體內的互動關係（陳奎熹，1997：284），而班級氣氛研究則是強調班級團體的部分，強調班級內部各成員之間的交互作用關係；也就是說，班級氣氛是班級團體內部成員之間彼此交互作用的結果。

Flander（1967）認為班級氣氛與學生們撇開個別差異而共同對教師與班級的普遍化的態度有關，這些普遍化態度的發展便是班級互動的結果（陳幸仁，1996：144），其著重於教師和學生之間所產生的互動，以「教師影響」（teacher influence）的方式探討教室內的師生交互作用和班級氣氛。

其以教師影響學生的學習方式有二：一種是直接的影響或教師中心的談話，另一種是間接的影響或學生中心的談話。所謂直接影響，係指教師以直接的語言，如講述事實與意見、指示或命令、批評或樹立權威等；所謂間接影響，則指教師以接受學生的感受、採納學生的觀念、讚賞或鼓勵學生提出問題。

研究結果顯示，在教師的「直接影響」之下，學生是被動的，甚少機會和班級對話，對於教師的談話只是作消極的反應，甚至表現靜默或困惑，因此，班級氣氛是屬於消極的、沉悶的；而在教師「間接影響」之下，學生是主動的，具有許多和班級對話的機會，對於教師的談話作出積極的回應，是以，班級氣氛是屬於積極活潑的（鄭詩釧，1998：20-21）。

從Flander的研究可得知，教室內師生口語行為、談話方式的互動情形，會影響到教室中的氣氛，而教師在教學情境中的教學行為，對學生的學習態度與學習效果也有重大的影響力；由此可得知，班級社會系統中，師生互動的關係是影響班級氣氛形成的重要要素之一。

另外，Andersonu也指出影響班級氣氛的因素包括四種交互作用：(1)學生同儕之間的關係；(2)學生與課程之間的關係；(3)學生與教師之間的關係；(4)學生對班級結構的知覺，這些因素決定了班級氣氛。國內朱文雄也指出班級的社會互動決定班級氣氛（鄭詩釧，1998：22；陳幸仁，1996：144），故班級氣氛是團體內部成員之間彼此交互作用所產生的。

增進班級氣氛做法

教師應具有的特質
教師在班級生活中，應該具有適當的人格特質，如友善的、幽默的、溫暖的、風趣的、真誠的、同理心、尊重學生等各種特質。

教師的領導風格
教師應採取適當的領導風格，公平對待每一位學生，無論是好是壞，任何學生都應該給予相同的注意和關懷。

給予適當的獎勵
教師對學生的獎勵和稱讚要能隨時隨地，給予學生適當的獎勵。

衷心表示願意協助
讓學生瞭解教師願意隨時提供學生各種實質上的幫助，學生在班級生活中遇到困難的話，也才願意隨時向教師尋求協助。

瞭解學生需要和困難
瞭解學生的困難處，教師就不會過於苛求學生，對於學生的各種困難就能以同理心相待。

建立良好師生關係
班級生活中，師生之間的關係密切的話，就可以隨時掌握學生的需要，彼此相互幫助，相得益彰。

學校組織氣氛營造
學校組織氣氛常因校長的領導風格有所改變，校長採取高關懷高倡導或低關懷低倡導等領導風格，班級氣氛就會不同。

Unit 3-5
第三類取向：班級學習環境與班級氣氛

一、班級學習環境

在互動理論的影響下，以往未被重視的環境因素受到了廣泛的關注與普遍的探討，因為任何的學習總在某種環境中進行，師生與物理環境互動的結果也會決定班級的氣氛；也就是說，學習的環境會影響到班級氣氛的型塑。

朱敬先（民75）指出影響學習的因素有二：一是社會因素，一是環境因素。前者包括師生、學生同儕、親子等關係；後者包括聲音、通風、溫度、光線，以及教室座位分布等（王雅觀，1999：32-33）。

Trickett和Moos（1971）則認為教室環境（classroom environment）應該包含參與、親密、支持、工作取向、競爭、秩序（或組織）、規則的明確性、教師控制、變革性等九個向度（蔡璧煌，1995：22；Trickett & Moos, 1971）。

Doyle（1986）的「生態系統觀」把「教室」視為師生為達成教學目標所居住的「環境」，班級環境乃是由「居民」和「環境」交互作用而形成的「生態系統」。

Schmuch & Schmuch（1988）更以班級歷程的觀點分析學習環境，把人際關係及團體歷程，視為影響學習狀況的重要因素，並指出六個層面的團體歷程：期望、領導、凝聚、規範、溝通、衝突，這六項若能相互關聯，則會產生良好的班級學習環境（王雅觀，1999：33-34；鄭詩釧，1998：22）；而積極健康的班級學習環境，有益於促進心理健康與學生的學習。

二、社交評量

除了述及班級氣氛的三大研究取向外，我們還應瞭解社交評量（sociometry）對於研究班級氣氛的重要性。

社交評量是由Moreno所倡導，常運用在班級氣氛的研究裡，其主要目的在於明瞭個體在團體中被接受或拒絕的程度，以發現個體在團體中的既存關係和社會地位。

質言之，社交評量即是在於評量某一團體的人際關係，以便明瞭團體成員之間迎拒感受和態度（鄭詩釧，1998：21；陳奎憙，1996：25）。

社交評量也稱作社會計量法，較著名的有：教室環境量表、學習環境量表、班級量表等，它可經由實徵性的調查、分析，使我們瞭解班級的結構，進而探討其所形成的氣氛（陳奎憙，1997：285），有助於我們分析及認識班級團體的結構及其團體動力過程的發展，因此，可以有效地運用在班級氣氛的形成與探討上，對於班級氣氛的研究提供了相當多的幫助。

班級氣氛營造原則

運用情緒暗示原則　在班級生活中，學生會偏向順從教師的情緒反應；因此，教師在班級生活中面對學生有反社會行為出現時，可以適時地運用各種情緒性暗示，讓學生瞭解教師的情緒。

多運用鼓勵與增強　鼓勵與增強是教育過程中的萬靈丹，教師與其要消極地體罰學生，不如瞭解學生偏差行為形成的主要原因和問題癥結，以積極說理的方式，維持班級和諧的學習氣氛。

給予各種適時關懷　班級生活中，教師與學生的互動時間有限，教師應該在態度方面，以溫暖和愛心對於表現合理的學生給予酬賞，並給予學生各種適時的關懷。

教師必須以身作則　以身作則是行為的最佳示範，教師在班級生活中必須隨時留意自身的一言一行、一舉一動，提供學生隨時的學習楷模。

正確運用歸因理論　在班級氣氛的營造方面，教師應該瞭解歸因理論的內涵與運用，對學生不存刻板印象，訓練學生進行正向歸因練習，並儘量減少學生同儕之間的惡性競爭。

Unit **3-6**
班級氣氛與學習成就

每所學校因所處的地點、環境、人、事物等因素而有不同的校風，每個班級本身也都有獨特的班級氣氛（classroom climate）。班級的組成成員之間密切互動及相互影響，久而久之自然會形成一種班級成員間共同的心理特質或傾向，稱之為班級氣氛（吳清山等，民79）。在班級師生互動與同儕交流之下，良好的班級氣氛中，師生相處愉快，不但讓教師教學工作順利，學生在學習中亦受益良多。

班級氣氛是藉著班級社會體中各成員之間的交流作用而產生，由於成員之間的價值觀點、態度、期望與行為交互影響，經過一段時日之後，自然形成一種獨特的氣氛，彌漫在整個班級之中，影響了每一成員的思想、觀念或行為模式；同時也塑造學生的態度與價值觀，影響學生在教室中的學習活動（陳奎憙，民77）。相關的論點指出，班級氣氛的營造與類型影響學生在班級生活中的各項活動，更進而影響學生的學習成就。此種現象在目前的國中階段最為顯著，例如在讀書風氣比較好的班級，因為同儕之間的相互競爭與比較下，學生會花比較多的時間在學科學習上；在讀書風氣比較差的班級中，因為學習氣氛不佳或是同儕對學科學習的趨力比較低，因此，學生對學習活動就會缺乏興趣，進而影響學習成就。

早期的研究指出，班級氣氛與學生的學習成就是息息相關的，因此呼籲教師應該重視班級學習氣氛的營造，提供學生一個比較優質的學習環境。例如，吳武典、陳秀蓉（民67）在「教師領導行為與學生期待、學業成就及生活適應」的研究中指出，班級氣氛與學習成就之間的關係如下：

第一，學生對於教師領導行為的期待是希望教師多表現民主的行為，學生厭惡權威性的領導。師生關係的緊張衝突與學生的內在焦慮，在權威式領導下最為嚴重，放任式次之，而民主方式最不顯著。

第二，教師放任行為顯然不利於學生的學習成就，包括教師所任教科目成績與學業總成績。民主式領導與權威式領導行為有利於學生學習成就，兩者對於學生學業的影響，並無顯著的差異。但進一步分析則發現：權威式的影響似乎比較有利於教師所擔任的課程，民主式的影響則有利於全面的學習。

第三，教師民主行為對於學生的內制信念、成就動機和人格適應，均比權威式或放任式有利。換言之，在民主氣氛中，個人比較充滿自信、自尊和成就感；在專制的氣氛中，這一切都因個人的焦慮而喪失；在放任的氣氛中，個人失去歸屬感，也同時失去自我價值觀念和努力奮鬥的目標。

上述的研究發現：教室的學習氣氛與學生的學習成就是相關的，因此，教師應該為學生營造適合學習的班級氣氛，學生在班級生活情境中樂於學習並且分享學習心得。

師生關係的營造

多運用正增強原則

- 俗諺：「給孩童二百個饅頭與給二個拳頭，孩子深深記住兩個拳頭。」不當的懲罰容易造成師生之間關係的緊張與對立現象，可能造成無法抹滅的傷害。
- 教師在營造師生關係時，應該多運用正增強原則，用真誠的態度鼓勵學生表現良好的行為。

善於處理學生問題

- 教師在班級生活中面對學生的偏差行為與反社會行為，必須有效運用各種輔導策略給予協助。
- 以同理心瞭解學生問題行為形成的主要原因，透過個別輔導、小團體輔導或班級輔導的方式，給予偏差行為學生更多的支持與系統支援。

培養尊重接納態度

- 教師在班級生活中應該對學生展現尊重與關懷、溫暖與接納的情懷。
- 讓學生感覺到被尊重，教師應該以傾聽代替說教的方式，擺脫教師權威的心理，放下教師角色身段，在生活上與學生打成一片，融入學生的學習生活中。

善於處理教師情緒

- 教師在班級生活中，必須隨時培養好脾氣。
- 當挫折容忍力降低時，教師要能隨時處理自己的負面情緒；感到壓力來襲時，可以隨時靈活地自我調適並處理自己的情緒。

Unit 3-7
班級學習氣氛營造的理論與實務

班級氣氛的營造對教師的教學、學生的學習而言，是相當重要的一環。良好班級氣氛的營造，可以提供教師一個充滿溫馨、具有創意的教學環境，同時可以提供學生自由輕鬆、無拘無束的學習環境。

Bandrur（1986）指出，學習是環境與認知因素共同決定的，環境因素與認知因素發生交互作用之後，共同影響個人的行為。班級氣氛是環境因素中重要的一環，班級氣氛影響學生的學習行為，進而改變學生的行為。

吳武典（民65）研究指出，班級氣氛對學生的學習影響是重要的，例如，男性學生在班級氣氛測驗中顯示，男性贏得較多同伴才能有優異評選，但亦獲得比較多破壞常規之批評；其次，良好的班級氣氛與高成就有顯著的正相關，學生知覺的班級環境能顯著預測學業自我觀念變項，在控制IQ之後，班級氣氛解釋自然、社會科學業成就的變異量超過IQ。

班級氣氛的營造內涵通常包括師生關係的學習、教師教導方式與班級氣氛、學生同儕團體中的人際關係等層面。一般而言，班級氣氛的營造會依據下列因素而受到影響：

一、融洽的師生關係

班級氣氛如果建立在師生間良好的互動基礎上，班級學習活動的進行就可以營造一個樂觀進取的班級氣氛。

二、雙向師生互動與溝通

在班級生活中，教師應該隨時接納、傾聽學生不同的意見與想法，給予學生表達意見的時間和機會，持續性地和學生談話，並建立良好的雙向溝通。

三、合作的同儕關係

班級生活中的同儕關係是決定學習進行的關鍵因素，同儕之間如果關係和諧，必然可以營造快樂的學習景象。

四、積極的學習風氣

學習風氣的營造可以引導學生強化學習動機，使學生在學習活動中培養出好學的氣氛。

五、和諧的班級氣氛

和諧班級氣氛的營造，必須將各種影響班級氣氛的負面因素排除。

教師必須尊重學生的學習自由及價值，並給予合理的要求與學業上的關懷，學生必須尊重教師的專業，對教師的教學活動積極地參與，教師對學生異常或反社會行為必須給予適時地糾正，以免影響學生的學習。

班級氣氛的營造，增進良好師生關係是相當重要的。如果在班級師生關係的營造方面，可以促進師生之間的互動關係，則班級氣氛會比較融洽和諧。

班級經營要領

| 記住學生的姓名 | 要求級任教師提供學生座位表，讓科任教師在短時間之內認識每一位學生。 |

| 掌握學生的興趣與嗜好 | 針對學生的興趣和嗜好融入班級生活中，並不斷鼓勵學生發揮自己的興趣和嗜好。 |

| 多講正面積極的話 | 以正向積極的方法處理事務，強調以積極態度幫助學生，而並非對學生處處設限。 |

| 展現教師的親和力 | 隨時展現自己的親和力，讓學生覺得與教師親近不是一件難事。 |

| 以行動證明對學生的關懷 | 學生有不瞭解的地方，教師也應該花時間向學生說明，並且讓學生感受到教師對學生的關愛。 |

| 強化個別學習指導活動 | 依據學生的個別差異，制定各種不同的學習計畫和學習活動，必要時，隨時給予個別學習指導活動。 |

| 設定班級信箱 | 讓學生有意見可以透過班級信箱，講出自己的觀點和看法。 |

| 參加學生的各項活動 | 運用各種詐騙集團的騙術，設計成各種學習活動，讓學生從中學習防騙、防搶的策略。 |

| 定期舉行慶生會 | 生日慶祝會的舉行，不但具有生命教育的意義，同時可以透過慶生活動縮短師生之間的距離。 |

| 運用信件或信箋 | 平日班級生活中，教師撰寫一些勵志的信箋，讓學生作為自我激勵之用。 |

| 和學生個別晤談 | 教師和學生主動晤談，瞭解學生的生活經驗、家庭生活、未來規劃等，縮短師生間的距離。 |

| 和學生共進午餐 | 在午餐時間播放輕鬆的音樂，和學生共進午餐，瞭解學生的用餐情形。 |

| 請學生表決各種班級徽章 | 指導學生表決班歌、班旗、班徽、班級動物、班級顏色等，作為提振班級士氣的參考。 |

| 編寫班級歷史作為紀念 | 對於班級發生有意義的事件，一句時間的先後順序、人物動態等，逐項地記錄下來，作為班級發展歷史。 |

| 班級活動大家看 | 教師可以邀請家長或學校其他班級的師生，參觀班級活動所整理出來的資料。 |

| 我的成長回憶錄 | 教師指導學生將自己童年的各種資料如相片等，作資料的整理並提供讓大家欣賞。 |

Unit **3-8**
教室布置

一、教室布置的主要目的

1.發揮情境教育的功能：構成一個富有親和力的環境因素，是教室的造型、色調、照明、溫度、空間設計和布置。教師必須努力嘗試，以新的觀念和做法去設計、布置，然後師生共同營造出一個良好的學習情境。

2.教學前後的學習引導：配合學期的各個單元，設計好內容，布置上去。

二、教室環境布置設計原則

1.教育性：班上有一位自閉症兒童，因為人際關係不好，於是教師為班上設計小信箱，同時引導其他同學寫信鼓勵他。

2.實用性：全班分組完成月曆，然後懸掛在教室中使用。

3.定期更換：配合學期的大單元布置可以不用變動，但是學生的作品或其他部分，應視需要作更動，隨時保持新鮮感，才能吸引學生去觀賞、探究，否則教學效果等於零。

4.整體性與美觀性：教室布置應避免雜亂，儘量使用明亮的色彩，注意色彩間的和諧，更重要的是暖色系的比重（如紅色）不可太多，以免學生進到教室會躁鬱不安。

5.創造性與生動性：利用學生的作品來充實布置內容。

6.經濟性：教室布置由於要經常更換，所需材料和經費自應考量其經濟性，原則上以廢物利用或社區資源，由師生共同設計，減少成品購置，以達經濟實用之效果。

7.師生共同參與：教室布置的活動最好應由師生共同設計製作，但主角為學生，教師可從旁輔助，如此一來，學生和教師會更加容易建立互信的橋梁，關係也會更加密切。

三、使用教室布置的方法

1.訂定管理規則：訓練孩子能夠合力整理教室各個地方。

2.強化教室布置的功能，達到充分使用的目的：例如圖書角，可以利用某一節課，請一位小朋友朗讀一段小故事，或是舉辦圖書迷宮遊戲，讓小朋友去書本堆中找尋答案。

四、教學布置內容

（一）教室外

1.綠化走廊：走廊兩側可放一些綠色盆栽來綠化走廊。

2.柔化走廊：用學生在日常生活中所熟悉的物品加以造形設計，或學生作品加以加框，輪流懸掛，如學生於美勞課所創作的作品，可吸引學生的注意力，達到布置的效果。。

（二）教室內

1.單元重點：以分科分節的形式將各科的重點明顯地展現出來，讓學生在學習時能有要點可循，即使教師沒有在班上授課時，學生仍然能依此布置的提示，自動學習。

2.作品展示：將一些學生的優良作品及進步幅度頗大的作品，陳列於此。

3.公布欄：將每天的注意事項，叮嚀同學完成的事項，以和緩非命令式的表達方式條列於上。

4.榮譽榜：這是一個鼓勵區，將學生的各方面表現呈現出來，塑造出一個良性競爭的班風。

電腦角：提供學生上網、查資料。

圖書角：提供學生閱讀課外書籍或介紹好書。

益智角：放一些可以動動腦的遊戲。

塗鴉牆：利用空白紙盡情塗鴉。

研究區：可為上課內容的延伸學習。

留言角：記錄一些有趣的生活點滴。

學習角的布置

溝通角：可為彼此談心或師生溝通。

時事角：針對當週的重大新聞，要求學童把想法寫下來。

寶貝角：提供自己蒐集品等與同學分享。

運動角：提供學生運動器材的空間。

工作角：提供學生做作品的空間。

醫護角：告訴學生使用急救品的方法與時機，讓學生學習。

第 **4** 章

班級教學的規劃與實施

　　課程與教學是班級活動的基本歷程與核心，在班級經營過程中，教師在課程與教學方面的運作，攸關教學品質的良窳。因而，教師應有效安排教學活動，提升教學效果，以落實教育機會均等的理念，使班級學生可以因其潛能與性向而達到最佳的學習狀態。

　　本章的重點在於探討班級教學的規劃與實施，內容包括重要理論與策略、班級座位的安排、教學媒體的運用、科任教師的班級經營、教具在班級教學的應用、班級教學擬定與實施、創意教學的實施等。

Unit 4-1
班級教學重要理論與策略

教育家杜威有言：「要想改變一個人，必須先改變環境；環境改變了，人也就改變了。」教學環境的良窳對教學品質的影響是相當深遠的，良好的教室環境提供師生安全、舒適、方便的教學場所。教師在經營班級時，應該有效運用各種資源，做妥善的經營，以創造良好的學習環境。依據社會學習論的觀點指出，學生的行為是人格與環境的函數。因此，教師如果希望學生的行為符合班級的期望，在學生座位方面的安排就必須參考相關的理論與研究。

一、學生活動的型態研究

Sommer（1969）研究指出，學生在活動中選擇所涉及的互動類型為：

1.個別的工作：此類型的學生選擇遠離別人的座位，或者是以各種步幕隔開別人的視線，在有意避開他人時，也常選擇桌子的盡頭，遠離教室中心、靠近牆的位置，並試著保持距離，來保護自己的隱私與不受干擾的要求。

2.分工的工作：此類型的學生當進行合作性質工作時，通常會選擇靠得很近，以方便相互討論議題，所以教師在安排座位時應該考慮學生的分工情形。

3.競爭的工作：當工作本身具有競爭性時，一般人會選擇坐在比較裡面的位置，以瞭解別人的進行情形。學生在參與競賽時，比較喜歡坐在對手的對面，如此可增加彼此目光的接觸，激化彼此競爭的動機。

二、座位與人格特質

有關學生座位與人格特質之間的關係，Waller（1933）研究指出，坐在前面的學生通常比較具有依賴性，喜歡追求挑戰或者特別用功者；而坐在後面的學生則比較具有叛逆性，對自己的成就動機低。Herberwalberg（1969）研究指出，喜歡坐在前面的學生，對學校或對自己的能力，持有非常積極的態度；喜歡坐在後面的學生則相反。

三、座位與參與感

學生座位在學習參與感方面，坐在前面以及中央的學生有較高的學習成就和參與感。此種現象主要為：

1.坐在前面及中央位置的學生，學習動機比較強，並且對學科具有比較高的興趣。

2.坐在前面及中央位置的學生，在師生之間交互作用方面，比坐在其他位置的學生頻繁。

由以上研究可以瞭解學生座位與學習態度之間的關係，因此，教師在學生座位的安排方面，應該針對班級氣氛、班級特性、學生特質，以及學科上的需要，做妥善的規劃處理，期使學生與教師都可以在班級生活中獲得最大的利益。

傳統的教室空間規劃都是固定的空間和建築物，教師要著墨或是調整的地方是有限的，一般的教師對學校建築與室內空間設計的理念亦是相當淡薄的。因此，教師在班級空間規劃方面，應該多蒐集一些室內設計與規劃的資料，原則上是將班級空間規劃與家中的書房相近，以激發學生在班級中的學習動機即可。由於教室空間規劃在硬體方面教師能調整的有限，因而在內部的設計與規劃就必須花比較多的心思，運用各種室內設計的技巧，將各種資源材料做有創意的整合。

教室空間規劃圖

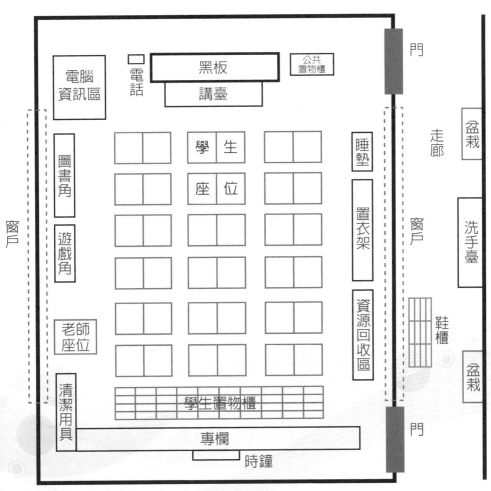

Unit **4-2**
教室環境設備安排原則

一、教育性

　　教室環境設備的安排，首要考慮教育性的問題。教室是學生學習的主要場所，同時是教師輔導學生做人做事道理的地方，教室的安排應該考慮環境本身的教育性，對學生的學習活動進行能否收到預定的效果，如何發揮環境教育的最大效用。

二、實用性

　　通常實用性的教室環境設備不在於講究華麗堂皇，而在於本身能發揮教育的潛在功能，使學生能喜愛班級環境，教室設備可以配合教學單元內容之需求，適時使用設備與教材有關的輔助教學資源，以符合時效及達到實用性。

三、安全性

　　如設備的性質容易破損、具有毒物或危險性者，均應特別註明予以警告；若為懸掛物品應牢固，避免掉落傷人；離地面180公分之間的牆面，切勿留置任何尖銳物。在各種設備的規劃上，應該將設備與器材本身的安全性做詳細的考慮，避免在班級生活中因各種設備的設置導致學生生活上的危險。

四、整體性

　　教育資源的整合，向來是教育工作者最需要花心力在上面的一環。教室設備的規劃，應該做整體性的考量，不管是教室的基本設備、硬體設施、教室色澤的選擇、教室空間擺設等，都需要以整體性的考慮為重點，避免過於紊亂或五花八門而影響學生的學習。

五、獨特性

　　教室環境的規劃設計應該要能突顯出教師與學生的獨特性，反映出班級的特性。所以，教室的設備可以按師生的喜好建立，以別於其他班級的特色，表現各個班級的團體動向與師生互動的熱絡景象。

六、創造性

　　為師生營造一個具有創造性的學習環境是相當重要的，有創造性的教室，把學習環境變成一間鼓勵學生用腦思考及讚美學生們成果的實驗室。

七、生動性

　　教室環境的設計應該強調生動性，讓學生對教室環境產生潛移默化的效果。在各方面的設置上，應一反過去「一勞永逸」的設備方式，趨向現代的不拘形式、富彈性、動態化、家庭化及具有人文氣息。

八、經濟性

　　經濟性的重點在於運用最少的資源以發揮最大的功效，教師應該在班級環境設計方面，設法結合各種社區資源，將各種資源融入班級環境中。一般教室的環境布置不可過於奢華，應以經濟為原則，強調教室環境的潛在教育效果。

九、美觀性

不同的色彩、不同的造型，都會引起不同的心理反應。所以，教室設備的造型設計及色彩選擇，應力求平衡協調，予人舒適、愉悅之感。

十、發展性

兒童不斷的在成長發展，教學情境的設計應助長兒童的發展。舉凡教室設備的創意、生動、獨特與教育性，即具有發展的特徵。它促使兒童的創造性、個人特質獲得更多的教育與發展，以增進兒童思考應變的能力。由於教室設備提供有關的資源，可擴展學習的深度及廣度，提高學習的效率，增長其為人處事的能力，因此，教室設備的設計要具有發展性的原則。

教室座位安排原則

1.可考慮男女生間隔坐

2.考慮身高因素

3.考慮視力因素

4.「近朱者赤」原則

5.各組都有領導型學生

6.多變化，不一定是全排排坐

7.定期輪調

8.學生座位的安排應儘量避免直接面對干擾的來源

9.座位之間應保持適當的通行距離，以避免擁擠和干擾

Unit 4-3
教學媒體的運用──非放映式視覺媒體

052

　　教學資源的運用，依據不同的教學特性與教學需求而有不同的類型。教師在運用教學媒體與教學資源時，都必須在任何一種教學情境下都有訊息傳達，並且達到預定的教學目標，方能稱得上優質的教學媒體。教學媒體隨著教學運用的發展階段而有不同的形式和規格出現，茲分述如後（胡佩瑛，民88；李春芳，民86；林進材，民86）：

　　非放映式視覺媒體通常指的是不必經過放映就可以觀看的媒體，包括各種印刷材料、黑板、圖表、實物或教學模型、教學資料等等。非放映式視覺媒體的使用比起一般放映式視覺媒體方便多了，在小班教學或是交通不便、缺乏電源等地區的教師教學而言是相當便利的。非放映式視覺媒體的類別比放映式視覺媒體還要廣泛，在使用上也比較方便。

一、印刷材料的應用

　　在非放映式視覺媒體方面，使用最多者為印刷材料，通常包括教科書、文件資料、教學指引、教學手冊、教師手冊等，透過各種印刷材料將重要的概念呈現出來。一般將印刷材料運用在教學中的特性如下：(1)可以作為補充教學之用；(2)價格較低；(3)攜帶方便，可以隨時隨地發揮各種輔助的功能；(4)方便保存；(5)可以重複使用。

二、黑板的應用

　　黑板是一般教師必備的器具，也是教師在教學中使用頻率最高者。黑板的使用，可以方便教師將各種重要概念以文字的方式呈現出來。黑板的主要特性在於經濟耐用，可以重複使用。

三、教學圖表

　　教學圖表的使用有助於教師將各種抽象或是重要的概念以圖式的方式呈現出來，以利於強化教學的重要概念。圖表的設計主要在於將各種圖畫、表解、圖表、海報、漫畫等資源，透過圖表呈現出來。教學圖表通常和教科書的內容是相互配合的，因此，出版教科書的單位或廠商，往往會將課程內容中重要的概念或是數字，以圖表的方式呈現出來。教學圖表的應用具有下列特性：(1)將抽象概念具體化；(2)攜帶方便並且容易使用；(3)不需要各種設備配合，即能夠廣泛地運用在各科教學中。

四、實物或模型

　　實物或模型的使用有助於強化教學效果，教師在準備課程時必須瞭解在學校中有哪些實物或模型可以提供教學使用。實物的運用是教學中最容易取得的教學媒體，在抽象概念的學習中，實物可以將各種抽象的概念轉化成為具體的意義。例如，教師在講解地形斷層的概念時，如果可以透過實物或模型作為講解時，對教學效果的提升有正面的作用。實物在教學運用上能提供學習者在學習上的直接經驗，並且可以輔助教師的教學轉化，將各種抽象的概念透過實物的說明提供學習者更直接的經驗。其次，教學模型的運用對教師的教學活動實施，具有正面的作用。通常在教學模

型方面，編製教科書的單位或廠商會針對各種教科書中重要的概念，製作成模型，提供教師教學說明解釋之用。教學實物或模型的運用，往往受限於成本過高或是價格方面的問題，無法提供教師充足的資源。

教具功能

| 1.提高學習者的學習興趣 | 教師在教學中如果僅憑教科書、乙支粉筆、乙個黑板、乙張嘴，對學習者的學習興趣是無法提升的。 |

| 2.協助學習者學到他們該知道的 | 教具的運用，可以輔助教師在教學歷程中的不足，將各種抽象名詞或概念，以實物的方式呈現出來，使學習者學到在課程中應該學到的部分。 |

| 3.增進學習者理解課程內容 | 教具的使用有助於教師引導學習者較快理解課程內容，學習者在實作中可以透過教具的操弄，將各種實作與課程內容做緊密的結合。 |

| 4.加深學習者的學習印象 | 例如，在進行物理、化學實驗時，教師必須將各種實驗儀器讓學習者實地操作，才能加深對該儀器操作和使用的印象。 |

| 5.強化生活上的應用 | 透過教具的運用，可以引導學習者集中注意力於課程教學中，同時透過學習架構瞭解更多生活經驗，並且將各種生活經驗運用於生活中。 |

| 6.充實學習者的實際經驗 | 例如，教師如果講解滅火器的操作與運用，如能讓學生實地操作演練一遍，比教師講解十遍所具備的效果要來得高。 |

| 7.增強學習者的記憶 | 讓學習者操作教具，有助於學習者將各種抽象概念，不斷在腦中重複，可增強學習者的記憶。 |

| 8.節省教師的教學時間 | 教具的運用，可以將繁複的教學內容簡化，作扼要性的講解。 |

| 9.獲得正確的知識 | 例如，講解「街燈」名詞時，可以出示相關的圖片或影片作為教學的輔助，學生可以立即瞭解該名詞的意義，不至於因誤解而產生學習上的問題。 |

| 10.建立學習者的學習信心 | 例如，教師在講解電腦使用時，可以讓學生親自操作一遍電腦，讓學習者透過操作機器而建立學習上的自信心。 |

Unit 4-4
教學媒體的運用──以電腦為基礎的媒體

圖解班級經營

以電腦為基礎的媒體通常指的是電腦輔助教學活動的實施，電腦輔助教學的意義在於將一些經過縝密設計的教材存入電腦，學生可以經由終端機按照一定的步驟，以自己的進度或需要將某一課程內容「叫出」，進行一連串的自我學習，此種學習活動不但可以隨時中止，自動記錄學習歷程及結果，考核學生的學習結果，並且師生亦可以經由電腦達到問答溝通（林進材，民92）。以電腦為基礎的教學媒體一般包括電腦輔助教學、多媒體、光碟等，茲略述如下：

054

一、電腦輔助教學媒體

電腦輔助教學媒體是以電腦為基礎的主要教學媒體，此種教學媒體係運用電腦在教學上，藉以達到教學目標。電腦輔助教學媒體在教學上的運用，具有下列特性：(1)容許學習者不同的學習速度與順序；(2)對學習者的學習反應可以隨時提供增強作用，並且可以隨時進行回饋；(3)具有持續性並可以大量記錄學習者的學習變化情形；(4)可以將各種教學資訊轉化成學習者可以接受的方式；(5)可以提供一致性較高的教學，並且避免因人、事、時、地、物的不同而產生不同的影響；(6)教師可以隨時依據不同的主題或教學原則與概念，選擇不同的教學策略；(7)有助於教師進行各種形式的教學評量。

二、多媒體

多媒體的運用通常必須考慮學校本身的設備，一般學校在多媒體的設備上通常會集中在視聽教室或專科教室。教師如果需要運用多媒體於教學上，通常需要透過學校行政系統辦理借用手續。多媒體的運用通常會和各種教學媒體（尤其是電化產品）相互配合運用。多媒體的運用具有下列特性：(1)可以廣泛蒐集教學資源，將各種有助於教學活動進行的資源整合起來；(2)可以形成網狀知識架構進行相關的連結；(3)教學資訊呈現多元化，可將不同的符號和資訊進行整理；(4)可以將各種系統進行添加、刪除、修改等動作。

三、以傳訊為基礎的媒體

以傳訊為基礎的教學媒體有助於降低因為時間、空間等距離而形成教學阻礙的各種因素。一般而言，以傳訊為基礎的教學媒體以「遠距教學」為主。隨著時代的發展，資訊科技一日千里，以傳訊為基礎的教學通常會結合網際網路，以達到各種既定的運用目標。

由以上的論述發現，教學媒體的類型與種類相當多也相當廣泛。教師在教學媒體的選擇方面，必須結合課程與教學的目標。在教學前，事先瞭解課程與教學的目標，蒐集各種有助於教學活動實施的媒體，將各種教學媒體作妥善的處理與安排，使教學媒體可以發揮教學輔助效果。教學媒體運用得當，可以減少教師在教學上的焦慮，有助於學習效果的提升。

教具運用原則

1.適當的使用時機趨勢
不可以提前將教具秀出來，應該等到要配合各種重要概念時，才將教具展現出來。

2.結合重要概念
教具的出現應該與重要的概念同時出現，如此可以提高學生的好奇心，同時增強學生對重要概念的印象。

3.色澤上的考量
教具在色彩和字體方面的印刷必須鮮明，字體大小應該能讓學生可以一目了然。

4.配合教師的講解
教具的展現要能配合教師在教學過程中重要概念的講解，並且配合講解呈現教具。

5.配合各種形式評量
教師在教學歷程中可以將各種教具配合評量的實施，進而瞭解學生在學習方面的變化情形。

6.教具的數量不宜過多
教具的使用在數量方面應該適度，不過一次使用太多的教具，使學習者看起來眼花撩亂，反而失去教具本身的功能。

7.指導學生正確的學習
運用教具時，教師要能指導學生正確學習，如此才能發揮教具本身的作用。

8.安排討論時間
教具運用在教學歷程中，教師必須配合討論時間的安排，如此有助於學習成效的提升。

Unit 4-5
科任教師的班級經營

一般而言，科任教師在班級經營方面比級任教師困難，主要肇因於科任教師對學生的不瞭解，無法完全掌握學生的各種動態；再則，科任教師所擔任的課程大部分不是主科，比較不受重視。因此，科任教師在班級經營方面必須花比較多的心力，尤其是學生學習常規的管理方面。科任教師的班級經營與教學實施管理，彼此之間存在相當的落差。

一、科任教師對學生的約束力不夠

科任教師在教學過程中，在班級經營方面比級任教師要花更多的時間在學生常規的管理上，其主要的原因是科任教師對學生不熟悉，缺乏深入的瞭解，無法完全掌握學生的動態。所以，科任教師對學生的約束力就顯得比較弱，學生對科任教師的態度就比較差。

因此，科任教師在擔任課程前，除了對學科教學應該熟悉之外，也應該在教學前擬妥適當的科任班級經營計畫，配合各班級任教師的班級經營計畫內容，才能收到預期的效果。

二、學生對科任課程的錯誤認知

國內目前的制度，科任教師大部分擔任非主要科目的教學，因此，學生對科任課程總存有「不重要科目」的認知，進而影響學生對科任教師的態度。加上科任教師對學生的約束力有限，因而形成科任教師在教學中經常要花相當多的時間在學生常規的管理上。

是故，科任教師應該在教學前正確引導學生瞭解科任課程學習的重要性，進而改變學生的錯誤認知。級任教師應該運用時間向全班學生說明科任課程的重要內容，強化學生的認知。

三、各種工具不帶並缺交作業

科任教師經常面對的問題為學生上課前忘記帶各種用具，主要原因為科任課程並非是經常性的課程，往往間隔一至兩天或隔週上課的情形，科任教師在當天課程中要求學生下一次上課帶的用具，學生經常因事隔多時而遺忘，造成科任教師上課的困擾。此外，學生缺交作業也是科任教師常面對的問題，作業缺交頻繁的學生容易對科任學習失去信心。

截至目前為止，科任教師所擔任的課程，皆被視為非主科、不重要、營養課程等，在此種錯誤觀念之下，家長、學生對科任的學習缺乏關懷與信心。因此，科任教師在教學中容易因各種外在因素加上班級經營的困難，導致各種教學上的挫折。科任教師在班級經營方面，應該與級任教師進行密切的聯繫配合，瞭解級任教師對學生的要求，以及各種行為上的規範，作為科任教學的參考，有效運用策略維持學生的常規。

科任教師教室管理對策

1. 慎選教學主題
科任教師在教學主題的選擇上面，可以針對學生的學習興趣與學習上的動機，選擇一些真正吸引學生的主題進行教學。

2. 教學實施多元化
科任教師在教學實施過程中，應該規劃設計各種動態的教學，運用各種綜合肢體語言、感覺器官的教學策略，提供學生更多元的學習機會。

3. 善用讚美少用懲罰
科任教師在教學活動實施中，應該有效運用各種讚美策略，透過各種社會性增強，強化學生的學習興趣，並激發學生在學科方面的興趣。

4. 有效的獎賞與懲罰策略
科任教師的獎賞與懲罰策略，應該與級任教師的班級經營計畫內容相契合，如此，學生在科任教學中才能遵守既定的班級常規。

5. 引導有效學習以減少學習障礙
科任教師應該瞭解學生在學習方面的困難，在教學中有效引導學生進行學習，提供學生有效的學習策略，減少學習障礙，進而增強學習信心。

6. 建立教學的有效程序
科任教師在教學中，應該儘量建立教學的有效程序，讓學生瞭解教學的重要步驟以及教師對學生的要求，學生才能在教學中遵守各種規定。

7. 請級任教師提供學生與家長名單
科任教師在學習前應該請級任教師提供學生的名單以及家長通訊錄，以便科任教師隨時與家長聯繫，瞭解家長對孩子的期望。

8. 和級任教師充分聯繫
科任教師應與級任教師的班級經營作密切的配合，才不至於讓學生對科任教師的班級經營感到陌生，以致無法配合科任教師的請求。

Unit **4-6**
班級管理與有效教學

　　教師的教學行為與班級管理有正向的關係，班級秩序的控制是教學的前置活動，影響教師教學活動的進行，並決定教學品質的高低。教師的教學表現，影響學生的學習行為，以及決定學習成效的高低。

　　效能教師的教學活動能激發學生在學習上的活力與動力，使學生深受教師魅力的吸引，無形中改善常規表現，減少教學上的干擾行為，具有提升教學效果的正面意義。如果教師在教學中無法有效地控制班級秩序，則學生的干擾行為勢必成為教學的最大阻礙。

　　教師的教學效能與班級管理是相輔相成且一體兩面。教師的教學要達到高效能，必須從班級管理方面著手，才能在教學活動中左右逢源。相同的，教師在班級管理方面，欲期順暢無阻，必須在教學活動的規劃、策略的運用、方法的研擬、教學表徵方面，發揮專業知能素養，才能在兩者之間得心應手。成功的教學活動所牽涉的因素，除了學校、班級目標、課程、教材、教學環境、學生的學習情形、學習表現、常規等因素之外，更重要的是在此過程中能否有效地在事前分析這些因素，並且瞭解對教學可能帶來的正反面影響。教師在教學活動中能否展現教學效能與有效地運用各種策略技巧，將影響學生的學習行為；而學生在班級秩序方面的表現，也將受到教師教學行為的影響。

　　MacKay（1982）在其「有效的教學研究」一文中，針對有效的教學行為與班級秩序的運作提出多方面的建議，認為教師在教學時應該展現有效的教學行為，才能提高學生的學習參與（林進材，民89：432-436）。教師在教學時，透過規則的運作，教學策略的配合，使班級秩序循著常軌而行。而教師正式語言行動（如口頭制止）與非正式行動（如眼神制止），有效地遏止學生的反社會行為。其次，教師也應透過各類行動（如非語文訊息、靠近及眼光接觸），提醒學生的脫序行為，將負面的影響降至最低。此外，教師在教學時應該設法提高各類活動的趣味性與意義性，讓學生從學習中得到樂趣，有助於學習參與感的提升。而學科教學時間的有效運用，讓學生得以積極投入學習活動中，完成各項預定的學習任務。時間的規劃與運用，決定了教學活動進行順暢與否，同時也影響教學的品質。

　　教師必須熟悉各種教學策略，隨機變換各種教學技巧，使教學融合技術與藝術，增進學生的學習參與，提高學習成效。從新概念與舊經驗的連結中，讓學生的學習活動產生類化作用，以舊經驗為基礎，提高學習成效。教師在教學活動中如何將形式課程轉化成為實質課程，是教育專業的開展，同時也涉及教學品質的議題。高效能教師在面對教學情境時，能迅速做出審慎的行動，並且批判地檢視行動的後果。教師在教學活動中應該有能力隨時將抽象概念轉化成為具體的行動，相對地也應轉化具體活動為抽象活動，學生才能從學習活動中獲益。

有效的班級管理

建立一套有制度的規則	教學前應該針對學生的特質與教室的氣氛，建立一套有制度的規則來處理教學與班級秩序。
有效監控座位中的活動	教師在教學活動進行時，應該在教室中來回走動，有效地監控學生的學習活動。
提高學生的學習參與感	教師的教學活動與學生的學習活動產生互為主體性，學生的學習意願增高。
有效運用學科教學時間	事先對學科學習時間做有效的規劃，補充教材的輔助，讓學生在最少的指示下進行學習任務。
隨機轉換各種教學技巧	有效地掌握學生的學習狀況，依據學生的學習反映調整教學策略與教學技巧。
聯結新概念與舊經驗	教師除具備多種教學技巧，也應設法將各科學習活動的新概念與教過的舊經驗做有效的連結。
轉化具體活動為抽象活動	利用皮亞傑的理論，學習歷程是由具體、半具體至抽象。
注意教室中所進行的事件	教師在教室中要隨時注意因應內、外在線索，有助於教學動態的進行，同時控制班級秩序。
良好的課程銜接與課程實施	課程實施時，教師的表達應該清楚明確，教學行為要能顧及學生的程度及課程進度。
激發學生的學習動機	教師應該要有能力引發學生對學習的強烈動機，有了動機才能激發學生對學習產生需求。
正確回應學生的情緒與經驗	應該明白表現對學生的關懷、接納與重視，讓學生感受到教師正向的回饋。
善用發問技術並因應個別差異	運用發問技術有助於教學評鑑工作，並修正自己的教學行為。
運用正向讚美，鼓勵良好的表現	正向讚美鼓勵學生優秀的表現，勉勵表現較差的學生，讓每位學生在學習歷程中有自我實現機會。
適時傳達教師對學生的期望	讓學生隨時瞭解教師對學生的期許，從師生互動中獲得正向的激勵作用。
適時統合學生的學習行為	教師對學生的學習行為（如提出問題、表達意見、學習困擾等），應該作有效的接納與整合。

Unit **4-7**
創意教學的實施

創意教學的實施與概念思考教學中的創造思考教學法的運用，具有相同的特質，教師必須在教學前先分析教材單元的性質與內容，以決定採用的策略。創意教學的實施常隨方法的採用而調整。如以腦力激盪法的應用，創意教學的實施至少應包括下列五個重要步驟（簡紅珠，民85）：

一、選擇適當問題

教師在進行腦力激盪之前，應該針對學生的學習內容，擬定或選擇適當的問題，提供學生進行創造思考以尋求解決的答案。學習問題在擬定之後，教師應該事先讓學生瞭解，以便提早蒐集資料，並做各種學習上的準備。

二、組成腦力激盪小組

教師將各類問題揭示之後，將學生依照學習性質分成學習小組，在人數方面，每小組人數至少五至六人，以十至十二人為理想。小組成員以男女混合為原則，從不同的性別提出各種想法。小組組成之後，由教師或學生互選一名較有經驗者擔任小組負責人。

三、說明應遵守規則

在實施腦力激盪教學時，學習規則對學習成效的影響很大。因此，教師應該在學習前向學生詳細說明應該遵守的規則：

1.不批評他人的構想，使小組各成員勇於發表自己的見解。

2.小組成員必須拋開各種足以影響創造力的障礙，讓個人見解可以自由的抒發，不要羞於表達與眾不同的構想。

3.成員提出的構想愈多愈好，小組成員盡可能提出各種不同的想法，構想愈多，得到好主意的可能性愈高。

4.尋求綜合與改進，提出構想之後，小組成員依據提出的構想做進一步的發揮，以研擬出更好的解決方案。

四、進行腦力激盪

腦力激盪活動進行時，主持人必須將所要解決的問題重新再敘述一遍，或是將問題寫在黑板上，讓小組成員能隨時注意問題，使學習不至於偏離主題。每個學習者在提出新構想時，主持人要將構想記錄下來，並適時地編號，將所有的構想統整起來，作為討論的參考。

五、評估各類構想

腦力激盪時，學生提出各類新的構想，教師必須指導經由評估找出好的構想。評估的方式由全體成員進行，教師或主持人將整理歸類的新構想列一清單，讓每位成員瞭解，並選出最有價值的構想。主持人在評估活動結束時，依票選結果選出較佳構想供大家參考。

創意教學注意事項

創意教學的實施與一般教學差異性相當大，因此教師在使用時必須瞭解注意事項，作正面的引導，才能發揮創意教學應有的成效。教師在採用創意教學，在學習指導和發問技巧方面，須隨時注意下列要點（高廣孚，民78）：

1.學習指導方面

(1)教師應多提一些開放性問題，避免單一答案或固定答案的問題。
(2)教師在處理學生問題或回答問題時，應該儘量接納學生不同的意見，減少價值性的批判。
(3)教師對學生的錯誤經驗，應該避免指責，以免學生喪失自信心或因而退縮。
(4)教師在指導學生從事腦力激盪時，要注意運用集體思考型態，引發連鎖性反應，以引導出具有創造性的結論。

2.發問技巧方面

(1)多提或設計增進學生「比較」能力的問題或情境。
(2)多提或設計增進學生「分析」能力的問題或情境。
(3)多提或設計增進學生「想像」能力的問題或情境。
(4)多提或設計增進學生「綜合」能力的問題或情境。

上述注意事項之外

· 教師在採用創意教學時，應該事先將學生要學習的科目、課程內容、原理原則、學習素材，預先做整理，以問題形式呈現出來，研擬各種問題解決的教學情境，激發學生的熱烈動機，從面對問題、分析問題到解決問題中，完成學習的目標。
· 其次，教師也應重視學生在學習上的個別差異，讓每位學生都有充分自我實現的機會，從同儕成員的互動中，不斷追求新知。

第 5 章

班級學習的理論與策略

章節體系架構 ▼

　　學習是班級生活中重要的一環，教師在班級經營過程中，必須針對學習者在學習方面的特性，以及學習需求進行班級各種活動的規劃，才能營造適合學習的班級氣氛。

　　本章重點在於闡釋班級學習的重要理論與策略，兼論行為紀律的管理、學生的個別指導、肢體語言的運用、電腦教學的班級經營、實驗教學的班級經營，以及作業的處理與批改，提供教師強化班級學習的有效策略。

Unit **5-1**
班級學習理論 (1)——行為學派

　　學習的定義因不同學派對學習的研究而有不同的定義，行為學派的學習理論主張，學習是反應的習得，是一種透過反覆練習或增強作用，使學習獲得新的反應，建立新習慣的活動。此種理論將個體視為被動的學習者。

一、學習理論

　　行為學派學習論者主要依據行為心理學的基本假設，認為「學習」是個體在特定的環境刺激之下所產生的適當連結反應行為（甄曉蘭，民86）。行為主義從人類單純的行為，可觀察可探討影響個體，並且可能導致行為的制約以及單純的行為本身解釋學習歷程。行為主義學習論依據對動物的相關實驗，建立「刺激－反應」連結關係的制約學習理論，用來解釋人類學習歷程和獲得經驗的學習歷程。

　　行為主義對學習產生的觀點如下（林進材，民88）：(1)行為的基礎是由個體的反應所構成的。(2)個體的行為是受到環境因素的影響而被動學習來的，可用來推論或解釋一般人的同類行為。(3)從動物實驗研究所得的行為原則，可以用來推論或解釋一般人的同類行為。

　　行為學派在人類學習歷程中強調刺激與反應的連結，增強作用的運用，行為的強化與削弱、類化、辨別、自發恢復等概念在學習上的應用（張春興，民83），以促進學習者的學習反應，提升學習效果。行為學派的學習論，強調個體外顯行為的制約性與可控制性，忽略了個體內在動機與潛能的發揮。

二、學習方法

　　行為學派認為學習者的學習行為乃對於其以往及現在環境之反應，所有的行為皆是學習而來，也可以學習加以消除、修正或改變（朱敬先，民86）。因此，在學習方法方面包括行為改變技術、鼓勵預期行為、消除非預期的行為等策略（Mathis & McGaghie, 1970）。

　　1.行為改變技術：行為改變技術的應用係由個體行為養成程序，設計擬定各種實驗策略，分析可運用之增強物，安排各種改變行為之原則，進行行為的改變計畫。透過行為改變技術的應用，可以強化或削弱各種預期的行為。

　　2.鼓勵預期行為：行為學派運用增強作用鼓勵預期行為，以讚許、行為塑造、正向練習等方式，鼓勵學習者表現良好的預期行為。在學習者表現出良好或預期的行為時，即透過各種策略加以強化該行為。

　　3.消除非預期的行為：行為學派運用負增強、申誡、反應代價、社會孤立、懲罰等學習者感到厭惡的策略，作為消除非預期行為的策略。當學習者表現出非預期行為或反社會行為時，教學者立即運用策略削弱各種非預期行為。

三、有效的學習策略及教學論

　　行為學派重視人類的行為表現，主張個體的行為受到環境的限制，因而能控制環境就能有效控制行為。職是之故，教學是運用適當的增強作用，使學習者產生適當的行為。教學者在教學過程中，應該預先設定學習者可能產生的

預期行為，針對行為選擇或擬定有效的　　應有的學習效果。
增強策略，分析學習者的反應，以達到

學習策略

行為學派強調學習是刺激與反應之間的聯結，以練習、增強方式強化學習的促進。因此，學習策略方面，重點在於學習者行為的改變方式。例如，行為改變技術的運用、學習時間的有效管理和支配、正負增強的使用等。
教師在教學歷程中，採用讚許方式如下（朱敬先，民86）：

1. 要明確一致，使學生瞭解良好行為一定會受到讚許。
2. 強調真實做到，不僅要參與，更要達成目標，對消極參與或擾亂班級者絕對不獎賞，宜稱許能力進步的學生及真實做到的價值。
3. 稱許標準依個人能力及限度，如對學生個別努力表現及成就給予讚許，鼓勵學生專心自己的工作，無須與他人比較。
4. 將學生成功作努力與能力歸因，使有信心並繼續找到成功，勿作「成功係基於幸運、額外幫助、工作容易」之暗示，要求學生描述問題，說明解決過程。
5. 以真誠讚許來增強之，可當眾讚許以代替班級影響，勿為平衡挫敗而讚許學生，而宜給予適當認可。

065

教學論

行為主義學派對教學活動的建議，認為教師應用學習規則時，必須遵守的要項（Deci & Ryan, 1985）

1. 採用行為學派的方法，適切增強正向學業及社會學習行為，並兼顧規範之遵循。
2. 鼓勵學生重視並配合行為改變計畫，使學生瞭解並接受行為改變之理由。
3. 瞭解學生使行為策略的擬定適合每個人的需要，並顧及可能產生的後果，包括增強物的選擇、適當的鼓勵、確認增強設計對學生學習活動的效果。
4. 選擇性使用增強，採最簡單的、最積極的、最現實的、最內發的方法，引導學生對自己的學習負責任。
5. 盡量採用內發性獎賞與誘因，使學生瞭解獎勵的主要目的在於鼓勵學習者本身的行為而非目的本身。

評論

行為主義的發展對教學最直接的貢獻，是行為改變技術和編序教學法的問世。編序教學法的要義在鼓勵教師採用連續漸進的教學方法，讓學生主動對學習情境產生有效的反應，而達到學習的效果。其次，近年來發展出來的電腦輔助教學、精熟學習、凱勒計畫、個別系統教學等教學法均源自於行為主義論。

Unit **5-2**
班級學習理論 (2) ── 認知學派學習論

1970年至1980年代之間,認知論者主張學習是知識的建構(learning as knowledge construction),是學習者主動去選擇有關的訊息,並運用學習者既有的知識來詮釋此一訊息的歷程,是一種學習者使用後設認知(meta-cognitive skills)加以控制認知歷程的活動。此種理論將學習者的角色由被動者提升至主動的學習者(林進材,民88)。

一、學習理論

認知學派的發展源自於早期的「完形心理學」(Gestalt Psychology)、理性主義及認知發展論的思想。認知學習論者關心人類在知識方面的累積、主動地求知、並察覺如何運用有效策略獲得訊息,同時處理訊息。認知學派重視知覺的整體性,強調在環境中眾多刺激之間的關係。個體在面對學習情境時,學習的產生如下(張春興,民83):

1.新情境與舊經驗相符合的程度。

2.新舊經驗的結合並重組。

3.學習並非是零碎經驗的增加,而是以舊經驗為基礎而在學習情境中吸收新經驗。

認知學習論者強調個體內在的心智架構(internal mentalstructure)與知識獲得的關係,認為學習是屬於內在知識狀態的改變,而非外顯行為反應或然率的改變(甄曉蘭,民86)。認知心理學對個體的學習反應,認為學習者有主動求意義、建構意義的傾向,而非如行為主義者重視被動接受刺激產生反應的觀點,影響學習的趨力是學習者內在動機,而非顯性的增強作用。學習的認知觀認為,人是訊息的主動處理者,啟導經驗以進行學習,蒐集訊息以解決問題,確認所知以完成新學習,並非被動的接受環境影響,而是主動的從事選擇、複習、專注等反應,以求達成目標(朱敬先,民86)。

二、學習方法

認知心理學強調學習是個體內化的歷程,在學習策略的應用方面,重視認知學習策略、教導學習策略與學習技巧,以及閱讀教學策略。

1.諸如學習策略的應用

認知心理學強調學習策略的增進方式,對學習者產生的內化作用。如以機械記憶策略(rote memorization strategies)、記憶術策略(memorics strategies)、形成有意義學習(making it meaningful)等促進學習效果。

2.教導學習策略與學習技巧

學習歷程中形成意義化,對學生的學習影響相當大。教師應引導學生主動處理訊息,加強學生發展有效的學習策略與學習技巧,因時因地適當應用不同學習策略,強化學習成效。

3.閱讀教學策略的應用

閱讀能力的培養對學生學習歷程的影響相當大,培養學生養成正確的閱讀習慣與態度,對學生學習成果有正面的幫助。閱讀策略的培養可以「專家與生手讀者差異」、「精讀的方式」、「交互教學法」等,提升學生的閱讀能力。

學習策略

認知主義對學習的論點,認為學習並非僅為刺激與反應的聯結,而是學習者在學習過程中,運用自身具有的認知結構,主動地接受外界的訊息。在學習方面強調既有的認知結構,學習反映是一種主動的認知與建構,而非被動的吸收。因此,將學習策略界定為一種學習者主動利用方法及步驟獲得知識或使用知識的認知歷程,最終目的在促進學習和記憶的效果,以及解決問題的能力(陳李綢,民87)。

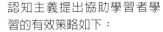

認知主義提出協助學習者學習的有效策略如下:
(Woolfolk,1995)
1. 引導學生瞭解各種不同策略,不僅一般性學習策略,也包括特殊的學習方法,如記憶術的運用。
2. 教導適時、適地、適當運用不同學習策略。
3. 學習策略的使用必須因時、因地、因物而隨時調整,策略方案應包括動機的訓練。
4. 教導基模知識的學習,使學習更有效。

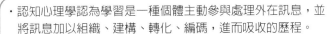

教學論

- 認知心理學認為學習是一種個體主動參與處理外在訊息,並將訊息加以組織、建構、轉化、編碼,進而吸收的歷程。
- 認知學派的教學理論以皮亞傑的認知學習、布魯納的發現學習、奧斯貝爾的意義學習理論為主。
- 皮亞傑認為個體在環境中無法用既有的經驗與認知結構去適應新環境或新經驗相均衡時,就會產生認知失調的現象,則個體必須改變原有的認知結構,調整基模以均衡認知。
- 布魯納認為個體的學習是一種自動自發的行為,而不是被動的,透過學習滿足好奇心,而產生增強作用。學習是個體主動將外界的訊息加以組織、建構、編碼、轉化並進而吸收的歷程。
- 奧斯貝爾強調學習活動歷程中的各種概念或原理原則,必須對學習者本身具有意義,學習才能產生。學生在進行學習活動之前的先備知識才是意義學習產生的必要條件。

評論

- 認知學習理論對個體的學習歷程,強調主動建構知識的重要性。因此,教師的教學必須以學習者在學習上的特性為主,引導學習者作有效的學習。認知學派的學習理論,在教學上的應用包括發現式學習、闡釋教學法、教學要件模式等。

Unit 5-3
班級學習理論 (3) ——人本主義學習論

一、學習理論

　　人本主義對學習歷程的解釋，關切人類個體性與獨特性，勝於發掘解釋人類反應的一般化原理，以人類本身的情感發展，如自我概念、自我價值、自我實現為主要焦點，對於認知事物的訊息處理或刺激與反應則較不重視。

　　人本主義的學習論者以Rogers為代表。Rogers以為學習應該是與一個人的生活、實踐息息相關，學習內容能和生活結合在一起，能融入學習者的情感，才能促進學習行動的進行。Rogers的學習理論是屬於人本的學習論，基於其本身對非指導式諮商理論及當事人中心治療法而提出的。

　　Rogers對人類學習的概念，認為人生來就有學習的潛能，當學習者察覺到學習內容與自己有關時，意義學習就發生了；涉及到改變自我組織的學習是有威脅性的，往往受到抵制；當外部威脅降到最低限制，就比較容易察覺和同化那些威脅到自我學習內容；當自我威脅很小時，學習者就會用一種辨別的方式來知覺經驗，學習就會取得進展；大多數意義學習是從做中學的；當學習者負責任地參與學習過程時，就會促進學習；涉及整個人的自我發起學習，是最持久、深刻的；當學習者以自我評價為主要依據、將他人評價放在次要地位時，獨立性、創造性和自主性就會得到促進；最有用的學習是瞭解學習過程，對經驗始終保持開放態度，並將它們結合進自己的變化過程中（施良方，民85）。

二、學習方法

　　人本主義學習理論強調以學生中心模式的教學意義與目的，促使個人成長，教師扮演的角色是輔導者，師生建立良好關係，觀念共享、坦誠溝通，引導學生為自己的學習負責。Rogers提出以學生中心模式的學習步驟如下（Rogers, 1983）：

　　1.每位學生設定自己的工作計畫，並簽定契約。

　　2.學生針對自己的計畫進行工作或研究。

　　3.學生經由研究或工作中來教導自己，且彼此相互教導。

　　4.針對個人、團體或班級問題進行討論。

　　5.評鑑：由學生自己設定標準，自己進行學習活動。

三、有效的學習策略

　　人本主義學習論者認為學習應該和生活結合在一起，融入學習者的情感，才能促進學習行動的進行。人本學習論者認為學習和個體的需求、動機、智能有關。因此，學習策略應該著重於個體的注意力、學習知覺，教師應設法降低個體的學習焦慮及個人成敗歸因的改變方式。例如，支持性策略、降低焦慮、適當的學習時間、適當的自我調適方式等的設計和擬定。人本學習論者在學習策略方面，強調增進成就動機、內控性、創造思考、人際觀察、自尊肯定等人本功能，引導個體從事有效的學習。

教學論
Rogers在教學理論方面，提出學生中心的教學模式，屬於個別化教學模式的一種。

・教學觀是建立在與「存在主義」的哲學觀、以「我為中心」的個性論和「當事人中心治療法」的實踐依據。Rogers認為教學者在教學歷程中最大的任務，就是協助學習者對環境變化和自身的理解，將自己與生俱來的潛能發揮至最大。

・Rogers認為教學原理應該至少包括設計符合真實問題情境、提供學習的資源、使用學習契約、有效運用社會資源、運用同儕團體達到學習目標、分組學習、探究訓練、程序教學、交朋友小組和自我評價，促進學習者追求特定學習目標的程序（朱敬先，民86）。

以學生中心模式的教學指出，最能增進學習效果的方法

1. 以生活中所遭遇的問題作為學習的內容。
2. 提供完善及豐富的資料來源。
3. 運用學習合同或契約，促使學生設定自己的目標與計畫。
4. 運用團體決策來訂立學習目標與內容。
5. 幫助學生學習如何對自己問題、以及如何自行解決問題。
6. 利用啟發性活動，使學生獲得經驗性學習。
7. 利用編序教學，依據學生的學習速度，多給予正增強，使學生獲得經驗性之學習。
8. 採用基金會的會心團體及敏感性訓練。
9. 採用自我評鑑方式。

評論

・人本主義學習論的觀點，從人性角度出發，並著眼於「以人為本」的學習論點，引導教學者在規劃教學階段中，將個體周遭生活議題納入教學中，統整各種教學資源；在教學活動進行時，強調應引導學習者自行面對問題、解決問題；在教學結束階段，採用自我評鑑方式，瞭解學習成效，作為檢討教學依據，更進而形成新的教學活動計畫。

Unit 5-4
班級學習理論 (4) ——折衷主義學習論

一、學習理論

折衷學習論以Tolman為代表，認為人類學習的產生是行為與認知的綜合體，而非單一形成的。

Tolman認為強化並非學習歷程必須的條件，學習是環境與有關訊息的組合而構成的（施良方，民85）。

Tolman認為個體對某種特定行為或目標物體有某種要求時，就會產生行動。

折衷學習論並強調行為的整體性，行為是指向一定的目的，行為本身具有認知的性質，行為不是機械性、固定的反應，而是適應性的。因此，學習應是行為建構與認知形成的綜合。

二、學習方法

折衷主義的學習以位置學習引導個體進行有意義的學習，將欲望或預期作為一種學習中的重要中介變數，強調其對學習所產生的作用。

其次，在學習歷程中，折衷主義強調潛在學習（latent learning）與信號學習理論。個體的學習受到動機與趨力的影響，剝奪（descrivation）與誘因動機（incentive）策略的運用，對學習具有正面的作用。

三、有效的學習策略

折衷主義對學習的論點，融和行為主義與認知主義的論點，認為強化並非學習歷程中必備的條件，學習是由環境與有關訊息的組合而構成的。

因此，在學習策略方面，折衷主義採行為主義和認知主義的觀點，將學習類型分成形成精力投入與形成等值信念、形成場的預期、形成場認知方式、形成驅力辨別、形成運動等方式。

有效的學習策略應該針對學習者的行為及認知方面的特徵，擬定學習策略，並融入教學歷程中。

四、教學論

折衷主義學習論對教學的主要貢獻，在於連結行為與求知的學習歷程——強調學習的中介變數。將行為主義與認知學習兩者的優點作適度的連結，提出信號學習論，使教學者瞭解行為絕非機械性的、固定的，而是變動的，教學活動的進行應該隨時作適度的調整。

折衷主義的教學，主張教學者應採行為主義各種有效的教學策略（如行為改變技術、正增強、行為塑造、社會性隔離）等於教學歷程中，在教學策略的擬定方面，以認知學習論的要點，重視學習者「如何學習」的心理歷程，作為擬定各種教學活動的參考。

教導學生學習專注（PART 1）

設定各部分的工作目標

- 教師在教學進行時，可以針對各概念之間的學習，擬定各部分的工作目標，並且將目標達成程度具體化，讓學生可以隨時瞭解自己和學習目標的差距，作為努力的參考。
- 唯有將各部分的工作目標設定出來，學生才能在學習中隨時監控自己努力的程度和目標達成的時程，進而隨時提醒自己的學習。

經常變換各種不同活動

- 教學活動過於僵化、呆板不求變化，學生容易對學習活動失去興趣或失去信心，過於公式化的教學不但無法引起學生的興趣，更無法讓學生專注於學習中。
- 教師不斷地變換各種不同活動，一來可以吸引學生的注意力，其次，可以讓學生對學習產生興趣，願意花時間在學習上。

經常提供各種練習機會

- 教學活動的進行，教師對抽象概念或原理原則的講解，必須配合各種生活中的實際例子，才能使學習和生活結合在一起。
- 教師在講解之後，應該提供學生各種練習的機會，如此學生才能在學習過程中更為專注，將教師的教學活動深耕在心田中。
- 教師提供學生練習的機會，不但可以集中學生的注意力，同時可以讓學生專注於教學中。

隨時謹記大目標小目標

- 教師應該將教學中的各項目標細分，將大目標與小目標定出來，並做適當的聯結，而後將目標的內涵與內容明確地讓學生瞭解，請學生隨時謹記，提醒自己的學習必須專注才能達到預期的目標。學生如果能隨時記住，必然可以集中注意力於學習活動中。
- 在訂定目標時，應該擬定學生比較容易達成的目標；目標定得過於遙遠，或是遙不可及，容易造成學生學習上的挫折，進而放棄學習活動。

Unit **5-5**
班級學習理論 (5) ——互動學習論

一、學習理論

互動學習論主張個體的學習除了受到外在環境之影響，個體內在的認知是一項重要的指標。互動學習論認為學習活動是由學習者的行為、心理歷程及外在環境互相形成的，透過個體內在的心理作用和外在環境的刺激互動，才能產生有意義和認知的學習活動。

二、學習方法

互動學習論者以班度拉的社會學習論和蓋聶的學習條件論為主。

班度拉主張學習的產生是由學習者在社會情境中，經由觀察他人行為表現方式，以及行為後果（得到獎勵或懲罰）間接學到的。人類的心理歷程是透過個體與外界環境的決定因素不斷交互作用而形成的，外界環境必須透過個體的認知歷程才得以影響行為。

蓋聶認為學習不是單一的歷程，不管是刺激的與反應的連結、頓悟、問題解決等，均無法對學習作完整的解釋，人類的學習是種複雜多層面的歷程。學習包括：

1.學習是一種使個體成為有能力社會成員的機制，學習使人獲得技能、知識、態度和價值產生的能力。

2.學習結果是由人類環境中的刺激和學習者的認知歷程所習得。

互動學習理論強調有效的學習策略，必須提供有意義和認知的學習活動，引導學習者觀摩示範者的正向行為與表現，內化成為學習的成果。

三、有效的學習策略

互動學習論者對學習的論點，認為學習是個體受到外在環境及個體認知的影響。學習強調社會學習、注意、動機、心理歷程、動作再生等概念。因此，學習策略重點在於教師應展現學習者準備學習的楷模及示範行為。有效學習策略的擬定，要以個體內在行為動機及外在環境影響為主，以強化學習者的學習效果。互動主義學習論者在學習策略的擬定方面，較重視外在環境對個體學習的影響，強調外顯性的因素對學習成果的正向與負向的作用。

四、教學論

互動學習論者認為教師在教學歷程中，必須從三方面加以因應：第一、確認適當的學習者楷模和示範者；第二、建立行為的功能性價值；第三、引導學習者的認知歷程。社會學習論者期望學習者的學習活動是自動自發的，在自我觀察、自我評價和自我強化中產生自律的學習行為。蓋聶在學習條件論方面，認為「學習成果」與「學習能力」的獲得都得具備相當的學習條件。

教師在教學歷程中要能掌握學習的內、外在因素。內在因素是學習者本身的先備知識與技能、興趣和態度；外在因素是學習氣氛、環境、設備、教材等各種資源。

教導學生學習專注（PART 2）

提出問題檢核理解程度

- 教師必須建立「教學的問題題庫」作為教學實施的運用，在講解一個重要概念之後，立即運用教學問題題庫中的問題，作為檢核學生理解程度的參考。
- 程度比較好的學生可以運用難度較高的問題，程度不佳的學生就必須將問題的程度降低，以學生可以回答的問題發問，藉以提高學生的學習興趣。同時提高學生的學習專注，讓學生在學習過程中隨時自我提醒。

為學習的概念舉例說明

- 教學進行時，學習概念的說明必須引用具體的例子作為佐證，教師在講解抽象概念時，必須結合日常生活經驗以為講解。
- 教師在講解抽象概念之後，應該提供學生舉例說明的機會，透過概念舉例說明可以瞭解學生的學習情形，同時可以集中學生的注意力。並且讓學生的學習可以保持專注，將自己的注意力放在學習活動之上。

尋找所學習的運用機會

- 抽象概念的學習之後，教師可以運用各種理論與實務的結合機會，引導學生進行學習活動。
- 尤其是在學習結束之前，必須提供學生所學習的運用機會，透過各種運用機會的使用，教導學生集中學習注意力。

擬定定期的休息計畫

- 學習活動的進行，必須保持適當的休息，讓學生在段落與段落之間，有休息並整理學習活動的機會。
- 教師在教學活動進行時，應該擬定各種定期定時的休息計畫，讓學生在學習過程中也可以有休息的機會，透過各種休息策略的運用，可以讓學生更為專注。

Unit 5-6
行為紀律的管理技巧

074

在班級經營中，學生行為紀律的管理經常和班級常規相提並論，因此，教師在班級學生行為紀律的管理方面，需要花相當的心力才能將學生的行為導入正軌。教師在處理學生行為時，應該瞭解行為紀律的意義，作為擬定紀律的參考，並制訂違反行為紀律時如何處理的規範。

一、行為紀律的意義

行為紀律的意義是學生在班級生活中必須保持的一種規律，同時也是教師與學生共同處理教室中人、事、物等因素，使教室成為最適合學習的環境。透過此種形式達到教學目的的一套系統或不成系統的規則，就稱之為行為紀律。行為紀律的擬定通常必須符合班級教學的各種需要。通常班級行為紀律是由教師與學生共同協商之後，所定出來的行為規範，是用來配合教師的教學活動，引導學生建立一套穩定的生活模式，作為行為表現的遵循標準。

二、行為紀律訂定的原則

教師在教室管理上，必須指導學生共同訂定行為紀律，作為日常生活行動的各種準則，期使教學活動順利進行。一般在行為紀律的訂定方面，教師可以考慮下列原則，作為訂定的參考：

1.明確的規範：行為紀律在訂定上，應該要能明確、合理，在條文或規定上面要求明確的說明，對行為的規範要合理，不可過於嚴苛，最後則應該要能執行。

2.適度為宜：行為規範的訂定不可過於抽象，也不可過於要求高標準，導致學生都無法達到。如果行為規律定得過於抽象，或是過度要求學生的學習行為的話，就形同虛設而收不到預期的效果。

3.以書面方式呈現：行為規律訂定完成之後，應該將各規律的內文和要求，以書面的方式公布在教室適當的地方，隨時提醒學生應該注意和遵守之處。如此，學生就能經常耳提面命，不至於因淡忘而違規。

4.學期開始就定規範：在學期開始之前，就針對教學上的需要研擬相關的行為規律，在開學初就提出讓學生瞭解教師對班級生活的期望，在開學時就讓學生有段適應的時間。

5.行為紀律應該明確：班級生活中的行為規律，在內容方面應該明確地規範，讓學生瞭解在班級生活中哪些行為是被允許的、哪些行為是不被允許的。

6.分成通行與單行法規：班規應該分成「通行」與「單行」法規。通行者，即上課、下課、排隊、打掃等常規；單行者，即針對破壞、偷竊、打架、喧鬧問題行為之正負加強。

7.應該在班級公開：教師應該將各種行為紀律公布在班級的公布欄，並且以書面方式通知家長，讓家長也能瞭解教師在教室中對孩子的要求。此外，教師也應將各種行為紀律的內容設計成卡片形式，提供給學生隨時自我提醒。

8.配合身心發展：行為紀律的制訂，應配合學生身心方面的發展，對學生行為表現的要求也應該配合學生在學習方面的特性與需求。不可以用一個遙不可及的目標要求學生。

不當常規的處理——擾亂他人

案例

1. 上課隨意更換座位，傳紙條，不遵守教室常規。
2. 上課中隨意講話，拿寶特瓶敲打桌椅，如果教師給予勸導就會說一堆的理由辯解，說奶奶教他這樣可以減肥。
3. 上課時經常發出怪聲音以引起同學和老師的注意，經規勸之後，安靜的時間無法持久，喜歡以各種動作、聲音引起別人的注意。
4. 上課經常不帶東西，與其他同學笑鬧打架，被懲罰時一副不在意的樣子，學習態度相當惡劣。
5. 上課不專心又喜歡影響他人學習，如果被叫到前面罰站又一副嘻皮笑臉的樣子，只要教師沒注意他，就會發出各種怪聲音，作不雅的動作、挖鼻孔等。

診斷

1. 曾被診斷過為過動兒。
2. 心理年齡比較幼稚，過於自我中心，不顧及他人的感受。
3. 自己表示很多行為從安親班學來的。
4. 在家深受父母寵愛，過於自我中心，儼然一副小皇帝的樣子。
5. 不易接受他人的勸告，不輕易承認自己所犯的過錯。

處理

1. 先與學生的父母親進行親職教育。
2. 瞭解學生家庭生活背景和父母教養方式。
3. 在班級生活中，清楚明確地說明班級教室規則，並且對學生賞罰分明。
4. 教師必須和班級學生約法三章，讓學生相信教師，並且進行自我約束，努力地約束自己在班級中的各種行為。
5. 清楚地訂出班級常規，並且向學生說明清楚。

Unit 5-7
行為管理原則

1.好的開始：行為紀律的管理應該應用「好的開始是成功的一半」之方式，在接班級時就將行為紀律定好，學期開始就將重要的行為紀律公布，讓學生能瞭解班級的各種行為紀律。

2.建立良好的師生關係：師生關係的建立是所有班級經營的開始，也是班級生活中的重要基礎。透過師生關係的建立，塑造和諧愉快的班級氣氛，教師更容易發揮積極的影響力，指導學生建立良好的規律。

3.強化組織功能與幹部能力：班級行為紀律的維持，除了教師用心之外，同時也要靠優秀學生幹部的維持，因此，教師應該在班級強化組織功能，可迅速有效地建立班級行為規範。

4.培養良好的生活習性：班級行為規律的養成，絕非一朝一夕可成，必須在平日班級生活中慢慢地養成並且日積月累。教師應有耐性，留給學生足夠的時間、空間，使之有效、扎實地養成遵守常規的習慣。

5.行為規律可以因人而異：學生在學習與成長過程中，每個人的成熟度都會顯現出差異，因此，教師應該瞭解學生尚是學習中的有機體，在情緒方面可能未臻成熟，因此，行為規律可以因人而異。

6.行為規律應該前後一貫：班級行為規律的訂定，應該在內容與學習輔導方面做適當的統整。常規的訂定與輔導方面的契合，可以分成幾個重要的項目，讓學生對行為規律有統整的瞭解，前後一貫地遵守。

7.行為規律應該著重行為的表現：教師在制訂行為規範時，應該以學生的行為表現為準，訂定各種行為規範的準則，讓學生瞭解在班級生活中的行為必須有所規範，不可以秉持「只要我喜歡有什麼不可以」的心態。

8.重視行為的追蹤：行為規律訂定之後，在實施一段時間後，教師必須有效地進行追蹤，瞭解學生在行為紀律方面的表現情形，作為行為規律是否調整的參考。教師可以透過學生同儕的相互觀察，或是運用幹部組織成員的評鑑，追蹤學生在行為規律方面的表現情形。

9.和家長密切聯繫：班級生活中的各種重要規章、行為規律等，都需要隨時讓家長瞭解，家長才能隨時叮嚀孩子遵守班級常規。教師在擬定各種班級生活常規時，可以考慮讓家長也參與，透過參與瞭解各種行為規律的內容，進而要求自己的子女在學校務必遵守班規。

10.強調學生的身心發展：班級行為規範的訂定，必須參考學生在身心方面的發展情形，進而針對行為做適當的規範，如此才不會因不同年齡層的學生有不同的心理、行為特質，造成不必要的困擾。

不當常規的處理——困擾同學

案例

1. 愛在班級中捉弄同學，和同學借東西又不知愛惜。
2. 喜歡捉弄同學，在班級生活中故意唱反調，經常未經別人同意就拿走他人的東西。
3. 如果和同學處不來或是發生口角，就會以語言威脅他人，如「不准和班上○○○玩，否則的話就小心一點」。
4. 經常用威脅的語氣威脅同學給予零食吃，不然的話就不可以和別人玩。

診斷

1. 在班級中的行為是為了吸引他人的注意力。
2. 在行為表現上面過於自我意識，而且不在意他人的感受。
3. 對自己的行為過於放蕩，不知節制或是自我要求。

077

處理

1. 教師應該多花一些時間和心力在該學生行為的調整上面，多給予必要的專業關注，用愛心、耐心的方式接納並給予適時的輔導。
2. 在喜歡捉弄班上同學的行為上面，教師應該隨時給予應有的懲罰，並向該生說明此種行為會造成班級生活的困擾，使得大家都不喜歡自己。
3. 對於喜歡捉弄他人的行為，教師應該給予適當的勸導，如果仍舊不聽的話，可以考慮當老師「秘書」給予隔離，直到其行為改善之後。
4. 針對說狠話或威脅他人的行為，教師可以先動之以情，引導學生理解威脅他人會造成的後果，如法律上的責任等等。
5. 經常性地讓學生瞭解班級常規的重要性，指導學生如何培養良好的人際關係，並瞭解如何與同儕培養良好的互動關係。

Unit 5-8
違反紀律的處理

1.應該以具體的行為為主：有效的管教，其先決條件是應把重點放在學生的可見行為上，千萬不可僅憑籠統模糊的感覺就「修理」學生。管教學生如果無的放矢，易產生不良副作用，尤其在似乎是集體起鬨時，更必須明確地找出可見行為的行為人來處理，而忌諱採連坐式的統統有罰方式，如此，有些學生固然是咎由自取，卻也有人遭受池魚之殃，只是面對教師的權威而敢怒不敢言，這是極其不當的處理方式。

2.學生的行為標準：有效的管教，應先訂定學生常規的行為標準，務使每位學生確實明瞭何種行為是好的、何種行為是壞的、何種行為可以接受、何種行為是不能被接受的。師生可運用透過共同討論的方式，作明確的約束，以為共同遵守的準繩。千萬不可由教師暗立規則或過度情緒化而致隨意管教，如此方式將造成學生的動輒得咎，不得安寧，不但管教無功，亦將造成班級氣氛的分離，達不到教學的效果。

3.減少懲罰不良的行為：管教學生，非在實不得已的情況下，不宜使用懲罰。目前教育行政單位與一般心理學者也都反對採用懲罰的方式，尤其是報復性或洩忿式的懲罰。倘若懲罰只告訴學生何者為非，卻沒有告訴學生何者為是，缺少教育學生的正面和積極的作用；嚴厲的懲罰，往往連帶引發學生的焦慮或憎恨情緒，使之不喜歡就學；懲罰會造成學生恐懼心理，有礙創造力和潛能的發展，是一種反教育的管教方式。

4.以好的行為取代不好的行為：如此可避免學生的行為領域頓成一真空狀態，致使其他的壞行為乘虛而入，而其他不良行為會接踵而來，造成管教上的困難。

5.診斷不良行為的原因：有效的問題行為輔導，應該先找出學生問題行為的肇因。不同學生雖然表現相同不良行為，卻可能由不同原因所造成；反之，不同學生受不同因素的刺激，可能產生不同的不良行為。所謂追根究柢，擒賊擒王，追尋不良行為的真正原因，再對症下藥，是輔導問題行為的重要原則。

6.隨機選用合適的處理技巧：處理技巧就如同醫生的處方，處方不對，自然無法治病。選用的處理技巧若不能適用於處理的問題行為，輔導自然無效。其次，問題行為的輔導經常是一個持續性的歷程，在此一歷程中，需根據學生進步的情形或心緒的轉化，考慮運用不同的適當輔導技巧，以收到良好的輔導效果。

7.敏察問題行為的存在：導師敏於知覺問題行為可能發生，即可輔導在先，使之消失於無形；導師敏於知覺問題行為之存在，可立即施予輔導，使之改過向善；次要建立何種常規，及早選用合適的輔導技巧。導師如果缺乏敏覺力，而無所用心，則班上同學可能有偷竊者、撒謊者……，教師都不知曉，遑論處理輔導了。

8.有效運用各種社會資源：有效借重學生同儕力量或運用社會資源，實施問題行為的輔導處理，可以使班級經營和學生問題行為之處理發揮效果。

不當常規的處理——脫軌行為

案例

1. 上課中喜歡在地上滾來滾去，不聽師長的勸告。
2. 生活衛生習慣不佳，經常不洗澡、刷牙洗臉。衣服不換、不穿襪子等，導致全班同學都拒絕和他同組學習。
3. 在教室中隨意亂丟垃圾、亂畫課桌椅，用修正液在桌子上面寫各種不堪入目的字，不愛惜公物。
4. 常常在上課隨意發言，發出奇怪的聲音，無視他人的存在，讓人感到相當厭煩。
5. 經常不請假缺課，功課遲交、不願意寫功課。

診斷

1. 家庭生活中有不良示範，父母教養態度不當。
2. 平日在班級生活中過度自我中心，和一般同學無法相處。
3. 父母親平日過於忙碌，無暇管教約束孩子的生活習慣以及衛生習慣。
4. 在平日未養成良好的生活習慣與衛生習慣。
5. 生活作息不正常，對功課缺乏正確的態度，對自我要求不高。

處理

1. 教師應該與學生訂定明確的班級獎賞制度，學生達到獎賞的標準就給予應有的獎勵給予增強。
2. 施予適當的親職教育，請家長配合學校輔導策略，才能調整學生的偏差行為。
3. 學生有損壞公物的情形，教師應該秉持著「使用者付費的策略」，要求學生賠償學生的損失。
4. 教師在班級生活中應該給予改過的機會，藉以導正不良行為，例如在教學中給予擔任助教的機會，並給予正向的鼓勵。
5. 在班級生活中隨時提供正面的生活資訊，例如身體的清潔保養、衣服的換洗、刷牙洗臉等清潔工作的示範。

Unit 5-9
電腦教學的班級經營

080

電腦教學的教師在班級經營方面，比級任教師在管理學生方面，容易顯現出心有餘而力不足的現象。因為電腦教學在常規方面的處理比一般的教學困難，電腦教學強調學生的學習操作技巧，在教師講解完成之後，學生即進行上機操作。一般電腦教學的班級經營，必須強調電腦教室的整潔、上課的秩序、電腦軟體操作、電腦硬體操作等方面的掌握。

一、電腦教室的整潔維護

教師在電腦教室的整潔維護方面，應該訂定明確的規範，要求學生必須遵守電腦教室的規則。例如：

(1)個人的東西不可以帶進教室。(2)不得攜帶糖果、餅乾、口香糖、飲料等食物或其他雜物至電腦教室。(3)為了維護電腦教室的乾燥，身體或衣物等潮濕時不得進入電腦教室。(4)進入電腦教室前先將雙手清洗乾淨，並且保持乾燥。(5)進入電腦教室必須脫去鞋子，因此請著重個人衛生，並保持公共道德。(6)離開電腦教室前應該先將各種配備歸回原位，將電腦教室周圍整理乾淨之後再離開。(7)離開電腦教室前，應該將電腦中的各種系統正常關機，並且將電腦中的個人事物移除。

二、上課常規方面

(1)上課要準時進電腦教室，在教師講課之前不可以擅自動各種電腦設備。(2)請班長向教師回報上課人數，並且確定全班都到齊之後再上課。(3)請按編號入座，不隨意更換座位。(4)請確定坐在自己的座位上，未經教師同意不可以隨意離座。(5)上課應該保持安靜，不可以隨便講話，以免影響教師上課情緒；如果交換意見的話，應該儘量放低音量。(6)上課操作電腦期間，可以商請小組長擔任教師的助教，協助學習緩慢的學生進行電腦學習。(7)電腦教室中的各種圖書設備，僅准在電腦教室中使用，未經同意不可以攜出電腦教室。

三、電腦硬體操作常規

(1)電腦教室中的各種設備或物品，必須經過學校或教師同意才可以借出，並請填寫相關的借用登記表。(2)如果違規使用或不當操作導致學校電腦受損，請依價賠償。(3)嚴格禁止自行將電腦拆卸、裝配各項設備或調整按鈕。(4)電腦關機之後，應該要等待十至十五秒再重新開機。(5)請發揮應有的公德心，並請隨時愛惜公物。

四、電腦軟體操作常規

(1)請同學使用正版的電腦軟體，不可以隨意使用盜版軟體。(2)禁止在電腦教室打電動玩具及上網觀看情色圖片。(3)如需要下載軟體，請自行準備各種設備（如磁碟片、隨身碟等）。(4)未經教師同意，不可以隨便修改或刪除電腦中的各種軟體。(5)請遵守並尊重著作權法所規範的各種法規。(6)未經教師及同學同意，不偷看也不私自拷貝、刪改電腦內他人的檔案。(7)同學自己設計的軟體或資料請自行保管，不可以在電腦教室中從事與教學無關的各項電腦行為。(8)請遵守電腦教室中的規定。

電腦教學常規管理

掌握剛上課的關鍵時間

- 教師在電腦教學時,應該掌握剛上課時段,尤其每部電腦的開機速度不同,往往為了等待所有電腦都開機才能進行教學,有些同學就會利用空檔上網或玩遊戲,此時進行教學時,就更不容易將學生的注意力捉住。
- 教師應該在上課剛開始時,運用電腦做廣播系統的控制,或是運用各種短片、動畫引起學生的學習動機,集中學生的注意力。

利用學生座位表認識並掌握學生

- 電腦教學比較不容易掌握學生的原因在於,教師因擔任教學的班級數多,因此不見得對每個學生都很熟悉。
- 在上電腦課時應該運用學生座位表認識學生,要求每一位學生都要依座位表就座,教師才能在短時間之內認識每一個學生,並且在學生犯錯時立即叫出學生的姓名。

對於學生的學習成果給予肯定

- 教師在教電腦時,應該隨時對學生的各種學習成果,給予應有的肯定與鼓勵。尤其對學生運用課外時間所做出來的作品,更應該給予高度的肯定與評價。
- 在上課時讓學生有機會將自己的作品秀出來,如此學生在上電腦課時才會遵守教室的常規。

建立上課的默契

- 教師在電腦教學中,應該與學生建立各種教學的默契,將各種可能出現的問題,和學生討論並請學生務必要遵守。
- 為了讓學生能專心聽講,最有效的方法是,用廣播系統控制學生螢幕;但是經常切換螢幕,會干擾學生的練習,也會引起學生的抗議。

營造常規競賽的氣氛

- 教師可以在教學中,營造常規競賽的氣氛,引導學生在上電腦課時,應該遵守電腦教室中的各種規定。
- 如果小組的學生有違反規定的現象,就請小組學生下課時幫全班整理電腦教室的整潔。

Unit 5-10
實驗室教學的班級經營

一、實驗教學的班級經營重要性

實驗教學的班級經營對教師而言，是一項相當重要的考驗，其中不僅代表著教學的成效問題，同時也包含學習上的安全問題。張惠博（1993）所提出實驗教學的過程要項有下列幾點：

1.實驗教學前：(1)對於實驗活動的內容要清楚的說明，不應僅僅提供講義而已。(2)說明或示範合適的步驟。(3)確定學生對於實驗前的活動已經瞭解。

2.實驗教學中：(1)對於每一實驗分組或組內的學生，應確實督導並瞭解他們的實驗進程，不要把注意力僅投注於少數幾組或其中某一部分學生。(2)在學生實驗開始之後，要儘快的瞭解每一組實驗的進展狀況，並應確定每組都開始進行探究，朝正確的方向進行。(3)準備若干問題，用來檢驗學生是否做對或朝正確方向進行。

3.實驗教學後：(1)要準備一些問題，用來幫助學生對於實驗作總結或進行分析。(2)對每次的實驗，應作一個歸納性的說明。

由以上說明，可以瞭解教師在進行實驗教學時，常規的管理是相當重要的。如果教師在實驗教學中沒有做好常規管理的話，不僅影響學習效果，同時也容易出問題。

二、相關研究與建議

有關教師實驗教學常規管理方面的研究均指出，教師在進行實驗教學時，在常規方面往往無法有效地控制，因常規無法控制而影響教學活動的實施。此方面以新手教師或初任教師比較嚴重，因而對新手與初任教師的實驗常規管理經驗傳承是相當重要的。

楊永華、邱文純（1994）研究指出，一般初任或是實習教師較無法控制學生的活動進度，學生在實驗室的秩序並不好。Sanford（1984）及Grossman（1992）提出，教師如果沒有良好的教室管理技巧，實驗室內的活動是紊亂不堪的，有時教師為了幫助少部分的同學，導致無法注意到大部分同學所有不合宜的行為，學生所能夠達成任務目標的成果有限，並且容易使整個教學環境變得危險。Sanford（1984）提出實驗課與一般課程在教室經營上的最大不同在於：(1)實驗分組時，學生的行為的確較一般班級教學難以掌握。(2)教師對於班級經營的考慮，會影響到教師對課程的安排及計畫。因此，在實驗室的教學活動，要更為注意班級經營的技巧。

Beasley（1983）針對實驗分組中教師管理行為與學生的學習參與作了研究，可以發現，如果教師針對學生個別的需求來加以指導，甚至花過多的時間與小組產生互動，班級學生的學習參與意願及其行為均屬低落。因為教師無法注意到全體，掌握整體的課室情境及教學氣氛。因此，如果教師除了給學生適當編組外，並對學生能夠注意並監督其工作達成度，則對於學生的參與程度有大幅的提升功效。如此的做法，則是要以小組為單位，授予某種程度的自主權，賦予學生更多的學習責任，以及培養更多的自制能力。

實驗教學常規管理策略

1 常規不可以建立在懲罰策略上面

- 將常規建立在對於學生的自我要求上面，讓學生瞭解實驗課程常規的重要性，以及常規如果失控可能引起的後遺症。
- 讓學生瞭解實驗教學中，不管是教師或學生都應遵守既定的班級常規。

2 不斷反覆常規內容並講解常規的意義

- 如果教師在實驗教學進行時，忽略對常規的要求以及講解的步驟，容易在實驗進行中出意外事件。
- 例如：運用酒精燈於教學實驗時，教師應該先講解實驗進行的注意事項，以及可能產生的問題。

3 正視學生的各種需求作為常規管理的參考

- 例如，每一位學生對於新鮮事物都存有好奇和冒險的心，教師就必須針對學生在此方面的特質，給予正向的引導。

4 明確講解實驗教學可能發生的意外事件

- 教師可以在教學前針對實驗教學所產生的各種意外事件，蒐集各種訊息和資料在上課前講解，讓學生瞭解各種教學實驗產生的意外事件及其後遺症。

5 正確的示範與講解舉例

- 教師應該針對常規管理以及實驗上須知，做正確的示範與講解，提供學生正確的操作說明，並確認學生已經熟悉並且可以遵守之後，才進行實驗教學或實驗活動。

Unit 5-11
肢體語言的運用

　　肢體語言的運用在教室中是另一種教育形式，教師在班級教學中應該有效運用各種肢體語言，達到教師教學溝通的目的。一般而言，教師的肢體語言分成眼神接觸、手勢表達、臉部表情、四肢表達等方式。

一、眼神接觸

　　教師在教室中善用「眼神的接觸」，才能掌握教室的氣氛。此種眼神接觸動作經由練習，不但能預防學生不良行為的發生，而且能使學生有種被重視的感覺，並能藉此表示對學生行為的贊同或反對。教師在眼神的接觸方面，應該針對事情的輕重緩急，表達個人對事情的看法。一般教師在教學中的眼神接觸可以考慮下列方式：

　　1.當教師走上講臺開口說話前，先用眼光掃描全班，使學生知道教師正看著他，而提醒自己也必須看著教師。如此代表著請集中注意力在教師身上，我們開始上課囉！

　　2.開始上課後，教師的眼睛要散發自信、活力、愉快的神情。因為如此，學生會得到「一起打起精神吧！」的暗示，學生必會較有意願和一位有活力的教師進行學習，同時也比較不會精神渙散，無法集中注意力而影響學習效果。

　　3.眼睛不可離開學生，而且配合身體的轉動，讓每個學生都能接收到教師關愛的眼神，教師也才能時時刻刻抓住學生的注意力，有效地控制全場。

　　4.在講授課程時，教師的眼睛必須配合教學內容而改變。當學生有好的表現時，不妨傳遞出讚賞、嘉勉、期望的眼神；反之，當學生有不良行為時，也可用眼神制止他，傳達出教師已經在注意他的訊息。

二、手勢表達

　　有經驗的教師都會使用許多不同的手部動作來獎勵或是制止行為。若在教師與學生有相當的默契時，成效更大，如伸出食指放在嘴巴上，表示「安靜」，全班小朋友立刻明白而安靜下來，這比口頭上的責罵來得有效。王淑俐（民87）指出教師在教學中做手勢的基本原則如下：

　　1.雙臂離開身體，才顯得大方。

　　2.手指合攏，才顯得有精神。

　　3.依自己的身材決定手勢的大小，不要過於誇張，也不要顯得小氣。

　　4.手勢要多變化，有時劈掌、有時握拳、有時交握、擊掌等。但也不要太過頻繁，讓人眼花撩亂。

三、臉部表情

　　好的臉部表情能傳達真摯、誠懇、溫暖，使學生如沐春風；相反地，臉部表情也能顯露出厭惡、嫌棄、煩惱，這些都會觸發不良行為的發生。現舉例幾則教室中常用到的臉部表情，及運用時的注意要點如下：

　　1.輕輕搖頭：能事先制止不良行為的發生。

　　2.皺眉頭：表示「疑惑」、「不贊成」。

　　3.閉緊嘴唇成一直線：指出教師的

忍耐已到了限度。

4.時時表現出「親切」、「溫暖」，讓學生感受到教師的「平易近人」，具「親和力」，而非「莫測高深」、「太冷漠」。

5.當教師發現學生對於顯露的訊息「表錯情、會錯意」時，應立即輔以其他方式，如口頭說明、手勢等來更正，以免刺激不良行為的發生。

預防不良行為的技巧

1. 培養學生自律能力

· 利用各種機會，指定某些任務讓學生對自己的行為負責。
· 培養學生在教室內的禮節及同理心。
· 要求學生準時、認真完成各項功課要求。
· 避免濫用教師之權威和命令，儘量由學生自行判斷，解決問題。

2. 預防不當行為的發生

· 關懷並支持學生。
· 公平善待每一位學生並尊重他們。
· 提供機會讓學生協助教師處理事務。
· 保持一致的行為標準。
· 發展班級的凝聚力和忠誠感。
· 利用肢體語言，如眼神、手勢。

Unit 5-12
作業的處理與批改

一、學生作業批改原則

1.用字遣詞必須淺顯：班級作業的批改，在措詞用語方面，應儘量能以在孩子認知能力範圍內可以理解的方式，並且運用學生可以懂得的評語，透過評語的運用，鼓勵學生用心寫作業。

2.使用學生的語言：作業的批改用語儘量以學生的語言，透過鼓勵的話，增強學生在作業方面的好表現，以學生能懂得的語言促進溝通，讓學生對自己的作業充滿信心，並期待教師在作業評語上給予的鼓勵。

3.簡明清楚，避免訓話語氣：教師在批改作業時，在評語的運用方面儘量以清楚明確的用語，避免以訓話的方式。例如，字這麼醜、錯字連篇等，容易傷害到學生的自信心和自尊心。

4.流露誠懇與關切，多鼓勵少批評：作業批改時如果涉及生活態度的話，教師應該在字裡行間流露出對學生的關切。例如，在批改作文本時，如果學生述及家庭生活的不幸或父母親難以溝通等情節，教師可以運用同理心加以輔導，讓學生瞭解父母的難為等。

5.維護學生的自尊與自信：教師批改作業時，應該儘量維持先論優點再提缺點的方式，以維持學生的自尊與自信。在評語的用字遣詞方面，應該以正面的鼓勵取代負面的懲罰，例如，「你的字有進步，如果再加強會更好。」

二、作業批改的方式

教師在作業批改方式上，可以依據學生的身心發展或不同年級，選用適合學生的方式。一般而言，作業的批改方式如下：(1)優等，甲等，乙等，丙等，丁等。(2)Grade A，B，C，D。(3)以分數區分。(4)以畫圓圈或蘋果等之數量代表等級。(5)以貼紙圖示表示。

三、狀況鼓勵示例

1.學生不敢去嘗試某些不熟悉、沒有把握的事情時，可以鼓勵他：(1)先試試看，事情沒有想像的那麼難。(2)試試看，往好的方面想。(3)做做看，說不定像坐雲霄飛車一樣，滿過癮的。(4)事情總有第一次，做做看，做了才知道困難在哪裡。(5)來！我們一起做做看，我也不太熟悉，或許我們兩個臭皮匠也可以變成諸葛亮喔！(6)先將不敢嘗試的問題癥結找出來，再計畫練習，對事物更熟悉後，再踏出穩健的第一步。(7)做做看！成功了可以得到成就感，更肯定自己；失敗了也可以得到經驗，知道自己的弱點，反正都有所得，沒損失呀！

2.希望學生朝向自己所期望的目標時（比馬龍效應），可以鼓勵他：(1)你愈來愈好了，相信你會更好。(2)你很聰明，又這麼認真，再細心點，表現會更好。(3)我相信你有電腦設計的才能，有空多翻閱有關電腦的書籍，你會更進步。(4)其實我一直在仔細觀察你，發現你的能力夠，智慧也夠，其他教師也有同感，你對自己要有信心。(5)你有這方面的能力，把它展現出來，讓大家分享。

3.因為失敗挫折而退縮，可以鼓勵孩子:(1)其實你做得不錯，只差那麼一點點而已，相信下次你會處理得更好。

(2)勝敗乃兵家之常，別擔心，想想看失敗的原因，作為改進的參考。(3)每一個災難都是一個恩賜，它使我們獲得更大的學習力量。(4)凡事一次就成功的人不會珍惜他的成果，失敗正可以激勵士氣，再努力吧！

評語示例

作業評語示例

· 迅速確實 反應靈敏 思慮周密 主動求知
· 自動自發 內容豐富 有想像力
· 富創造力 好學不倦 認真書寫 實事求是
· 求知慾強 理解力強 智慧超人

作文評語示例

· 文氣充沛 段落分明 文思泉湧 揮灑自如
· 筆鋒犀利 語句精闢 情意真摯
· 感人肺腑 扣人心弦 生動活潑 描寫自然
· 層次分明 深入淺出 條理清楚

口頭鼓勵示例

1.太棒了、很好、非常好、老師為你感到高興、真是個好主意。
2.你試試看、你很有創意、你的畫很有藝術氣息、你的動作很快。

動作鼓勵示例

1.靠近學生並給予微笑、注視、輕拍等動作。
2.引導全班學生鼓勵、愛的鼓勵等。

活動鼓勵示例

1.你的書法寫得很棒，這次的書法比賽由你代表班上參加。
2.你很有領導能力，下學期班長由你擔任。

第 6 章

班級領導的理論與策略

●━━━●━━━●━●━●━●━●━●━●━●━●━●━●━●━●━●━●━ 章節體系架構 ▼

　　班級生活中，各種生活事物的領導是相當重要的。教師在班級生活中必須運用各種班級領導的理論與技巧，有效管理與領導班級的學生，使班級生活進入常軌，如此才能使班級生活順暢。

　　有鑑於此，本章重點在於論述班級領導技巧、強化班級的認同感、如何強化學生的自律性動機、促進班級的凝聚力、轉學生的面對與處理、班級目標的訂定等，有效運用各種策略，並結合理論與實務，作為教師班級領導的參考。

Unit 6-1
班級領導的理論與策略

圖解班級經營

090

「怎樣的教師，決定怎樣的學生。」教師對教育活動中各項事物的看法。如果能冷靜思考班級活動中所需要的各種理想，進而將各種教育理想落實在日常生活中，則班級生活的一點一滴都值得師生共同經營。

一、建立常規與規則

班級教室與一般社會情境是雷同的，透過事先規劃規則，預防各種潛在問題與分裂的發生。

二、運用學生活動

學生在班級生活中，如科學實驗室、美術教室、物理教育設施中，學生必須在教室內活動以完成重要的學習，教師應該引導學生在小組中進行有效組織，透過規則的建立，使各種分裂最小化並確保安全。

三、運用學生談話

教師在班級經營中，應該明確規範學生講話或提問的時機。教師必須引導學生瞭解何時不要講話（當教師講課或講解重要概念時）？何時可以小聲討論（在小組討論或課間作業時）？何時什麼事都可以做（下課時間或聚會時）？教師透過學生談話的掌握，可以讓班級經營更有效率。

四、掌握停工期

通常停工期指的是教師預定課程已經結束、新課程尚未正式開始前。有效能的班級經營，應該運用各種停工期，讓學生理解接下來的活動該進行的部分。

五、教導常規與規則

教師在班級經營中，應該針對各種需要和班級特性，訂定簡要的班級常規，將各種班級常規與規則教給學生，引導學生在班級生活中恪守班級常規的內容。班級各種常規和活動，不只有實用的重要性，同時也應有教導的功能。

六、保持一貫性

教師在班級領導中所訂定的各種規則與常規，應該要具有前後一致性。如果前後不一致的話，容易使班級常規陷入紊亂而無法收到預期的效果。

七、運用流暢性與動力預防偏差行為

例如，教師可以透過各種活動的帶領，讓班級每一個學生都有參與的機會，並且讓全班學生都處於動態中，學生就不至於因為班級教學活動的實施而形成各種干擾的行為。

八、在不穩定期安排教室活動

例如，教師如需要參加各種學校會議，無法在教室管理學生的行為，可以安排學生收聽各種廣播節目或是預先準備好的錄音帶（電影等），作為管理班級的策略。

九、運用開放教室理念

包括：(1)教師在教室門口和學生問候、招呼，擴展歡迎的氣氛，使各種潛在麻煩留在教室外。(2)教師訓練學生協助教室運作，宣讀通知和完成其他的行政任務。(3)教師書寫教案在黑板或圖表，讓學生一進教室就開始課程學習。

(4)引導學生建立日常慣例和儀式，讓學生瞭解重要的工作必須馬上展開。

十、運用過渡時期

從班級全班授課到課間作業的過渡期間，一般而言可以分成：(1)收好你的授課筆記且清理你的書桌。(2)確定你有鉛筆和工作單的影印本，讓班長分發作業下去。(3)開始你的工作。(4)當你需要幫忙時，請舉手讓教師知道。

班級領導重要理論

Bass的轉化領導

- 強調賦予權力的推演，不只是教師將教室或班級權力分給學生，更讓權力在學生中無中生有。例如，教師藉由交付學生個人主辦有意義的活動（例如，慶生會、教室布置），或者獎賞學生受人矚目之優良表現，都能使學生產生某方面的權力—獲得支持、助長、資訊等無形的各種資源（顏火龍，民87）。
- 轉化領導強調追求卓越，透過表現超越期望的表達，讓學生覺得在班級生活是有意義的，有自我掌控的能力，更有超越自我的創作空間。
- 有鑑於Bass的轉化理論運用在班級經營中，教師應該不斷激發學生在生活上的各種潛能，並包容學生嘗試錯誤中的各種行為，作為激發學生潛能的運用。此外，教師必須針對學生的善行加以獎賞，讓學生瞭解良好行為的標準。

Conger和Kanungo的魅力領導

- 觀點極端
- 高個人風險
- 非傳統策略的使用
- 準確地評估情境
- 解除成員的困境
- 傳達自信心
- 個人權力的運用
- 在班級經營上的運用，可以透過非傳統策略的使用，例如班級生活創造力的運用，教師可以透過各種成員困境的解除，提供學生更富有創造力的班級生活。

Unit 6-2
強化學生的自律性動機

　　動機是激發、引導及持續行為的一種內在狀態（朱敬先，民86）。心理學家對動機的研究探討重點在於：一、激發個體行為的初始原因為何？二、何種原因使個體導向特定目標？三、什麼原因支持個體達成該項目標？動機理論的運用尤其在班級生活中如何透過學習動機的激發，促使學習者願意花更多的時間在學習活動上，往往是教師最關心的話題。

一、動機的意義與理論基礎

　　動機的意義，依據心理學名詞辭典（袁之琦、游恆山，民79）的解釋：「動機是推動人類行為的內在力量。它是引起和維持個體行為、並將此行為導向某一目標的願望或意念。動機是人的活動的推動者，體現著所需要的客觀事物對人的活動的激勵作用。」

二、動機理論
1.行為取向的動機理論

　　行為取向的動機理論（Behavior Approaches to Motivation）源自於行為學派的學習論，認為個體的學習是外界刺激與反應之間的連結關係，此種關係的建立受到增強、懲罰、模仿抑制等的影響。因此，激勵學生就可以運用各種增強策略、懲罰策略，以及行為塑造的策略。行為學派認為透過外爍增強，提供學生各種等級、酬賞、分數等，可以激勵學生的學習動機，進而增進學習效果。
2.人本取向的動機理論

　　人本取向的動機學習理論（Humanistic Approaches to Motivation）認為個體行為的養成並非如行為學派強調的被動性，而應該是個體主動積極、強調個體自由選擇、自我決定，以及自我實現、自我成長而來。人本學派對學習行為的養成強調主動的觀點，強調激發內在心理趨力的重要性，學習應該是滿足個體內在心理需求與內在自我實現，並非如行為學派強調外在因素的影響。教學活動的進行應該著重個體的心理需求，針對各種內在心理特性，擬定激勵策略，以更人性化的方式激勵學習者願意參與學習。
3.認知取向的動機理論

　　認知取向的動機理論（Cognitive Approaches to Motivation）認為學習的形成並非全對外界事件或生理狀況進行反應，而是對這些事件進行心理認知解釋。認知取向的動機理論認為個體的學習是為了內在心理的滿足，而非對外界酬賞的滿足而引發學習。認知取向的動機理論強調對個體發動內發動機，以滿足學習上的心理需求。
4.社會學習取向的動機理論

　　社會學習取向的動機理論（Social Learning Approaches to Motivation）是揉合行為學派與認知學派的觀點，認為動機的產生是個體對達成目標的期望，以及該目標對個體所產生的價值而定。個體動機的產生，大部分是透過社會學而來，並非僅因外在因素或內在心理滿足。學習者會為自己擬定可達成的目標，而後透過各種策略與努力達成既定目標。

提升學習動機自我調整策略

運用高成就動機者的行為特徵

- 教師想要提升學生的學習動機，必須先瞭解高成就動機者的行為特徵有哪些？例如具備耐心、細心的心理特質，以及良好的情緒管理等。
- 教師必須將高成就動機者的行為特徵轉化成為可教導的策略或方案，教導學生模仿高成就動機者的行為模式並進而成為自己的行為模式，如此才能提高學習動機。

設定適當的具體目標

- 學習者在學習過程中之所以會缺乏興趣，通常和自我要求過高或周遭重要他人的期望標準過高有關。
- 教師應針對學生的學習表現訂定適當的具體目標，在教學中給予學生各種成功的機會與自我實現的可能，透過各種表現讓學習者對學習活動充滿信心，進而激發對學習的動機。

093

擬定自我調整策略

- 增進學習者成就動機的另一種策略，就是運用自我調整策略，指導學習者依據自己的能力判斷，包括自我觀察、自我判斷、自我強化三個主要步驟。
- 自我觀察：其策略在於對自己學習過程進行監控，瞭解自己在學習方面的表現情形，瞭解自己的表現和和終點目標有多少差距，將自己的學習作有系統的紀錄。
- 自我判斷：係指依據自己的學習成就和能力訂定比較具體可行的策略，避免將目標訂得過高，導致產生學習上的挫折焦慮。
- 自我強化：係指依據自己訂定的目標評量學習成果，針對自己的學習表現給予適度的獎勵，如果表現未如預期的話，則施加適度的懲罰（例如減少休閒時間）。

Unit 6-3
提高學生學習動機的有效策略

學生的學習動機強弱，是影響教學成敗的關鍵因素。因此，教師在設計教學的同時，也應該針對學科性質與學科教材教法，設定各種激勵學習的有效策略。而提高學生學習動機的目的，在於讓學生願意花更多的時間在學習上。

Brehm和Self（1989）指出，學生動機的激發取決於下列三點：第一、內在狀態如需求或慾望如何？第二、努力之後可能的結果？第三、學習者認定特定的行為導致哪些結果？

因此，如果想要提高學生學習動機的話，就必須考慮學生有哪些舊經驗？在學習方面的能力如何？要達到目標可能要付出哪些代價（包括投入時間、忍受孤單、放棄遊戲等）？達成目標之後，學生的成就感如何等。

有關提高學生學習動機的有效策略如下：

一、提供行為後果的增強

教師教學活動進行時，必須讓學生先行瞭解行為後果可能帶來的增強有哪些，如此，學生才有樂於學習的動機。唯有將各種行為表現可能帶來的後果明白揭示出來，學生才能在學習過程中激發學習上的動機。

二、啟發興趣並激發好奇

教師教學活動的進行，應該結合學生的學習興趣。因此，想要激發學習動機，教師必須瞭解學生的學習興趣，並且透過各種策略激發學生的好奇心，運用學生對外界事物的好奇，強化對學習的內在趨力。

三、提示努力之後的情境

教師在教學活動進行時，應該將各種學習努力之後的情境，具體地讓學生瞭解，如此，學生才能調整自己的學習步調，願意花更多時間在學習參與上。

四、提供自我實現的機會

教師在教學中應該設法給每一位學生有成功的機會，對學生的要求可以依據個別差異，讓學生在學習中有自我實現的機會。透過自我實現，可以讓學生樂意參與學習，並提高學習成就動機。

五、增進學生的學習信心

教師可以在教學中瞭解學生的學習歸因現象，以每個學生對自己學習成敗原因的解釋，瞭解學生在學習形成困難時，究竟是如何因應的。例如，學生如果將失敗歸因於缺乏努力時，便不容易產生建設性的作用。如果學生對失敗的歸因是負面的，教師必須引導學生學習正向的歸因，藉此提高學習信心。

六、營造良好的學習氣氛

學習氣氛對學習者而言是相當重要的。如果學習氣氛不利於學生學習活動的進行，教師必須針對班級氣氛進行檢討，為學生營造良好的學習氣氛。教師在教學活動中，可以考慮將學習活動內容以有意義且具多樣性形式，提供學生有成就感且具有挑戰性的活動。

鼓勵學生的話語

 以後小心點，先考慮才能少犯錯

 沒什麼關係，記住此次的經驗，往後小心就好

 記取錯誤的教訓，以後不再犯

 沒關係，這次考不好，下次進步更多補回來

 可能是心不在焉，多一個經驗，下回你可以做得更好

 你不是故意的，現在你的心情一定不好過，我相信下一次你一定會做得更好

 我們一起來看看，怎麼做會更好

 相信自己有這份能力，就把它當成一次考驗

 失敗了才知道缺點在哪，再試一次才知道到底改了沒有

Unit 6-4
促進班級凝聚力的活動

學生的學習動機強弱，是影響教學成敗的關鍵因素。因此，教師在設計教學的同時，也應該針對學科性質與學科教材教法，設定各種激勵學習的有效策略。而提高學生學習動機的目的，在於讓學生願意花更多的時間在學習上。

一、教師節的活動設計

1.教師卡的規劃設計：教師可以運用各種班級共同課時，指導學生規劃設計各種教師卡，作為謝師感恩之用。教師卡的規劃設計可以採用個別設計、集體觀摩的方式，或是採用全班共同創造設計的模式，設計一張屬於個別的或全班的謝師卡。

2.給教師的一句話活動：透過全班集體的方式設計謝師卡，發動全班學生在謝師卡上寫下給教師的一句感謝話，或是將給教師的一句話寫在壁報紙上，再將設計的作品貼在全校最明顯的地方（例如，文化走廊、師生園地）。

3.為教師獻花活動：運用集體的方式設計各種花，並作為教師節為教師獻花活動之用。教師可以利用藝術與人文或相關課程，指導學生設計各種要獻給教師的花，透過活動的進行可以凝聚全班的向心力。

二、聖誕節的活動設計

1.化妝舞會：化妝舞會的設計通常比較費時，教師可以考慮在班級時間的規劃上是否足以因應。在化妝舞會的運用方面，通常是結合學校的重要慶典，或是幾個班級聯合起來。在聖誕節當天，學校可以考慮讓學生規劃化妝舞會活動，作為凝聚班級向心力之用。

2.班級餐會：班級餐會的活動設計，是教師運用各種班級時間，指導學生進行班級餐會活動。班級餐會的方式可以讓學生自己準備一份餐點，或是由班級學生自行規劃班級餐會的內容。

3.交換聖誕禮物：交換聖誕禮物是學校在聖誕節當天最常舉辦的活動，教師可以透過班級學生個別準備方式，在聖誕節當天，每個人準備一份珍貴的聖誕節禮物，作為和同學交換禮物之用。交換聖誕節禮物的活動，可以班級個別進行，也可以同學年的班級共同進行。

4.布置班級聖誕樹：聖誕樹的布置是教師在班級生活中，配合聖誕節節慶，指導學生在班級教室中共同布置聖誕樹的活動。通常在聖誕樹的布置上，教師會結合藝術與人文的課程，指導學生設計各種布置聖誕樹的作品，再將自己設計的作品掛在聖誕樹上作為展示之用。

5.聖誕歌舞表演：除了聖誕樹的布置之外，教師可以在聖誕節當天在班級舉辦聖誕歌舞表演，將全班學生分成幾個小組，請小組長和組員事先規劃各種表演節目，透過表演節目的協商與設計，凝聚班級的向心力，同時促進小組成員的團結。

6.聖誕義賣活動：聖誕義賣活動的設計應該以全校性實施比較恰當，或以全年級作為活動的設計也可以。教師可以在聖誕節來臨前，指導學生進行聖誕義賣活動，並且將各種聖誕義賣所得捐贈給慈善機構，或是需要的個人。

兒童節活動設計

拼圖活動比賽
將全班分成幾個小組進行拼圖比賽，讓學生透過集體合作方式完成各種拼圖，並將小組作品在班上公開展示。

節目表演活動
運用兒童節的表演節目規劃，讓班級學生發揮團隊的精神，從節目內容的設計、規劃到執行，學生團體討論並擬定各種表演節目的內容。

舊愛新歡活動
讓學生將自己的蒐集品，以跳蚤市場的方式或是相互交換的方式互相分享，將自己的舊愛物品成為同學的新歡物品。

園遊會活動
園遊會的舉辦應該配合全校性的活動實施，讓全校學生都可以在兒童節時，擁有一個快樂的節日。

得意作品展示會
教師可以在學期結束時，或是運用各種學校慶典節日，舉辦班級學生的作品展，用各種形式展出讓全校學生可以共同欣賞。

Unit **6-5**
轉學生的面對與處理

　　一般教師最感到頭痛的是在學期中，班上突然來了一位轉學生。由於教師在轉學生方面的輔導，缺乏專業知能方面的經驗，因此在面對轉學生時都會感到心有餘而力不足。有鑑於此，教師必須在班級經營中擬定轉學生的輔導計畫。

一、教師如何處理學生轉學問題

　　教師在班級經營中，難免會遇到各種因家庭因素而辦理轉學的學生。學生在學期中轉學，必然會遇到學校適應的各種問題，因此，教師必須在學生轉學時給予各種心理方面的建設與協助。學生即將由班級轉出時，除了例行性的報表及行政手續之外，教師應該給予各種協助輔導，引導學生早日適應未來的學校以及班級生活。

二、轉學生的輔導與作業程序

　　1.溫馨友好的開始：面對轉學生的到來，教師可以在辦理完成各種資料手續之後，向轉學生握手表示歡迎之意，讓轉學生感受到被接納。其次，教師應該立即幫轉學生安排適當的座位，讓轉學生可以立刻融入班級的學習生活中。對於轉學生而言，要單獨適應全新的環境、面對新的教師，心中難免感到惶恐，此時，導師若能面帶微笑，以握手的方式表達善意，相信必能減緩轉學生心中的恐懼，讓家長加深對教師的信任，同時也可以放心地將孩子交給教師。

　　2.安排自我介紹：教師將轉學生安置以後，隨即讓轉學生進行自我介紹（如年級低者由教師代為介紹）之後，請全班同學向前和轉學生握手，並作簡短的自我介紹。介紹的內容包括姓名、學號、最喜歡的活動、喜歡的運動等，應該儘量避免介紹轉學的原因、我對學校的第一印象等，以避免不必要的誤解或難堪的場面。

　　3.認識新同學和朋友：教師可以將班級的各種基本資料，包括班級常規、班級特色、班級幹部等向轉學生介紹，讓轉學生瞭解班級的各種常規和組織幹部。接著，教師請轉學生站在臺上，讓其他同學依序排隊和他握手，並說句簡單的問候語，以增加彼此的互動。

　　4.安排生活輔導員：轉學生對新學校感到恐懼的原因，通常是對學校的各種生活習慣不瞭解，對學校的校規和班級常規陌生而感到不知所措。因此，教師應該在班上安排各種生活輔導員，協助轉學生早日認識學校的師長、學校的設施、學校的地理位置、學校的各種生活設備等。輔導員的工作如下：(1)安排座位；(2)讓轉學生熟悉學校作息；(3)瞭解班規；(4)熟悉回家路線；(5)見習打掃區域；(6)認識師長等。

　　5.檢核各種學習資料與表格：轉學生除了需適應學校各種生活之外，也應該檢核各種資料是否齊全，例如，課本和原來的學校是否一樣？需要購買新的教科書嗎？作業本呢？等等。

　　6.運用小老師制度：教師應該為轉學生找學習與生活上的小老師，協助轉學生進行學習，並且及早適應學校的各種作息。教師應該提供小老師工作備忘錄，隨時提醒小老師應該提供轉學生哪些方面的協助。

處理學生轉學問題

提供未來學校的相關訊息和資料
盡可能提供，讓學生和家長早日適應當地的學校。

提供學生在學習方面的相關資料
將各種平日對學生的觀察紀錄，寫成書面資料，隨著學生的學籍資料、輔導資料、生活記錄表等放在資料袋中密封，提供新學校導師作為輔導學生的參考。

盡可能與未來的學校聯繫
教師在學生轉學時，應該儘量與新學校的導師取得聯繫，以方便進行學生的學習銜接，透過雙方的溝通可以協助新導師早日瞭解學生並給予適當的幫助。

持續追蹤學生的適應情形
學生轉學後，教師應該隨時進行學習適應方面的追蹤，瞭解學生在學校及班級適應方面的情形，必要時給予學生適當的輔助和幫助。

提供各種適應新環境的策略
教師對轉學生的輔導除了一般性的輔導之外，也應該給予各種適應新環境的策略。

給新導師一封信
內容包括感謝接納自己的學生，並提供學生在學校生活的各種資料，並給予新教師有關學生輔導方面的建議。

Unit 6-6
轉學生學校適應方面的研究

轉學生的輔導方面，教師可以參考各種轉學生的相關研究，瞭解轉學生可能產生哪些問題，再針對可能形成的問題，擬定有效的轉學輔導策略。有關轉學生的研究如下：

一、國小轉學生中，女生在學習適應、常規適應、師生關係、對學校態度層面及總適應，顯著較男生為佳。

二、三年級轉學生在學習適應、常規適應、師生關係、同儕關係與心理適應層面及總適應，明顯優於五年級轉學生。

三、女性教師班級國小轉學生，在學習適應、師生關係及總適應上，表現顯著優於男性教師班級之轉學生。

四、家庭社經地位不同之轉學生，學校生活適應部分有顯著差異。

五、父母管教態度不同、依親狀況不同，對國小轉學生在學習適應、同儕關係與心理適應層面及總適應上，有顯著差異。

六、國小轉學生之學校生活適應與父母親「關懷」的管教態度，具有顯著正相關；與「權威」管教態度，未達顯著相關。

七、轉學生的生活適應與其教師屬於「民主型」的領導類型，具有顯著正相關；而「權威型」與「放任型」則與部分層面達到顯著負相關。

八、國小轉學生之學校生活適應，不因教師服務年資、教師輔導專業背景的不同而有顯著差異。

九、國小轉學生的學業成就與學校生活適應各層面及總適應，均呈顯著正相關，亦即學校生活適應愈好的國小轉學生，其學業成就愈高。

教師在轉學生的行為輔導與適應方面，應該針對學生的行為標準，設定各種標準作為參考。尤其是不同學生有不同的問題，如果可以及早瞭解學生在行為表現方面的各種癥結，作為學生輔導技巧選用的參考，則轉學生較容易在班級擁有比較好的照顧。教師在班級生活中，應該選用各種行為標準作為學生行為表現的參考。教師依據轉學生各種可見的行為，作為輔導的重點，如此才能針對問題給予適當的處置。

轉學生在輔導方面，需要教師更多的用心與細膩的觀察，才能給予轉學生更多班級生活適應上的幫助。教師透過各種轉學生的相關研究，擬定更有效的策略，並運用班級組織幹部和小老師制度，提供轉學生更多實質上的指導。

轉學生適應輔導原則

明訂學生的行為標準
教師若未依據學生的行為擬定標準，則學生在班級的各種適應上就容易出現問題。

瞭解問題行為的癥結
教師對轉學生在學習適應上，應該隨時掌握可能形成的問題行為，作為擬定輔導策略的依據。

以優異的行為取代不好的行為
運用各種行為楷模的示範策略，當學生表現出良好行為時，立即給予適當的增強。

運用適當的輔導技巧
老師在面對轉學生時，應該擬定各種有效的輔導策略，針對轉學生的各種問題，給予適當的輔導。

以學生可見的行為為輔導重點
教師應該將重點放在學生可見的行為上面，才能瞭解學生問題行為的癥結，作為轉學生輔導參考。

Unit **6-7**
班級目標的訂定

班級目標的設定與執行，讓學生在班級生活中有固定的規律可循，教師只要掌握班級目標管理的重要內涵與策略，就可以有效掌握班級事項，營造一個學習型的班級組織。

一、班級經營與目標管理的關係

班級經營是學校行政的延伸與落實，學校行政組織的設置僅是一種手段，其主要目的在於引導學校達成教育目標。因此，教師在班級經營中必須瞭解學校的教育目標，依據學校目標再擬定班級的經營管理目標，透過班級目標的擬定與實施，達到各種預期的效果。

二、班級目標設定的原則

班級目標的設定，必須配合各種班級活動，作為師生共同追求與努力的目的，是從事班級經營非常重要的一件工作。班級目標的設定，必須教師與學生透過不斷地協商與調適，將班級目標擬定並付諸實現。一般而言，班級目標的設定應該遵循下列原則：

1.具有班級生活的理想性

班級目標的設定必須符合社會生活，並結合學校教育目標。所以，班級目標的設定必須符合社會的需求，並將社會帶往理想的方向。因此，班級目標應具有各種生活的理想性，並且可以達到社會適應的效果。

2.滿足個體的各種需求

在班級生活中，不管教師或學生都有個人的各種基本需求，例如，衣、食、住、行、育、樂各方面的需求，教育的基本需求也在於滿足個體的各種需求。所以，班級目標的擬定，必須以滿足個體的各種需求為原則。

3.具備民主理想性

班級生活中的各種活動，必須教師以民主的方式和學生共同協商，透過雙向溝通的方式，擬定各種班級生活常規。因此，班級目標的擬定也應該具備民主理想性，讓班級師生可以透過民主參與的方式，擬定班級目標。

4.目標必須共同一致

班級目標的擬定應該配合各種學科的需求，結合課程與教學的目標，使班級目標與教學目標相互呼應，透過班級目標的達成，同時也讓課程與教學目標達成。如果班級教學目標與班級目標相互違背，教師在班級生活中無法有效領導學生，達成學校教育目標。

5.行為有效解釋與應用

班級目標為了確定達成的程度，宜採用分析的方式使班級目標確切具體。同時，教育的要求不僅是知識的增加，更是行為的改變，因此，班級目標的擬定必須以行為規範為準則，使班級目標能確定達成。

班級目標設定注意事項

目標應該由班級成員共同制訂

班級目標是班級中全體應該努力的方針，擬定時就應該由全體成員，依據班級生活各種需求，以及個人在班級生活中的需要，以集思廣益方式擬定。

班級目標必須具有層次性

班級目標在擬定時，應該由級任教師訂定班級的近程、中程、長程目標，如此才能循序漸進，完成各種預定的目標。因此，班級目標的擬定必須包含總目標與分目標，才能分工詳細，達到明確的效果。

目標必須一貫性和一致性

班級目標的擬定必須前後一致、上下連貫，不可以有相互矛盾或前後不一的情形，以免導致學生在遵守上的困難。例如，近程、中程與長程目標之間，應該做到前後呼應，彼此相輔相成的效果。

目標應該書面化

班級目標訂定完成之後，為了讓全班師生都能瞭解，必須將班級目標內涵書面化，一來可以強化記憶，也方便讓全班瞭解，不至於因為教師請假或學校有重大事件，而導致班級目標被忽略的情形。

目標應該是可行的

班級目標的擬定除應該具體化之外，也應該評估目標本身的可行性，不可以盲目定各種班級目標，導致目標過於遙遠，學生無法達成目標而束諸高閣。

第 **7** 章

班級活動的設計與運用

　　班級活動的設計與運用對教師班級經營的效果而言，是相當重要的一環。如果教師在班級生活中，可以透過各種活動的規劃設計，提供學生各種活動性的課程或生活教育，不但有助於縮短教師與學生之間的距離，同時亦有促進班級氣氛的作用。一般而言，班級活動的設計，教師必須結合班級目標的設定、班級學生組織成員、班級氣氛等，針對學生實際上的需要，配合學校的教育政策，實施班級活動，提升學生對班級的認同感。

　　本章重點在於針對班級活動的設計與運用等議題，作理論與實務方面的探討，希冀透過班級活動設計的各種實際案例與策略，提供教師安排班級活動的參考。

Unit 7-1
班級活動設計的重要性

一、班級活動是課程的延伸與運用

班級活動的進行是一種非正式課程的實施，同時是一種課程的延伸與運用。教師可以運用班級活動的實施，作為學校課程實施的延伸與運用，尤其是與正式課程結合的部分。

二、班級活動是課內的整合與統整

班級活動的實施，可以達到課內整合與統整的效果。班級教學活動進行時，教師無法作不同學科方面的整合與統整，必須透過班級活動設計作為課內整合與統整之用。因此，教師在班級生活中的活動設計是相當重要的，活動的設計應該儘量配合各學科的教學。

三、班級活動是人際關係相處的機會

班級活動的進行是強化學生人際關係及相處的機會，讓學生擁有更多與人相處的機會，透過班級活動的規劃與討論，可以瞭解人與人之間相處的道理，學習尊重他人不同的想法；透過班級活動可以更深入瞭解其他同儕的觀點，促進班級同儕之間的凝聚力。

四、班級活動強化學生做事的態度

班級活動的進行可以培養學生民主的素養，透過民主程序瞭解相互尊重的重要性，培養少數服從多數、多數尊重少數的決決態度。如果學生在班級活動進行中缺乏民主素養的話，教師可以隨時提醒學生應有的態度。

五、班級活動培養學生的民主素養

班級活動的實施與進行，可以讓學生培養民主的素養，尤其在活動規劃與擬定階段，必須透過不斷地協商與溝通協調，才能使方案的設計更加精緻，讓學生從班級活動設計中，培養一般的民主素養。

六、班級活動發掘學生的各項才能

班級活動的設計與規劃，可以讓教師瞭解班上學生在各方面的才能。教師在平日應該瞭解學生在各方面的專長與興趣，以便在班級活動擬定時可以提供各方面的專長，協助教師進行班級活動的規劃設計。

七、班級活動培養學生的班級歸屬

班級生活中的歸屬感是相當重要的一環，教師應該透過班級活動的進行，培養學生對班級的歸屬感與認同感。有了歸屬感與認同感，學生就會願意為班級作各種犧牲，也會在班級生活中願意和同儕相互尊重、相互合作。

八、班級活動深化學生經驗及能力

班級如同一個小型社會，影響學生日後的生活經驗與能力。因此，班級活動的規劃、設計與實施，可以深化學生的生活經驗及各方面的能力，教師應該提供學生規劃班級活動的機會，透過各種活動的規劃設計與實施，可以讓學生擁有更多的生活經驗，強化學生的生活能力。

班級活動設計要領

1. 配合學生的特質與身心發展

如果教師設計班級活動時，缺乏對學生身心發展的瞭解，則班級活動的推展無法收到預期的效果，學生也容易對班級活動的內容缺乏興趣，無法收到班級活動實施的各種效果。

2. 結合班級組織結構發展特性

班級活動設計應該結合班級組織結構與發展的特性，如此班級活動的進行才能收到預期的效果，並且透過班級活動的實施，強化班級組織氣氛與結構，並且凝聚班級學生之間的向心力。

3. 注意方案設計的理念與實踐

班級活動設計應該要有明確的設計理念，將班級活動的各種理念與實踐，作緊密的結合，如此班級活動才能更落實於班級生活中。

4. 注意活動實施的安全性考慮

針對活動的內容與實施方式，事先作安全上的考量，並結合學校危機政策，隨時提醒活動實施的學生或教師，注意活動本身的安全性考量。

5. 有效地運用各種社會性資源

如果教師在班級活動設計過程中，無法取得各種社會資源的協助，容易形成勢單力薄的現象，無法在活動中透過資源的整合，提供學生最佳的學習機會。

Unit **7-2**
班級輔導活動設計的目標 (1)

圖解班級經營

108

依據美國諮商學會（American Counseling Association, ACA）出版的參考書籍所提示者為例，班級輔導活動包括生活輔導、學習輔導、生涯輔導。因此，在班級輔導活動設計方面的目標說明如下：

一、生活輔導的目標

1.發展自我覺察與自我接納：班級生活輔導主要目的在於讓學生發展自我察覺與自我接納，透過班級輔導活動的實施，可以對自己有更深入的瞭解，透過自我瞭解而肯定自我，更進而自我接納，也接納他人。

2.發展個人的責任感：學生個人責任感的發展是相當重要的，教師應該透過班級活動的實施，讓學生可以發展個人的責任感，培養對事情的責任，以負責的態度面對生活中的各種事物。

3.發展有效的人際與溝通技巧：人際與溝通技巧的培養，可以讓學生在班級生活中擁有更成熟的能力。透過班級活動的實施，可以發展各種人際關係，培養各種溝通的技巧。

4.學習有效的決策技巧：班級活動的實施不僅可以培養學生各種基本能力，同時可以學習有效的決策技巧。透過班級活動的規劃，必須運用各種協商、溝通，以及作決定的技巧，讓學生學習作決策。

5.發展瞭解及尊重他人：班級生活中，同儕的相互瞭解、相互尊重是相當重要的。班級活動的實施與規劃，必須透過學生彼此之間的瞭解、尊重，才能完成各種活動的規劃與設計。因此，班級活動的實施，可以發展學生彼此之間的相互瞭解，進而尊重他人的想法。

二、生涯輔導的領域目標

1.能知曉其個人特質、興趣、性向和技巧：教師在班級活動的生涯輔導方面，應該引導學生瞭解自己的特質、興趣、性向。透過自我瞭解，可作為生涯發展與決策的參考。

2.發展其對世界上各行各業工作的瞭解：班級輔導活動的進行，應該讓學生瞭解世界上各行各業的工作內容，以及工作的各種型態，作為未來生涯規劃的參考。透過對工作的瞭解，可以讓學生在平日班級生活中培養各種生活技能。

3.瞭解學校表現和未來選擇的關係：瞭解學校表現與未來選擇的關係，有助於學生平日進行各種決定。在班級輔導活動的進行時，教師應該讓學生瞭解學校表現與未來的選擇關係。

4.發展對工作正向的態度：班級輔導活動進行時，教師應該讓學生發展對未來工作的正向態度，作為未來生涯決定的參考。

全校性的活動

學藝性活動
如科學展覽、壁報比賽、教室布置比賽、辯論比賽及書法、繪畫、及作文比賽等。

＋

＋

體育性活動
運動會、越野賽跑、球類比賽、游泳比賽、拔河比賽等。

才藝性活動
合唱比賽、軍歌比賽、啦啦隊表演、各種遊藝表演活動、燈會等等。

Unit **7-3**
班級輔導活動設計的目標 (2)

圖解班級經營

110

三、學習輔導的領域目標

1.學習有效的讀書技巧及考試策略：班級活動在學習方面的目標包括有效讀書技巧及考試策略方面的輔導，透過學習策略的學習，可以讓學生對班級學習活動有更高的興趣，對學習充滿信心。

2.發展批判思考的技巧：學生批判思考技巧的培養，有賴於班級活動的實施。教師應該在班級活動設計過程中，提供學生有關批判思考能力的培養。

3.確認學業上的優點、缺點及個人的學習風格：瞭解學生學習的優缺點以及個人的學習風格，對學生的學習效果提升具有相當的成效。在班級活動中應該針對學生的學習，作深入的理解，以便擬定提升學習效果的策略。

4.瞭解學生在團體（生活）過程中的角色：班級活動有助於學生瞭解在團體過程中的角色，對團體生活規範的遵守有正面的幫助。在班級活動設計中，可以讓學生瞭解自己在團體中的角色，以便在團體生活中形成正確的決定。

5.發展在教室中負責任的行為：學生在日常生活中應該養成為自己負責任的習慣，對於生活中的各項事務，應該在決定之前，必須深思熟慮才做成決定，並且為自己的決定負責。

6.適應學校的環境：學校環境的適應，有助於學生對班級生活的認同，同時對學校生活的投入。教師在班級活動規劃中，應該將學校環境適應列入重要的項目，指導學生在班級活動中以漸進的方式適應學校環境。

導師可利用班會或師生聚會時間，透過簡單的活動，協助學生自我探索，進而自我瞭解、自我肯定與發展。班級活動的設計與運用，最常使用者為班級輔導活動的規劃設計。教學活動的進行，除了教師積極準備教學之外，也需要學生參與學習活動，才能收到雙管齊下的效果。倘使教學活動僅教師本身積極準備，卻缺乏學生的參與，則教學不容易達到預定的效果。因此，教學活動的進行必須學生專注以對，才能收到效果。教師在教學時，必須教導學生如何專注，才能使教學活動的進行順利。教師除了在教學時教導學生有效的學習策略之外，也應教導學生集中注意力在他們自己的課業上。教師應運用各種專注的策略協助學生集中注意力，並讓學生有練習的機會。

一般班級輔導活動的目標，可以讓學生在班級中擁有更多參與的機會。右頁簡單介紹設計班級活動應考慮的事項，並列舉班級活動方案供導師設計活動之參考。

班級性活動

班際或校際性活動

- 教師在班級活動的安排方面,可以由班級聯合其他班級或其他學校某一班級共同舉辦的聯誼性或競賽性之活動。
- 例如,班際球類友誼賽、班級聯合郊遊旅行活動、班際或校際聯誼活動。
- 校際或班際的活動,可以讓學生學習規劃活動的經驗,彼此分享不同的想法,透過活動的分享和規劃,可以強化人際關係。

班級內自辦的活動

- 教師可以在班級內指導學生進行班級活動的規劃,以學期或學年為單位,規劃班級性的活動。
- 例如,讀書小組、出版班級刊物、每月慶生會、班內分組球類對抗賽、分組辯論會、班內各人或小組藝能、表演、露營、旅遊活動、期末同樂會、孤兒認養、訪問及其他校外參觀活動。這些班級活動的設計與實施,可以收到正式課程之外的效果。

Unit 7-4
肢體語言的運用

　　肢體語言在教室中的運用，有助於縮短師生與同儕之間的關係。肢體語言的運用，可以作為另類言語表達，促進人際之間的關係。肢體語言在班級生活中的運用，說明如下：

一、臉部表情

　　臉部表情是教師表達情緒最直接的肢體語言，教師可以透過各種臉部表情傳達自己的情緒狀態，讓學生瞭解教師處於何種狀態之下。教師也可以運用臉部表情，讓學生瞭解教師需要學生的配合，透過臉部的表情變化表達教師對學生的期望。在教師的臉部表情方面，應該時時保持微笑，表達教師對學生的親切感。此外，要真誠、親切，讓學生感覺教師的親和力，而不是壓迫感。教師應避免經常在班級中板著一副臭臉，影響並降低學生學習欲望。教師不可以對學生展露出灰心、失望的神情，避免打擊學生的信心，導致學生自暴自棄的情緒。

二、手勢

　　在手勢的運用方面，教師可以透過手勢表達鼓勵學生及制止學生的班級行為。一般而言，手勢的運用是配合臉部表情的。例如，食指放於唇上表示「安靜」，豎起拇指表示「很好」、「贊同」等，這些課堂上手勢的運用有效且不會干擾教學的流程。教師在教學上手勢的運用，也反映了教師在工作上的投入程度。手勢的運用原則包括：展開雙臂表示大方有精神；手勢應多變化、但也不要太過頻繁，讓學生眼花撩亂；不做手勢時，雙手可自然垂放於身體兩側等。

三、眼神接觸

　　眼神接觸技術的運用，可以直接表達教師對學生的觀感，並且讓學生理解教師行為本身所代表的意義。利用眼神的接觸，可以打開溝通、延續溝通或終止溝通。所以，對教師而言，藉著眼神的接觸拉近師生的距離，是一項特別重要的非語言溝通技巧。教師在班級生活中應該透過眼神接觸的技術，強化對學生的期望。

四、身體趨近

　　身體趨近的運用是透過縮短師生空間的距離，傳達師生之間的溝通與情感。教師可以運用修正與學生之間的距離來與學生進行溝通時，會改變學生的參與情形。在教室中，身體的空間傳達了師生溝通，教師也具有了應有的角色和地位。許多教師因身體與學生距離較遠，而無法與學生建立親密的人際關係，形成了一種阻力。教師經常站在教室前方或坐在桌子後面，都是明顯的例子。學生較喜歡與他們親近的教師，所以，教師置身於學生中進行教學活動，比在學生旁邊、後面、或坐在桌後的教師，使人更有溫暖、友善的感覺。

老師在眼神接觸的運用要領

當走上講臺開口說話之前，先用眼光掃描全班，使學生知道老師正看著他，而提醒自己也必須看著老師。

開始上課後，眼睛要散發自信、活力、愉快的神情。學生會得到「一起打起精神吧！」的暗示，學生必會較有意願和一位有活力的老師進行學習。

眼睛不可離開學生，配合身體的轉動，讓每個學生都能接收到老師關愛的眼神。教師才能時時刻刻抓住學生的注意力，控制全場。

講授課程時，教師眼睛必須配合教學內容而改變。當學生有好的表現時，不妨傳遞出讚賞、嘉勉、期望的眼神，這樣會使學生願意變得更好，也就是所謂的「比馬龍效應」。反之，當學生有不良行為時，也可用眼神制止他，傳遞出老師已經注意他的訊息。

Unit **7-5**
班級笑話的應用

依據相關的研究，最受歡迎的教師特質中，幽默風趣是重要的特質之一。因此，懂得幽默並且擅於講笑話的教師，在學校中是最受歡迎的。

在班級經營技巧的運用方面，講笑話的技巧可說是班級生活中重要的項目，並且結合教學活動的實施，強化學生的學習效果。一般而言，笑話在班級經營上的功能如下：

一、集中學生的學習注意力

笑話在班級經營中的運用，有助於集中學生的學習注意力。心理學方面的研究指出，學習者在學習方面的注意力，通常為三至五分鐘，因此，教師要不斷轉換教學才能集中學生的注意力。倘使教師在教學活動實施中，有效運用各種與教學有關的笑話，將有助於集中學生的學習注意力，並強化學習效果。

二、作為教學前的暖身運動

教師在班級教學中進行單元教學或主題教學時，可以在剛上課時透過笑話的運用，作為教學前的暖身運動。尤其在上課講解抽象或重要概念時，可以在學生尚未集中注意力前，蒐集與概念教學有關的笑話，能夠引起學生對學習的動機與興趣，強化學生對學習的興趣。

三、加深並強化學生的學習

教學活動進行時，教師如果缺乏運用有效學習策略的話，學習效果就會打折扣。當教學活動進行時，如果學生精神不佳、無法集中注意力於教學活動時，教師運用與教學有關的笑話，可以吸引學生的注意力並強化教學的效果。此外，笑話的運用可以使學生緊繃的精神放輕鬆。

四、協助引導對課程的理解

教學活動進行時，教師遇到抽象概念的講解，往往需要花相當的心力在講解上面，如果可以在教學中運用與教學有關的笑話，不但可以提高學生的注意力，同時亦可強化並引導學生對課程的理解。

五、使教學活動更活潑有趣

笑話技巧的運用不但有助於教學效果的提升，同時可以使教學活動更活潑有趣。班級教學中一些枯燥的課程或抽象的概念，如果教師可以適時地運用各種笑話作為例子講解，有助於使教學活動更趨向活潑有趣。

六、解除各種師生尷尬氣氛

班級生活中的師生關係，往往因為各種內外在因素而產生尷尬的情形或氣氛，教師可以適時地運用笑話的技巧，解除師生之間的尷尬氣氛，化解各種可能形成的危機。

七、改善各種沉悶教學氣氛

班級教學活動進行時，如果學生對學習缺乏動機或是缺乏興趣，教學效果無法達成預期目標時，教師可以運用各種笑話改善沉悶的教學氣氛，增進學生對教學的關注。

八、協助建立良好的師生關係

擅於運用笑話的教師，對班級教學活動的實施具有積極的意義，同時給予學生生動活潑、容易溝通的感覺，因此也容易建立良好的師生關係。透過班級笑話的運用，可以讓學生感受到教師的親切感，減低教師在學生心目中的威權形象，增加教師的親和力及師生之間和諧關係的建立。

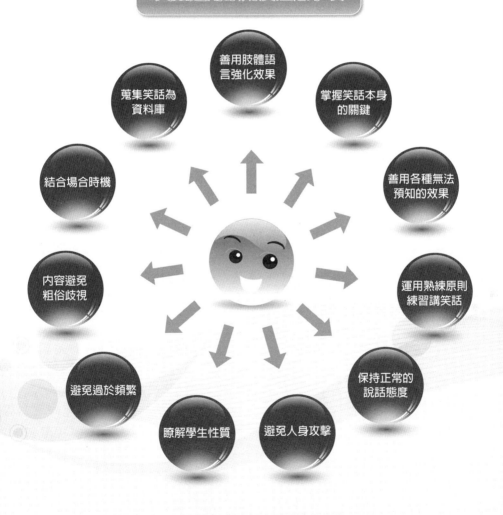

笑話運用原則及注意事項

- 善用肢體語言強化效果
- 蒐集笑話為資料庫
- 掌握笑話本身的關鍵
- 結合場合時機
- 善用各種無法預知的效果
- 內容避免粗俗歧視
- 運用熟練原則練習講笑話
- 避免過於頻繁
- 保持正常的說話態度
- 瞭解學生性質
- 避免人身攻擊

第 **8** 章

班級組織的運用與管理

●●●●●●●●●●●●●●●●●●●●●●●●●●●● 章節體系架構 ▼

●●

　　班級組織運用與管理，涉及教師班級經營成效的達成問題。教師如果可以有效運用各種班級組織的話，對學生學習參與具有正面的意義，同時亦可提高班級經營效率。

Unit 8-1
班級圖書館的成立與管理

圖解班級經營

班級圖書館的管理與成立，有助於提升學生對圖書閱讀的能力，透過閱讀習慣的養成可以提高學生的語文能力。教師可以讓學生從班級圖書館的成立與運作中，學習基本的圖書管理技巧和能力。

一、班級圖書來源

教師在班級圖書的來源方面，可以商請學生家長將自己家裡的讀物借給班級成立圖書館。如果家長願意的話，可以將家裡的書捐贈給班級作為成立班級圖書館之用。此外，教師可以聯合全年級的教師，將學校圖書館適合該年級閱讀的書刊，稍加整理之後置放在班級，如此可以提高學生的閱讀率，也可以減少學生到學校圖書館借書的不便。另外，教師也可以和社區機構以募書的方式成立班級圖書館，充實學校的圖書設備。

二、圖書編目與登錄

班級圖書應該經過適當的分類、編目與登錄之後，提供學生借閱之用。在班級圖書整理過程中，教師可以在圖書背面黏貼閱讀紀錄表，鼓勵學生閱讀並作為閱讀後簽名之用。如果圖書是屬於捐贈的書籍，應該在每一本書的封底黏貼一張捐書感謝函，感謝贈書者的美意。

三、布置環境

教師可以在教室中規劃一個溫馨的「圖書角」，書櫃上可擺置小盆栽、小草花加以美化，地上可鋪上海綿地板，擺張小桌子，使之感覺更舒適。

四、訂定班級圖書借閱辦法

教師可以指導學生擬定班級圖書借閱辦法，並將辦法公布在圖書角比較明顯之處，辦法參酌如下：

1.本班學生借書前必須先向圖書長登記。

2.借還書時間：每節下課時間，其餘時間不得借還。

3.每人每次限借一本，一週之內歸還；如有需要可向圖書長申請延後三天歸還，但以一次為限。

4.每次借書前必須將前次所借的書籍歸還後，才可再借書。

5.不可在書籍上任意塗鴉或畫記，如有污損或遺失照價賠償。

6.如果逾期超過三天，喪失借書權一星期。

五、鼓勵班級閱讀計畫

教師在成立班級圖書館之後，緊接下來就是擬定鼓勵學生閱讀的辦法。在鼓勵班級閱讀計畫方面，可以包括成立班級讀書會、舉辦閱讀活動、製作班報、閱讀心得報告、書香排行榜、好書推薦等方式，鼓勵班級學生閱讀。

班級圖書管理

1.捐書感謝函範例

親愛的同學：

你能閱讀這本書是因為○○○同學發揮愛心的捐贈，請你好好閱讀它，也請發揮公德心好好愛惜它，因為還有許多同學要閱讀。

2.圖書分類編號

將書本加以分類、編號，例如，文學類為「1」，科學類為「2」，同一類書籍可以順序編號，再將此書號製成自黏標籤，塗上不同顏色後，黏貼於書背下方。

在每本書的最後一頁貼一張歸還日期提醒單（日期由圖書長於借閱時填寫），幫助借閱者記住歸還日期，以免逾期受罰。

3.登錄

設置一本「班級圖書清冊」，按圖書類別，收到先後順序登錄在清冊裡列管。內容包括：(1)編號，(2)書名，(3)作者，(4)出版社，(5)金額，(6)本書來源，(7)備註。

4.製作「圖書借還登記冊」

內容包括：(1)借閱日期，(2)書名，(3)借閱者，(4)歸還日期，(5)組長簽名，(6)備註。

Unit 8-2
班級網頁的設計 (1)

班級網頁的設置目的在於配合資訊化趨勢與網際網絡的運用，使得班級資訊得以有效率地增進師生溝通與親師溝通，將學生們的作品分享，以建立學生的成就感並增進班級凝聚力，深化學生的學習。班級網頁的目的如下：

一、配合資訊化趨勢

有鑑於資訊科技的進步、軟硬體設施價格的低廉，以及網路的普及，使得人人都有機會接觸電腦，透過彈指神功的能力，迅速獲知世界各地所發生的大大小小事情。班級網頁的設置，有助於傳遞一些學校教育相關資訊、公告事項等。此外，配合「班班有電腦、家家有網路」的教育理想，班級網頁設置可以使得班級所發生事情、所舉辦的活動、甚至任何班級事務，皆可透過網路傳達給家長與學生並作良性的互動，達到教學相長的成效，並可以達到無紙化的教學環境。

二、增進師生溝通

班級網頁的設置，有助於學生和教師的溝通互動。尤其部分學生在學校不敢和教師接觸，可以藉著班網上的留言版或是意見箱直接跟教師分享與溝通，而且教師也可以先在網路世界中回覆，以後有機會可以再找學生溝通，如此能夠避免因為教師校務繁忙而無法給予學生回饋。

三、提供作品分享

班級網頁的設置可以提供教師、家長、學生作品展覽的機會，使每個人都能瞭解別人的專長與優點，藉此相互學習、互相切磋而達到「三贏」的局面。

四、增進班級凝聚力

班級網頁設置之後，可以提供學生另類學習的機會。學生可以撥空上網看看屬於自己那個團體的網站，藉此對班務有所瞭解，也讓學生有屬於班上一分子的共識，使學生對班級更加認同，漸漸的凝聚成對班級的向心力。

五、促進親師溝通

班級網頁可以增進親師之間的溝通，透過班網上的上課花絮照片資訊，家長可以看得到學生在學校的生活；經由教師寫的班級經營理念，家長可以知道教師的想法與做法；藉著留言版上的互動，親師之間的關係也會愈來愈融洽。教師可以直接在網路上先回答家長迫切性的問題，找時間再和家長溝通，讓家長的疑問有即時的回饋，達到更進一步的親師互動。

六、深化學生學習

班級網頁可以開闢學生學習專欄，將教師在課堂上因為時間因素無法滿足學生需要的學習題材，透過網頁上的資源分享，程度好的學生，可以挑戰更進一步的問題，或是連結到相關網站找尋相關資料以補課堂上的不足；而程度不好的學生，也可以再做複習，甚至看其他的基本知識，或是連結到其他網站找尋符合自己程度的資料。

班級網頁內容項目

網頁大項	百分比	名 次
學校首頁	12%	
我們這一班	16%	
教師檔案	31%	8
學生檔案	86%	1
班級經營	28%	9
課表與行事曆	52%	3
教學園地	19%	
學習步道	17%	
充電站	19%	
生活花絮	83%	2
學生作品	24%	
英雄榜	40%	7
公布欄	49%	4
留言版	42%	6
親師合作	27%	10
休閒區	13%	
作業繳交區	1%	
好站報報	46%	5
計時器	7%	
最新更新時間	3%	

Unit 8-3
班級網頁的設計 (2)

　　班級網頁的設計需要運用到電腦概念與相關軟體，教師必須在設計班級網頁前，對前述概念有相當的瞭解，才能做好網頁設計的前置工作。

一、網頁的設置

1.決定班級網頁名稱
　　班級網頁的名稱，教師可以結合班級特色、氣氛與學生的特性，和學生共同討論名稱，或是用票選方式決定網頁名稱。

2.擬定班級網頁架構
　　班級網頁架構的擬定，可以參考國內其他小學的做法，透過相關資料的蒐集之後，再依據班級實際上的需要擬定班級網頁架構。

3.編寫網頁
　　教師在編寫網頁時，應該瞭解使用的對象。如果是低年級的話，應該加上注音；中、高年級則依據學生的成長加上各種功能。在內容方面可以考慮：(1)顏色搭配的使用；(2)最好有童趣圖案；(3)文字清楚、敘述正確；(4)有明顯的主題；(5)字型使用電腦預設的。

　　此外，在網頁主要功能方面應該包括：

1.主選單
　　主要將網站上的資料分門別類的放置，讓使用者能依照類別觀看網站的內容。

2.次要選單
　　猶如主選單的功能，只是將資料分類得更細，才不會讓網站看起來雜亂無章。

3.首頁標誌
　　主要是班級網頁的站名或是加上該班的班徽。

4.最新消息
　　將有關本班的最新訊息、活動、課程傳達給學生或家長。

5.系統維護資訊
　　主要告訴使用者本網站的版權、更新日期及最佳的欣賞設定。

二、網頁使用注意事項

1.注意隱私權
　　避免將學生的詳細個人資料刊登於網站上，以免遭有心人士利用，而使學生遭受不必要的騷擾與勒索。如果要刊登資料的話，最好設計保密的措施，使要查閱資料的人鍵入密碼以作辨識。

2.尊重智慧財產權
　　若在網站中使用到他人的作品，需事先告知本人，經過本人同意後才可將資料（圖片、聲音、文件、影片等）使用於網頁中，並將取得的資料來源貼於網站上。

3.尊重言論自由
　　在網站上所發表的言論，以不可對他人做人身攻擊為原則，或不可發表不實的言論。

班級網頁製作參考架構

1、學校首頁	介紹學校特色、簡報、教育宗旨等，學校想要讓訪客瞭解的各項資料。
2、我們這一班	班級特色、班級願景、班級公約、班級幹部、班刊、班歌、班級吉祥物等。
3、教師檔案	導師個人檔案（含教學計畫、教學理念）、認識各科師長。
4、學生檔案	班級成員照片、簡介本月壽星、每月一星（他人眼中的你）、信箱總表。
5、班級經營	班級經營計畫書、獎懲制度、累積點數區、教室布置、學習角、本月座位表。
6、課表 vs 行事曆	學校行事曆、總體課程表、本班日課表。
7、教學園地	主題活動網、教學資源（教案）、學習單、線上測驗區、試題評量。
8、學習步道	靜思語、成語充電站、唐詩教學、臺語唸謠、大家說英語、數學週記、創意天地、地方介紹。
9、充電站	好書報報、時事新聞、生活百科、藝文櫥窗。
10、生活花絮	活動剪影、戶外教學、生活週記。
11、學生作品	作文、美勞、創思、專題報導、書法、壁報、網頁、其他。
12、英雄榜	成績優良、表現優異、各項競賽等。
13、公布欄	最新消息、班費明細、老師的叮嚀、家庭聯絡簿。
14、留言版	討論區、心情留言版、給老師的悄悄話、意見箱。
15、親師合作	班親會組織架構表、親師溝通（書信文件）、班親會。
16、休閒區	心理測驗、星座物語、笑話連篇、線上遊戲、出遊何處去、遊戲軟體下載、音樂網、寵物屋子。
17、作業繳交區	由教師提供當天功課內容，並讓學生繳交相關的作業。
18、好站連結	提供內容豐富的相關網站。
19、瀏覽人數	計算班級網頁瀏覽人數統計功能。
20、最新更新時間	提供時間功能。

Unit 8-4
社會資源的運用

班級經營運用社會資源於課程與教學中，對學校教育的促進具有正面的意義。教師在學校教育中，應該針對社會資源進行統整，將社會資源結合學校教育目標，有效運用社會資源可促進教師教學活動的實施。

一、社會資源運用的原則

社會資源運用在學校教育方面，包括社區中的人力資源、財物資源及各種天然資源等。教師要能充分運用社區資源，才能真正活絡教學，落實教學與課程革新的目標。在社會資源的運用方面，應該注意下列幾項原則：

1.評估效益以切合需要：教師在運用社區資源之前，應該謹慎評估社區資源對學校教育的效益，如果負面效益高於正面效益的話，就應該要特別注意。例如，家長進入學校教學，如果影響甚至干擾班級教學活動的話，就應該給予相當程度的拒絕。

2.重視創新以切合教育：社區資源的運用也應該強調創新的積極意義，同時能否提供最大或雙面的效益，讓雙方都可以從社區整體營造過程中獲得最大的效益。如果社區資源的運用，僅以傳統的觀念進行非關專業方面的片面合作，學校就應該考慮。

3.主動聯繫以建立共識：教師在運用社區資源時，應該化被動為主動，經常性地和家長與社區聯繫，從不斷溝通、協商過程中，建立合作的機制和共識。此外，從主動聯繫中可以瞭解社區對學校的期許，以及家長對學校教育的關心程度。

二、社區資源運用的途徑

1.行政措施方面：學校在運用社區資源時，在行政措施方面，可以依據社區資源的特性，成立各種推動小組，在小組中研擬運用社區資源的方式，並且調查社區資源的類型，針對調查結果形成檔案資料。而在行政運作方面，可以將社區資源分類建檔，鼓勵學校人員主動參加社區活動，以便建立溝通管道。

2.人力資源方面：在人力資源方面，教師可以運用班親會組織力量，推動親師合作以建立親職教育，並且透過親師溝通宣導各種教育革新的理念，鼓勵家長參與學校課程設計。此外，可以推動義工制度，組織各種任務特性的義工團體，協助學校推展各種活動，例如，導護工作的協助、晨光時間的實施、校園糾察隊的組成等。再則，鼓勵教師參與社區的各種活動，融入社區的特色並且建立鄉土教學資源，使課程設計融入鄉土特色。

3.財物資源方面：學校可以考慮成立各種文教基金會，由社區熱心人士提供各種財力資源，作為協助有急難需要的學生。此外，可以經由社區組織相關的後援會，透過活動的實施推展各種藝文活動、關懷活動。最後，可以運用各種社區場所辦理各項團體活動。

4.自然資源方面：在自然資源的運用方面，學校可以考慮運用社區人文特色，實施課程探索活動，將學校的課程與教學延伸至社區的每一個角落，透過社區與學校資源的整合，為學生營造一個具有社區願景的學習大環境。

124

利用競賽強化班級組織

學校生活競賽是班級活動中重要的項目，教師應該在開學初期就向學生說明各項生活競賽的重要性，以及實施的意義和辦法。讓學生可以瞭解學校實施生活競賽的意義，並思考班級如何同心協力做好各項生活競賽的準備工作。

全班討論

利用班會時間，師生共同討論，從生活競賽中爭取榮譽，透過討論的方式形成全班的共識。讓全班學生瞭解行為表現應該達到何種程度，才能爭取到榮譽。

決定方法

學校生活競賽的內容和標準，除了透過全班共同討論之外，也應思考如何做才能達到學校的標準。

獎勵與增強

如果班級在學校生活徑賽方面得獎的話，教師應該給予全班獎勵以為增強。教師同時也應該讓學生瞭解，哪些表現可以贏取獎勵，哪些行為表現是不符合標準的。

避免過於目的化

學校的生活競賽應該符合教育目標，或是依據學校經營的理念而形成的策略，透過生活競賽的實施，同時可以激發班級學生的向心力，凝聚學生對班級的情感。

結合教育理念

班級討論生活競賽得獎，應該避免過於強調得獎而忽略掉教育理念，在生活表現方面應儘量以自然、人性化的方式，將得獎視為班級重要目標。

第 9 章

班級輔導的策略與運用

●●●●●●●●●●●●●●●●●●●●●● 章節體系架構 ▼

●●●●●●●●●●●●●●●●●●●●

　　學校輔導工作的需要，是基於學生成長與發展過程中的需求。所以，輔導的功能主要可以歸納為協助個體成長、增進個體適應、提供諮詢服務等（吳清山，民 86）。在學校輔導工作的推展中，依據輔導類型可分成生活輔導、學習輔導、生涯輔導。

Unit 9-1
班級輔導重要理念與策略

班級輔導通常是教師發現學生有偏差行為或反社會行為出現時，就提供適時的輔導。教師如何規劃與維持適當教與學的環境和氣氛，透過各種有效的策略，輔導學生在班級生活中正長的成長與發展，是相當重要的一環。一般而言，班級輔導的原則包括下列主要的本質（謝臥龍，民86）：

一、預防重於治療觀點

針對學生的行為表現給予預防性的輔導，而非等學生的行為出現偏差時，才給予專業方面的輔導。換言之，學生在進教室之前，教師必須先瞭解學生在班級生活中可能發生的事情，給予防範與處理之道。透過班級輔導活動的實施，矯正學生偏差行為，並鼓勵學生建立積極的學習態度與目標。

二、班級常規的設定以關懷為原則

Lefrancois（1991）指出，班級中常規的設置應該以關懷學生為主體，進而引導學生在班級生活中達成自動自律的境界。如果教師可以在班級常規的擬定方面，以關懷與同理心的角度給予學生更多的關愛，相信班級輔導活動的實施可以更達到效果。

三、適時地運用輔導與溝通技巧

研究指出，未來優良教師的特質必須具備良好的溝通技巧，以及班級輔導技巧。班級輔導活動的實施，必須教師透過各種輔導技巧，如傾聽、同理、接納、引導等，瞭解學生在班級生活中遇到的各種困擾，並且瞭解學生需要哪些專業方面的幫助。

四、班級輔導應結合團體輔導

班級輔導活動的實施，通常需要和班級團體輔導結合，才能收到預定的效果。一般而言，教師會在班級生活中擬定各種班級目標，作為班級活動實施的依據和參考。因此，班級輔導活動的實施，通常會運用各種班級輔導策略，讓學生從輔導活動中達到自我肯定與肯定他人的目標。

五、班級輔導應具一致性與合理性

班級輔導活動的進行，應該著重於學生的啟發與鼓勵，並且要能具有一致性與合理性，才不至於在班級常規輔導中形成前後矛盾或是雙重標準的現象，導致學生不知所措。如果班級輔導活動缺乏一致性與合理性的話，容易讓學生在班級生活中對常規產生認知混淆，進而缺乏對班級的向心力與凝聚力。

六、增強良好的行為典範

針對學生良好的行為表現給予正面積極的鼓勵，有助於學生自信心的建立與自我概念的強化。教師應該多運用公開場合表揚學生在班級生活中良好行為的典範。

七、嫻熟的班級輔導技術

教師在班級生活中，應該具備班級輔導的專業技術，才能針對學生的偏差行為，適時地給予幫助。尤其面對學

生有反社會行為時，提供輔導專業方面的協助。例如，謹慎使用懲罰來訓誡學生，使其負面影響降至最低的程度；提供並說明可取代或消除不當行為的方法等。

八、運用民主原則於班級輔導中

教師運用民主原則於班級輔導中，目的在於促使學生自我約束自己的行為與學習態度，使學生養成尊重他人與民主的風範，培養守法的精神與相互尊重的習性。

班級民主原則養成

教師在班級常規制訂與執行方面遵守的原則（Webster,1968）：

1 教師需確知所有學生都瞭解常規制訂的原因

2 常規執行之後，第一個違反規定者應只受到警告與輔導，然後讓學生參與常規執行程序的討論，並瞭解再犯所應負的責任

3 教師應探討引起學生偏差行為的原因

4 教師應該選擇私下的場合來處理學生的偏差行為

5 教師應該避免以諷刺或挖苦方式訓誡學生

6 教師執行班級常規時如果犯錯應該檢討，並向學生致歉

7 教師應避免對學生施行口語或肢體上嚴厲的處罰

Knowledge 知識補充站

班級輔導活動的擬定與實施，教師應該具備輔導專業的精神與態度，結合班級目標與學生身心發展，提供學生專業方面的引導與諮詢，讓學生在班級活動中可以得到各種專業方面的協助，透過班級輔導策略的實施，發展自我概念並建立自信心。

Unit 9-2
學生的情緒教育

　　學生情緒方面的發展與輔導方面，由於學生的感受敏銳，對外在事物及對自己的反應容易趨於激烈變化，情緒起伏波動非常大，對同儕與異性容易因微小事物而有愛惡分明的表現（黃德祥，民84）。青少年的情緒發展過程中，必須透過成長中重要他人的協助，才能給予專業方面的協助。

　　行為輔導策略的原理是奠基於行為學派的理論觀點上，強調個體的行為可以透過各種外在的策略，給予適當的調整與修正。學生情緒方面的輔導包括：

一、系統減敏感法

　　系統減敏感法是以鬆弛作為違反制約的媒介，先將令當事人產生焦慮的刺激，由弱到強作層次的安排，列成一表，然後訓練當事人做肌肉鬆弛運動，在當事人學會如何鬆弛並且感覺舒適後，令當事人想像在表上引起其焦慮最弱的刺激，如此將刺激重複與鬆弛狀態配對出現，直到這些刺激與焦慮反應之間的連結消除（鄭熙彥等，民74）。在班級輔導實施過程中，教師可以運用系統減敏感法，輔導學生進行情緒方面的教育。

二、認知方法

　　認知方法是行為學派針對個人情緒反應所提出的輔導策略，在認知方法方面包括訓練當事人察覺自我的思想、感受、生理反應、人際行為；改變當事人消極的、不當的內外對話（internal dialogue），代之以積極的「內在語言」；並且加強對自我的信心，學習新的適應行為。因此，認知方法的運用是教師透過對學生自我察覺的策略，引導學生瞭解自己的情緒發展。

三、洪水法

　　洪水法（flooding）的運用，是一種內在抑制法，教師將引起焦慮的刺激在短時間內不斷大量呈現或不斷想像，直到個體產生疲乏而對此不再產生反應為止。在運用洪水法時，教師要求學生想像引起焦慮的刺激，但本身不伴隨恐怖之後果，完全讓學生暴露於持續呈現高焦慮性刺激之下。

四、操作法

　　操作法的運用源自於行為理論，教師在班級輔導過程中，運用增強、削弱、行為塑造或交互使用各種操作制約的方法，使學生的不當情緒反應削弱或減弱。因此，操作法是一種處理學生情緒反應比較適當的方法，可以結合班級常規的要求實施。

五、示範法

　　示範法是運用真實的他人（包括師長或同儕）或錄音、錄影，為青少年示範正確的情緒表達方式，進而去除不良情緒的方法。一般而言，示範法強調運用循序漸進與積極增強的步驟，使青少年察覺到如何以建設性的方式表達各種情緒（黃德祥，民86）。因此，示範法的運用必須教師將各種優異的行為表現，透過各種方式提供學生示範作用，讓學生瞭解情緒表現的正確方式，再加以運用在情緒輔導方面。

情感反映策略

情感反映策略的意義

- 情感反映策略的運用,是教師透過對學生敏銳的觀察與關懷的態度,運用和青少年成長過程中所屬的語言與次文化,作為青少年情緒表達的主要方式。
- 情感反映策略的重點在於讓學生有機會將自己的想法和情緒作適當的宣洩。透過情感反映可以讓學生對自己有更深入的瞭解,並瞭解自己的優缺點和情緒方面的對與錯。

131

情感反映策略的具體步驟

（黃德祥,民84）

1. 對青少年說話以前要先充分觀察其言行,才能掌握其情緒狀態。
2. 對青少年的情緒表現要敏銳的去探查其強度與正負向作用。
3. 簡單的描述青少年的情緒表現。
4. 使用更豐富多樣的字眼描述青少年的情緒。
5. 協助青少年修正不當的情緒表現。

Unit 9-3
社會技巧訓練

在班級輔導實施過程中,教師如何引導學生進行正確的情緒表達是相當重要的。相關的研究指出,學生在情緒表達方面如果出現反社會行為,通常和學生本身的社會技巧是有關係的。換言之,學生社會技巧的訓練會影響學生情緒表達。

有關學生社會技巧的訓練,可以參考Goldstein等人在1989年提出的社會技巧訓練內容(如下表)。

週次	訓練主題	訓練內容與過程
1	表達怨言	1.界定問題性質即時應該負責任。 2.決定問題應該如何解決。 3.告訴對方問題所在以及如何解決。 4.請求有所反應。 5.表達自己對對方瞭解的情感。 6.採取對應的步驟以獲得共識。
2	對他人情感的反應(同理心)	1.觀察他人的話語和行動。 2.決定他人可能的感受,以及感受的強度如何。 3.決定讓他人知道自己瞭解他人的情感是否有益。
3	為有壓力的會談作準備	1.想像自己處於一個成功的情境中。 2.思考你將如何感受,以及為何有此種感受。 3.想像他人處於有壓力的情境中,想像對方的感受以及為何有此種感受。 4.自我想像如何讓對方瞭解自己的想法。 5.想像對方將如何講話。 6.重複上述各種步驟,並盡可能想像其他各種可能的方法。 7.選擇最佳的方法。
4	對憤怒的反應	1.開放式傾聽別人想說的話。 2.顯示自己瞭解對方的感受。 3.請求對方瞭解自己所不瞭解之處。 4.表明自己瞭解對方的憤怒。 5.表達自己對情境的想法與感受。
5	避免吵架	1.停止吵架,並想想自己為何想打架。 2.決定自己所想要的後果。 3.思考除了吵架之外,處理此種事情的方法。 4.決定處理此種情境的最佳方法,並努力去做到。

週次	訓練主題	訓練內容與過程
6	幫助他人	1.決定他人是否需要並想要自己加以幫助。 2.想想自己可能幫助他人的方法。 3.假如他人需要,並想要你去幫助他就主動開口。 4.幫助他人。
7	處理被責罵	1.思考別人責罵的內容。 2.想想他人為何會責罵自己。 3.想想回應他人責罵的方式。 4.選擇最佳的方式並付諸實施。
8	處理團體壓力	1.思考他人要求自己做的事及其理由。 2.決定自己想要做的事。 3.決定告訴對方自己想要做的方式。 4.告訴團體自己想要做的事。
9	表達情意	1.決定你是否對對方有好感。 2.決定他人是否想知道你的情感。 3.選擇適當時間與地點表達自己的情感。 4.決定如何以最好的方式表達自己的情感。 5.以溫馨和關懷的態度表達情感。
10	對失敗的反應	1.決定自己是否失敗。 2.思考個人及環境造成自己失敗的可能原因。 3.決定假如自己再次嘗試,有哪些不同的處事方法。 4.決定自己是否再嘗試。 5.假如適當的話,試著再做並使用自己修正過的方法去做。

133

Knowledge 知識補充站

· 教師在班級輔導實施中,有關情緒方面的輔導在社會技巧的訓練方面,可以考慮運用上述的訓練課程提供學生適當的情緒輔導方案,作為提生情緒發展的策略之用。

· 情緒教育輔導可以結合生命教育的實施,強化學生對自己的情緒發展、生命存在現象的瞭解。

Unit 9-4
過動兒的處理 (1)

在班級生活中，教師每天必須面對各式各樣的學生，尤其是來自不同家庭背景與文化刺激的學生，每個學生所表現出來的行為差異是相當大的。其中，過動兒的處理是屬於相當專業的範疇，教師如果對特殊學生的處理不熟悉的話，應該透過學校專業人員的協助，或是有效地轉介給專業人員協同處理。

一、專業的訓練

在班級生活中，如果有學生出現過動的傾向，教師應該採取「零拒絕」的教育態度，提供學生更多元的學習機會。教師本身應該透過各種專業成長與學習的管道，學習關於過動兒的相關資訊，瞭解過動兒的學習特性、特徵，或是接受相關的研習進修課程，充實此方面的專業知能，以提供更專業的指導。

二、建立信任關係

教師面對有過動傾向的學生，應該秉持著信任的師生關係加以因應，相信學生並非故意搗蛋的意念，在班級生活中隨時給予學生更多關懷，尤其對學生的行為，應盡量避免認為學生是「故意的」來解釋。

三、提供練習的機會

教師對於有過動傾向的學生，在班級學習中應該降低對學生的要求，儘量簡單清楚，在每一個概念的講解之後可以提供學生練習的機會，說明結束之後可以要求學生重述一遍，以確定學生瞭解教師的意思。

四、空間安排以減少刺激為主

一般的過動兒在空間的安排上，比普通學生更需要寬敞的空間，教師可以在教室的空間處理上，提供此類型學生寬敞的空間。

五、因材施教

有過動傾向的學生，需要教師付出更多的關懷，落實因材施教的理念，在學習上指導學生和自己比較，並且在學生一有進步就立即給予鼓勵。

六、教導具體化策略

教師在教導策略上應該考慮多加運用文字圖形策略，提醒學生應該注意的事項，強化學生的學習參與。

七、研擬個別教學計畫

教師應該針對該學生的實際需要，研擬各種個別教學計畫方案，輔導學生順利地在班級生活中進行學習。

八、培養良好的人際關係

在班級生活中，教師應該盡可能指導過動兒人際相處的要領，進而培養良好的人際關係。此外，教師也應指導一般學生瞭解過動兒的特質，以及與過動兒相處的原則。

九、良好的親師溝通

教師在面對過動兒輔導時，可以透過和家長、醫療團隊形成專業合作關係，充分交換學生的相關訊息，讓家長與其他人對過動兒有正面的瞭解。

十、運用觀察記錄

　　教師應該在班級生活中配合專業人員的需要，將學生日常生活中重要訊息加以記錄，提供醫療人員、專業人員及家長瞭解，作為進一步幫助學生的參考。尤其在藥物作用及相關治療細節方面訊息的提供，是相當重要的。

十一、適當的轉介

　　教師在面對過動兒的同時，除了心懷「零拒絕」的態度之外，也應該在需要專業協助時給予適當的轉介。尤其在資源的運用方面，善用學校教育資源，與輔導、特教教師共同討論分工，必要時可轉介資源班。

過動兒定義

・**正式名稱**
　一般對過動兒的定義，學理與文獻方面的資料相當分歧。通常過動兒的正式名稱為「注意力欠缺過動障礙」（attention deficit / hyperactivity disorder, ADHD）。

・**三個主要的問題表現層面**

1. **注意力不集中**：此類學生在班級學習中，往往無法集中注意力。在教師教學活動時，無法全神貫注地學習，對於需要高度注意力的活動也無法全程參與。對於需要持久集中精神的事如做作業，會逃避或拒絕去做；工作或活動所需的東西，不知放在哪裡，嚴重的甚至連每天常規的事也都會忘記。

2. **活動量過多**：此類型的學生，在班級生活中每天都是充滿力氣的。常常看到的是沒有辦法好好地坐在椅子上，不是動手動腳，扭動身體，就是坐立不安，上課時離開座位。跑來跑去，跳上跳下，靜不下來，不能從事靜態活動，有的甚至話很多，甚至會干擾教師的教學和同儕的學習活動。

3. **行為衝動**：此一類型的學生往往屬於外向型的，常還未聽完問題就回答，常打斷別人的談話或活動，不能乖乖的排隊等候。突然出手碰觸人，未經他人同意，擅自拿取他人物品，不管是否危險，他想做就做。行為是毫無規律的，教師很難透過各種活動修正班級的學習行為。

Unit 9-5
過動兒的處理 (2)

過動兒在輔導與協助方面，需要教師更多的關懷與耐心，同時也需要在班級生活中建立更多的支持與鼓勵。過動兒的輔導原則與策略，和一般行為偏差學生的輔導原則不一樣，需要更多專業技巧的運用與實施。

一、瞭解與接納

教師主動地瞭解過動兒的問題和困難，是輔導的第一步。目前中小學教師對過動兒的瞭解有限，缺乏專業知能方面的訓練，因此，面對過動兒時因誤解而產生過多的不諒解。教師應該摒除對學生在班級生活中「不乖、不聽話」等刻板印象，在行為上更包容學生的個別差異，給予學生更寬廣的諒解。

二、善用頻繁的鼓勵與即時的回饋

任何學生在班級生活中都需要積極的鼓勵與即時的回饋。對於過動兒而言，他們需要更多更頻繁的回饋和鼓勵。通常人類行為的形成是經由一個刺激引起一個反應，當孩子做到的時候，別忘了給予他即時的讚美和獎賞。

三、兼顧正面鼓勵與負面處罰

對於過動兒的不當行為，教師應該採取適度的懲罰，針對該行為提供立即性的負增強，讓學生瞭解該行為是不被允許的，而勿只一味地給予學生鼓勵，使其無法瞭解哪些行為是不被允許的。

四、善用忽略法則與增強原理

在班級生活中，對於過動兒的不當行為，比較理想的策略是採取削弱的原則，減少對學生行為的反應，以避免形成負面的增強作用。透過行為的塑造，給予鼓勵和適度的增強，使其建立良好反應的行為模式，進而改善不好的行為。

五、一致性的態度

對待過動兒，在態度上應該保持一致性，不可以因為各種因素而採取不一致的態度，否則的話，過動兒在行為遵循方面無法有一致的標準。

六、提供感覺統合訓練

由於過動兒在體力與精力方面過人，因此在班級學習中需要更多發洩精力的機會。教師要針對學生的需要，提供設計各種感覺統合能力的訓練，讓學生藉由運動或他喜歡從事的有趣活動，疏解旺盛的精力，或賦予他特殊的任務，如愛心服務等。此外，在活動設計方面可以運用定期的訓練，如滑板、推球、轉圈、球池等活動，讓學生達到精力發洩的作用。

七、體諒與包容

過動兒在班級中常常出現衝動性的行為而讓教師感到頭痛，如果教師與家長對過動行為缺乏認知的話，就會誤解學生行為本身背後的動機，而將學生行為歸因於不用心、不服從管教、上課不專心、不願意努力等。教師在輔導過動兒時，應該設身處地為學生著想，並利用機會向其他學生說明過動兒的行為，請班上同學能包容此類型同學的行為並給予協助。

八、提供互動的機會

過動兒在班級生活中，很容易因為行為被誤解而使人際疏離。教師在班級生活中，應該利用適當的時間向班上學生說明過動行為表現的特性，並運用各種活動設計，增加過動兒與一般學生的互動機會，從互動過程中引導學生學習，尤其是人際關係的建立，以及彼此關懷的情懷。

過動兒教學原則

1.簡化原則	過動兒在學習過程和一般學生不同，需要教師更大的耐心。教師的教學應該以簡化為原則，一次以一個命令或動作為原則，讓學生可以慢慢地完成要求，達到學習目標。
2.增進課業參與感	過動兒在學習過程中，需要教師提供一些選擇的空間，透過各種策略的運用，增進過動兒在學習方面的參與。唯有在學習過程中提供更多的機會，才能引導過動兒進行有效的學習。
3.加強活動機會	由於過動兒在活動量的需求方面，需要比一般學生更多的活動量，因此，教師應該在班級教學活動中，提供過動兒更多的活動機會，以協助他們消耗一些過剩的精力。
4.制訂適當的教室規則	過動兒在班級生活中，需要教師確實地執行班級常規及獎賞標準，才能有效地規範其班級常規。
5.實施緩衝期	教師維持或執行班級常規時，應該提供過動兒一段的緩衝期。讓過動兒可以有一段時間適應，如果一開始就執行的話，過動兒會適應不良，導致班級常規難以維持。
6.有效的獎勵制度	面對過動兒的良好行為表現，立即獎勵他這適當的行為；當有傷害的行為時，立即阻止或暫時與團體隔離，並逐漸地延緩獎勵的時間並淡化獎勵以減低他對獎勵的依賴感。
7.分散學習原則	教師在教學中應該採取分散學習原則。每段學習時間不超過20分鐘，並穿插不同科目學習，先學習喜歡的科目，再學習較不喜歡的科目，使其較不易生厭倦之心。
8.分段學習	教師也應該考慮用分段學習的方式，協助過動兒進行有效的學習。在教學中將工作或功課分成幾個段落，逐一做每一個示範動作教導他，再要求他自己完成整個工作或功課。

Unit **9-6**
不守秩序的處理

在班級生活中，教師應該明確讓學生瞭解重要的班級生活規範，並且必須遵守的生活常規，明確規定不遵守常規或秩序將帶來哪些後果。一般對不守秩序學生的處理，教師會衡量學生在行為表現的嚴重情形，給予適當的懲罰或獎勵。要處理不遵守秩序學生的行為，必須先瞭解學生不守秩序的相關理論及形成的原因，作為處理的參考。

一、生理的因素

學生不遵守秩序，在生理因素方面，例如，學生本身內分泌方面出現問題，或是即將進入青春期，生理發展不協調，導致上課時無法遵守教室中的秩序。

二、感覺統合失調

感覺統合失調的學生，在生理發展方面可能造成學生衝動、好動、坐立不安、上課無法專心的情形出現，影響教師的教學以及學生的學習進行。

三、需求無法滿足

學生在成長過程中，如果需求無法得到適當的滿足，很容易形成負面的行為，藉以顯現其需要被注意、被瞭解的需求。換言之，學生在教室中不遵守秩序，可能導因於需求無法滿足。

四、空間規劃問題

一般傳統的教室在空間方面過於擁擠，導致因空間不足而引起壓迫感。學生在教室生活中因為空間不足，容易和同儕產生衝突和摩擦的行為，進而影響班級學習秩序。

五、運動量不足問題

學生在教室生活中，容易因為運動量不足的關係，多餘的精力無法發洩，轉而透過其他方式發洩自己的精力。因運動量不足的關係，讓學生無法抒解其情緒而容易情緒不穩。

六、師生溝通不良

教師在班級生活中，如果慣用命令的語氣要求學生遵守，由於教師不當的溝通方式，如動不動以命令方式、批評的言語，容易造成學生叛逆行為出現，進而不遵守教室秩序。

七、觀念差異問題

由於傳播媒體與資訊快速成長，提供學生各種錯誤的訊息，容易形成學生偏差的價值觀念，因而影響其行為。

八、家庭環境因素

家庭環境的生活型態與父母的教養態度，會影響學生在學校生活的表現。如果學生來自於比較自由的家庭，則對學校要求規律與常規的班級氣氛中，比較無法適應良好。

在因應策略方面，教師面對不守秩序的學生，在班級生活中可考慮運用各種策略加以因應，例如，施加懲罰或口頭告誡；示範良好的班級行為與不佳的班級行為；學生出現遵守班級常規時，教師可以給予立即性的獎勵；當學生不遵守班級常規時，教師可以運用各種負增強的策略削弱學生的行為。教師面對學生不遵守常規時，應思考影響學生學

習的各種外在因素，並且設法改變現在的情況，讓學生在班級生活中有機會調整自己的行為，進而遵守班級常規。如果教師可以在班級生活中隨時表達對學生的期望，讓學生可以在班級生活中有所期許的話，學生如果表現好的行為，教師就可以隨時給予鼓勵。

不守秩序的輔導原則

輔導原則　教師在學生不遵守班級常規時，應該給予適當的輔導策略，讓學生的行為可以適時地調整，達到班級規範的要求。

1.親切感與安全感　教師應該讓學生在班級中可以擁有安全感，就不會對班級常規過於抗拒，進而遵守班級常規。

2.建立自信心　教師可以在教學中，提供學生自我表現的機會，多鼓勵學生以提供學生成就感，建立學生對班級的信心之後，才會有興趣參與班級的活動。

3.訂定合理班級規範　高年級的班級可以透過師生共同參與討論，以形成班級常規。中低年級的班級，教師可在開學前就將班級常規定好，讓學生瞭解重要的班級常規。

4.創新教學與變化　教學活動單調枯燥是很難引起學生的學習參與。教師若能在教學方面力求創新與變化，學生對學習內容就會引起高度的興趣，進而遵守班級常規。

5.立即回饋原則　學生良好行為可以得到立即性的增強，進而固定良好的行為；若學生表現不佳的話，教師應該給予立即性告誡，讓學生可以隨時調整自己的行為。

6.獎勵應該一致或公平　勿因學生的性別、學業表現或刻板印象，而有不同標準。如此，容易引起學生的反感，進而對班級常規產生懷疑抗拒的心理。

7.顧及學生的尊嚴　教師應該處於輔導引導的角色，提供學生改過的機會，儘量避免在公開場所，給予學生難堪而影響學生的尊嚴。

Unit 9-7
逃學學生的處理

依據相關研究指出，逃學學生多半是在學校的生活經驗或生活適應不佳、學習上遇到挫折、人際相處困難等因素所形成的。中輟學生和逃學、犯罪行為是相關聯的。如果學生離開學校或逃學的話，容易成為社會與學校的邊緣人，進而導致犯罪行為出現。

一、相關理論

個體在成長與發展過程中，若發展良好，社會關係必定和諧；如果在發展過程中受挫的話，就容易因為缺乏歸屬感、安全感而產生脫離群體的念頭。此外，學生逃學在心理狀況方面，皆是屬於由外在因素造成的。如對某位教師不滿，對某些學科的厭惡，對學校措施的排斥，或對父兄管教方式的反抗等，在分類上是屬於行為問題，是一種反社會或外向行為問題。通常逃學行為會和不良行為相伴隨，例如，抽菸、喝酒、賭博、偷竊等（林朝夫，民84）。

二、影響因素

1.家庭因素：社經地位低的家庭，家中文化刺激比較少，學生容易產生自卑或仇視的心理。社經地位高的家庭，父母若不加以有效限制，容易使學生不知珍惜，在物質上面揮霍無度、遊蕩成性、漫不經心、缺乏責任感。在婚姻狀況方面，如果父母的婚姻是不健全的，當學生面對挫折、壓力時，能得到的幫助有限，以至於有逃學的行為出現。在管教方式方面，如果父母對子女的管教方式不當，容易讓孩子形成錯誤的價值觀；如果父母對子女的成長漠不關心的話，家庭缺乏溫暖，孩子

對家庭缺乏認同感，便容易以逃學作為逃避或報復的手段。

2.學校因素：學生在學校中的生活是愉快的、充實的、成功的，對自己的學習生活就會充滿信心，且樂於上學；反之，學生就會將上學視為畏途。在課程方面，學生對學校課程缺乏興趣、學業成就低落，對課業壓力無法因應而導致逃學行為出現。在師生關係方面，學生在班級生活中和教師的關係處不好，則學生易為了報復教師而逃學。在同儕關係方面，學生在班級生活中同儕關係不佳，學習易產生孤獨感，並缺乏認同和歸屬感。在課業成就上的表現跟不上同儕，容易在團體中產生自卑感，受到同儕的恐嚇、欺侮、勒索等心生畏懼，進而形成逃學行為。

3.社會因素：逃學的社會因素通常和社會風氣息息相關，社會風氣不良會影響學生的價值觀念。近代社會充滿凡事以金錢來衡量，生活上偏重物質享受，精神生活空虛，相較之下，學校生活顯得相當枯燥、繁重、乏味，因此，學生禁不起社會上的一些誘惑，如果加上同儕方面不當的鼓勵，容易使學生選擇離開學校，在外面遊蕩。

4.個體因素：學生在生理方面跟不上同儕，在班級生活中容易產生莫名的自卑感，對班級生活缺乏興趣，因自卑感和缺乏信心而對學習產生厭煩。此外，部分學生因為心理方面的問題，不願意接受有規律的學校生活約束，在班級生活中無法和大家和平相處，凡事暴力相向的話，容易被班級同儕孤立，進而影響班級學習成效。

逃學學生輔導原則

輔導原則　逃學行為多半是個體行為，學生一旦出現逃學行為，接下來往往形成其他各種不良的適應現象，如說謊、粗暴、偷竊等反社會行為。

1. 個別諮商與輔導
教師可以在班級生活中，隨時瞭解學生的學習特質，給予即時的協助與輔導，可以降低學生對學校生活的恐懼感。

2. 教學壓力與情緒因應策略
讓學生瞭解逃學所造成的後果，遇到各種問題時，要能透過各種管道抒解壓力及情緒問題，勿透過逃避的方式因應。

3. 提供學生班級成功的經驗
在班級生活中給予學生適當的智能發展機會，減少以同樣標準要求不同學生的方式，讓學生擁有成功和自我實現的機會。

4. 進行學習輔導與生活輔導
低成就學生因缺乏學習動機，學習中產生困惑無法解決的現象，教師應建立學生學習自信心，透過各種回饋讓該學生擁有成就感。

5. 實施親職教育
透過親職教育方式協助家長增強家庭功能，使家長瞭解子女在學校的各種表現與學習狀況，並充分與學校合作達到親師溝通的效果。

6. 賦予學生班級責任感
逃學通常肇因於對班級生活缺乏信心，自感於被同儕，排斥在外。可透過交付班級責任方式，降低學生逃學發生的機率。

7. 逃學行為本身所反映的深層意義
· 在於學生對班級生活缺乏興趣，或是對學校的生活經驗感到失望。
· 教師應隨時留意每一位學生的學習反應，提供學生各種即時的輔導和協助，相信可以提高學生對班級的向心力，降低對學校的各種不愉快經驗，進而喜歡學校生活和班級生活。

Unit 9-8
說謊行為的輔導 (1)

　　說謊是個體為了避免不必要的困擾，或是為了逃避各種懲罰而實施的因應策略。學生在班級生活中如果動輒說謊的話，容易造成其他同儕的反感，導致人際關係不佳。一般而言，學生說謊行為的形成往往和家長或教師的態度有關。尤其在學生出現問題行為時，教師與家長對學生的態度是相當重要的。

一、說謊行為的意義

　　學生偏差行為的出現，往往和內外在環境因素有關。學生明知道自己的行為是錯誤的，卻為了某些特定的利益，或是為了避免不愉快的心情，而有意的蒙蔽某一種事實或造成他人的損失，即為說謊行為。說謊行為是班級生活中最常出現的問題行為之一，例如，沒有帶功課、忘記帶課本等等，為了避免給自己帶來不必要的困擾而為之。

二、說謊行為的類型

　　學生說謊行為的解釋與分析，從發展心理學的觀點而言，是一種社會適應不良學生經常出現的行為。一般而言，學生說謊行為的類型可分成下列十類：

　　1.誇張型：單純型的說謊行為並未和其他偏差行為一起出現，是學生單純為了某生活事件而出現的行為，是一種「雷聲大雨點小」的誇張行為。

　　2.捏造型：捏造型的說謊行為是將毫無依據的生活事件，透過學生個人的詮釋和理解，以和事實相反的論調所呈現出來的一種行為。

　　3.玩笑型：學生為了隱瞞某個對自己比較不利的事實，而以開玩笑的方式來掩飾不安所展現出來的行為。

　　4.單純型：學生在班級生活中，為了隱瞞某一生活事件或將自己的錯誤隱藏起來，故意將與事件相反的言語作為展現的策略。

　　5.轉嫁型：轉嫁型的謊言是所有說謊行為中最嚴重的一種。學生將自己的過失，透過言語的方式轉嫁給其他無關的學生。

　　6.模仿型：此類型的說謊行為往往來自於成人社會的不良示範，例如，家庭生活中父母親的不良示範，無法提供孩子行為的準則與良好的典範，導致孩子有樣學樣地從中學到說謊行為。

　　7.補償型：學生在班級生活中，為了贏得他人的讚賞和尊重，認為說謊可以得到自己想要的，因此不敢實話實說。

　　8.敵對型：此類型的說謊行為是源自於和同儕之間關係不佳，採用敵對和不合作的態度，說謊行為即為其採取的因應策略之一。

　　9.社交型：在班級生活中，學生為了逃避某些不喜歡的工作，或是逃避自己應該負的責任，因而透過說謊行為企圖掩飾自己的責任。

　　10.防衛型：通常防衛型的謊話是學生為了逃避懲罰而出現的偏差行為，例如，在班級中教師檢查作業，沒有按時寫作業的學生為了逃避懲罰，故意編造作業放在家中未帶到學校的謊話。

說謊行為出現的比率

- 依據Rotenberg的研究指出，說謊行為會隨著年齡而增加，兒童的說謊有很高的比例，但真正故意說謊的比率則不高。
- 一般兒童說謊的原因不外是害怕懲罰、否認和嘲笑、錯誤的歸因等形成的。
- 教師在班級生活中，面對學生說謊行為，不可過於在意或施予懲罰，如此對改進學生的行為並沒有正面積極意義。教師應該透過策略的擬定，實施班級團體輔導或個別輔導。

說謊行為的特質

學生說謊的行為容易受到內外在環境以及重要他人的影響，所以在說謊行為產生的過程中，容易出現下列主要的行為特質：

- 在面部表情方面，不自然、不對稱、情緒異常；眼神閃爍等；
- 在聲音語調方面，支支吾吾、輕聲細語、忽快忽慢等；
- 在談話內容方面，藉口多、重複、錯字多、逃避主題等；
- 在肢體動作方面，手忙腳亂、搔首弄姿、擦汗、吞口水等不自然的行為出現。

說謊行為產生的原因

可以從心理因素、家庭因素、社會學習等方面深入探討：

- 在心理因素方面，包括逃避懲罰、自我誇大、否認失敗、出於好奇等因素；
- 在家庭因素方面，包括溝通不良、管教不當、家境不好；
- 在社會學習方面，包括制約學習、模仿學習、忠於幫派、善意的謊言等。

143

Unit 9-9
說謊行為的輔導 (2)

　　說謊行為是班級生活中最容易出現的反社會行為，教師在面對學生說謊行為時，應該針對學生行為表面背後的動機，擬定相關的因應策略，協助學生改善說謊行為。在說謊行為的輔導策略方面，教師可以考慮運用下列原則：

1.鼓勵父母以身作則	學生說謊行為通常來自於家長的教養態度，例如，低社經地位的家庭，家長在日常生活中無法以身作則，提供孩子不良示範等。因此，教師應該鼓勵家長在教養子女的過程中，採取以身作則的方式，提供孩子一個良好的典範作用。如果父母在平日生活中可以提供學生正確的行為示範的話，有助於學生辨別行為本身的正反面。
2.避免負面消極的懲罰	學生說謊行為部分來自於師長或父母不當的要求，因為學生無法達成不當的要求，害怕被懲罰，轉而以說謊取代自己的不安，更進而逃避可能的懲罰。所以當父母面對小孩有了過失或錯誤時，尤其是無心之過時，應該避免不當的批評或懲罰，讓孩子有自我反省的機會。
3.重視互動溝通的技巧	學生出現說謊行為的主要原因為在家庭生活中，父母或師長溝通技巧不佳而形成的，因此在班級生活中，教師應該提供學生學習重要溝通互動技巧的機會，讓學生可以在班級輔導活動中學習互動溝通的技巧。
4.滿足學生合理的要求	學生在日常生活中為了滿足自己在心理上與生理上的需求而出現說謊的行為，特別是家庭社經背景低的學生，往往用謊言來掩飾自己的弱點或誇耀自己，透過說謊的方式滿足自己在各方面的需求。教師可以在學生需求方面，設法給予適當的滿足，並且教導學生抗拒物質的誘惑。
5.瞭解原因與困難	說謊行為的出現，必然有其原因與發生的情境。教師在班級生活中，針對學生說謊行為，應該深入瞭解學生的行為原因與困難之處，才能針對問題提供學生適當的協助。要瞭解學生說謊的真正原因，教師應該設法解除學生自我防衛的心理，進而瞭解行為本身的意義。
6.採取立即處理原則	說謊行為出現時，教師應該在第一時間即給予適當的積極處理。在班級生活中，當偏差行為出現時，教師應採取立即處理的態度，不可以姑息學生的行為，但在處理過程中應該給予學生改進的機會。

7.適當的信任與鼓勵	教師對於學生的各種行為，應該給予適當的信任與鼓勵，儘量以信任的態度面對學生。倘使學生有說謊行為的話，可以考慮以「將錯就錯」的方式處理。此外，唯有提供學生信任與鼓勵的學習環境，才能減少學生說謊的機會。
8.揚善於公堂，規過於私室	學生在班級生活中如果出現優異的行為時，教師應該給予適當的鼓勵。在處理學生問題行為時，採取「揚善於公堂，規過於私室」的方式，提供學生更多的向善機會，避免損及學生的自尊心。
9.降低對學生的要求	學生的說謊行為和父母與師長過高的要求標準有關，因此，在面對學生時應該適度降低對學生的要求，依據學生在平時的表現放寬標準，降低對學生的要求。當學生表現比平日水準好時，教師應該給予額外的獎勵，反之則應該給予積極的增強。
10.運用適當溝通技巧	教師面對學生時，應該運用適當的溝通技巧，藉以拉近和學生之間的距離，進而產生信任感。教師在班級生活中，可以考慮運用傾聽、同理心的技巧，讓學生理解教師是和學生站在一起的、是支持他的，在取得學生的信任之後，才能要求學生的行為。

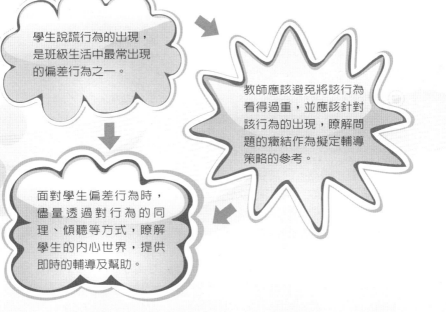

學生說謊行為的出現，是班級生活中最常出現的偏差行為之一。

教師應該避免將該行為看得過重，並應該針對該行為的出現，瞭解問題的癥結作為擬定輔導策略的參考。

面對學生偏差行為時，儘量透過對行為的同理、傾聽等方式，瞭解學生的內心世界，提供即時的輔導及幫助。

Unit **9-10**
暴力行為的輔導 (1)

社會進步快速,以青少年族群為首的暴力犯罪事件層出不窮,彌漫整個校園及社會,成為治安上的隱憂。從飆車、集體鬥毆、攻擊行為、暴力行為到恣意殺人等反社會行為的出現,對社會及校園安全產生莫大的威脅與干擾。教師在班級生活中必須面對學生暴力問題,進而影響教學活動的進行。瞭解學生暴力行為的導因,以及可能形成的因素,才能針對學生的行為給予適當的輔導策略,進而改進學生的偏差行為。

一、家庭因素

家庭因素對學生行為表現的影響相當深遠。一般而言,父母離異、單親家庭、家庭分裂、家庭不睦、貧窮等因素,對學生的影響相當大。在不安全的環境中成長的青少年,對家庭失去信心,容易產生剝離感,得不到溫暖與家庭產生割離造成身心的不平衡,進而向外發展、認同同儕次文化,導致各種反社會行為,而暴力行為即源於此。

二、學校因素

學校因素對學生的影響,往往來自於對學生的要求過高,因為各種高標準的要求,導致迷失教育本質,反映現實社會的病態。學校教育無法顧及每一個學生的需要,讓學生在學校生活中產生無可言喻的挫折感。此外,學生在班級生活中因為無法達成各種高標準的要求,進而對學習活動產生厭惡或恐懼,學習上缺乏成就感,學習意願低落,無

法在學習過程中獲得認同感和歸屬感,轉而呼朋引伴,從同儕互動中得到成長上的成就感。暴力行為的產生乃是導因於對學校生活的不滿。

三、社會因素

當今紊亂脫序的社會秩序,帶給青少年更多徬徨失措與無依,各種社會誘因的誘導,形成錯誤的價值觀與扭曲的生活觀。社會各階層的人無法提供青少年正確的行為示範,成人社會中流行以暴力處理問題的模式,成為青少年行為的不良示範。此外,各種新聞傳播媒體,著眼於商業利益而忽略了商業道德及社會責任,強調事件的「實然面」而忽略「應然面」,將社會事件斷章取義,以致對青少年產生負面的影響。

四、個人因素

青少年時期是身心快速發展的危機時期,身體的成熟與心理的發展不易保持平衡;加上來自於家庭、學校、社會三方面因素的交互作用,因而情緒不穩定、心理不健全,成為暴力行為的潛在因素與引爆點。其次,青少年階段缺乏一套正確的價值觀導引,使本身的道德約束力與行為規範鬆弛,自我價值觀與道德良知薄弱,無法對於青少年的言行作適度的自我約束與規範。再則,此階段的青少年認同於同儕團體,同儕團體有其固定的次文化、行為規範與價值標準,英雄主義作祟使青少年暴力行為成為同儕團體認同的標準。

暴力行為的因應措施

1 家庭重塑的必要性

- 良好的個體來自溫暖、和諧的家庭氣氛。現代化的家庭提供子女更多的愛與溫暖、傾聽子女的心聲、尊重子女的成長、給予子女更多表達意見的機會,讓子女從家庭中得到歸屬感與認同感,營造良好的親子關係。
- 良好的親子關係建立在父母與子女多元化的互動、溝通與相互接納信任上。為人父母者,也應隨時調整檢視自己的教養方式、教育方式、對子女的期望、夫妻相處的模式、家庭型態、家庭氣氛等。

2 學校教育方面的調整

- 學校教育向來在學生暴力行為的輔導方面,需要投入更多的人力與資源。
- 學生在學校生活中,對學習活動的投入缺乏興趣,對教師的教學活動缺乏信心,對自己在班級生活中的行為缺乏自信,進而認同同儕次文化。
- 為了預防學生暴力行為的產生,教師必須在班級輔導活動中擬定各種有效的策略,提供學生足夠的學習需求。

3 社會方面的措施

- 青少年暴力行為在社會因素方面,源自於社會風氣、成人不良示範、媒體渲染、價值偏差等各種潛在與外在因素。
- 欲防範青少年暴力行為,整體社會應該正本清源,提供良好的行為典範,引導青少年正向的價值觀,導引青少年行為發展。

Unit 9-11
暴力行為的輔導 (2)

圖解班級經營

148

一、語言暴力輔導策略

1.運用賞罰原則：面對語言暴力的學生，教師應該運用各種賞罰原則，妥善處理，以公開獎勵、私下懲罰的方式，避免當眾羞辱學生，影響學生的自尊心與自信心。

2.建立良好的師生關係：教師在班級生活中應該建立良好的師生互動關係，以尊重、理性的態度與學生保持雙向互動，隨時提供學生各種傾訴的機會與管道。

3.培養良好的人際關係：在班級生活中，教師可以設計各種活動，培養學生良好的人際關係，運用各種團體活動的機會，讓學生從參與活動中學習良好的人際互動。

4.獲得同儕尊重的策略：教師更該指導學生在班級生活中，如何獲得同儕尊重的方法，並擬定各種人際互動的活動，提供學生良好的示範，進而學習人際互動的策略。

5.教導正確情緒表達方式：教師應該透過班級輔導活動的實施，教導學生正確情緒表達的方式。尤其是負面情緒的表達，需要更多練習與模擬的機會。

6.關心學生的交友情形：教師應該在平日關心學生的各種動態，尤其是交友情形的瞭解。透過學生交友情形的瞭解，可以掌握學生的休閒生活。此外，教師也可以適度表達對學生的期望，欣賞學生的各種優點，並透過優點肯定學生各方面的努力。

7.危機性處理：如果學生的語言暴力有立即性危機產生的可能，教師應該立即停止當事人的行為或帶學生離開現場，運用策略抒解學生的情緒，進行原因的瞭解，並選用適當的輔導策略。

二、物件攻擊暴力輔導策略

1.加強認同感的培養：學生在學校如果出現物件攻擊的暴力行為，通常是導因於缺乏對學校的認同感。因此，教師應該在班級生活中培養學生各種認同感，進而培養愛校的觀念。

2.理性尊重的態度：教師在面對學生物件攻擊時，應該以理性積極的態度處理學生的問題，儘量避免以懲罰的方式面對學生。此外，應該運用同理心的技巧，從學生的立場看發生事件的導因，提供學生正確的處理方式。

3.培養學生美感教育：教師在班級生活中，應該擬定各種培養學生美感的課程與教學，引導學生從日常生活中培養美感，培養學生學習欣賞與讚美事物的好習慣。

4.教導學生運用適當的方法獲取喜愛的東西：學生對於自己喜歡的事物，應該透過合理的方法取得，不可以非理性的方式獲取喜愛的東西。教師也應該教導學生「一分耕耘、一分收穫」的道理，以自己的努力贏取喜愛的東西。

5.緊急性處理：如果學生的行為具有緊急或危機性的話，教師應該立即制止破壞行為，並嘗試瞭解問題發生的原因。在瞭解原因之後，應該讓學生負起行為之後的責任，接受懲罰或賠償。此外，教師應該針對學生行為給予適當的輔導。

人身攻擊的輔導策略

建立完善的輔導紀錄

學生出現人身攻擊行為時，通常和人格異常有密切的關係。教師在班級生活中應該針對此類型學生，建立完善的輔導紀錄，提供作為轉介或是醫療參考。

培養健全的人格特質

教師在班級生活中，應該培養學生健全的人格，例如落實生活倫理教育及公民道德教育，培養知禮善群的美德。此外，可以鼓勵學生參加學校各類型的活動，強化學生的生活態度。

培養良好的人際互動

出現人身攻擊行為的學生，通常在人際互動方面都需要教師特別的指導。教師應該鼓勵學生培養良好的人際互動技巧，透過人際互動的學習，學習互相尊重、相互協助的習慣。

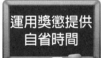
運用獎懲提供自省時間

學生如果出現攻擊的話，教師應該有效運用各種獎懲策略，獎善懲惡，給學生有自省的空間，運用各種策略指導學生針對自己的行為，不斷地檢討改進。

緊急性處理

學生的攻擊行為如果有立即性的危險，教師應該採取適當的處理，引導學生進行情緒方面的疏導，透過各種個別輔導策略矯正不良的認知、態度及行為，並針對學生進行個別諮商。

Unit 9-12
偷竊行為的輔導 (1)

偷竊行為的形成是個體內外在環境交互作用的結果，偷竊行為可以分成：

一、個人因素方面

學生偷竊行為的形成在個人因素方面，導因於社會行為無法發展得相當成熟，以致產生社會適應方面的問題。偷竊行為在個人方面包括占有慾的作崇、需求無法滿足、病態的人格等。在占有慾方面，學生因為缺乏物權的概念，在占有慾的驅使下產生偷竊行為，如受到過度保護或較貧乏家庭的學生，會因為缺乏自制能力而行竊。其次，學生會因物質的或心理的未獲得滿足而偷竊，例如，有自卑感的學生因為和同儕相處，為獲得同儕的認同，以偷竊物質之後分享的方式因應之。此外，部分學生因為人格分裂或病態而產生偷竊行為，此類行為必須透過轉介輔導精神醫療單位。

二、家庭因素方面

依據犯罪學的研究指出，家庭因素往往是學生偷竊行為出現高頻率的原因。偷竊的學生，大部分來自於缺乏家庭愛與溫暖的小孩，或是父母管教不當、家庭破碎、父母離異、家庭重組等，讓孩子感到不快樂，對家庭生活缺乏認同感與歸屬感。有偷竊行為孩子的家庭通常具有下列特徵：(1)父母親常常不知道孩子到底在做什麼？(2)父母親常常無法長時間監督孩子的行為；(3)父母親在社會行為上無法作為孩子的榜樣；(4)父母親無法清楚地說明家庭的規範；(5)父母親對孩子的違規行為無法給予合理、理智的懲罰；(6)父母親對孩子的合法行為無法立即給予獎勵強化；(7)對於家庭中的糾紛與衝突未能及時予以化解，終使其逐漸惡化；(8)家庭中充滿著冷漠與互不關心的氣氛，成員間顯得較不友善；(9)偷竊者的父母親較正常孩子的父母少懲罰孩子的不良行為。因此，偷竊行為學生的家庭均因為父母無法花更多時間在孩子的教養上，放任孩子模仿不良榜樣或因為缺乏道德觀念而出現輕微的偏差行為。

三、學校因素方面

偷竊行為形成的學校因素，通常是同儕團體之間的不良示範，學生在學校裡交友不慎或是受到暴力威脅下，養成了偷竊的行為。此外，學生如果在班級生活中過得不快樂，學習生活壓力過大，學校又疏忽生活教育與品格教育，則學生容易養成不良習性。另外，如果教師在班級生活中針對學生的各種反社會行為無法給予即時的糾正，提供適時的輔導和協助的話，過於縱容學生的行為則無法有效糾正學生的偷竊行為。

四、環境因素方面

偷竊的環境因素通常指的是社會風氣的汙染、成人社會的誘導、金錢方面的誘惑等外在的因素。不正常的心理與價值觀念的形成，導致青少年價值觀的偏差，加上大眾媒體、雜誌、期刊等的過度報導，直接或間接提供不良社會示範。最後，不良環境與同伴的影響，導致學生偷竊行為的出現。

偷竊行為相關理論

馬斯洛（Maslow）與郭爾堡（Kohlberg）的道德認知發展理論分析，學生偷竊行為的形成

學生偷竊行為的形成和生理需求、心理需求的滿足有關。在處理偷竊行為或擬定輔導策略時，應該針對學生在成長過程中生理、心理的發展特徵，擬訂適當的輔導策略。

物質支配慾望

· 個體發展過程中，對於人我之間的區分是相當模糊的，必須假以時日才能完成。個體由於物質支配慾望驅使下，往往發生不告而取的偷竊行為。尤其是在物質缺乏或父母對物質支配教育不足的家庭中，最容易出現偷竊行為。

心理需求因素

· 例如同儕不良示範，或是外在情境的影響。此外，學生對同儕互動的報復不平衡心態、花費無度、不知節制等等，都是偷竊行為形成的重要因素。

生理需求因素

· 學生偷竊行為出現往往是生理缺乏滿足感，例如飢餓、毒癮、債務纏身等因素，或家人重病急需錢財因應。教師在面對學生偷竊行為時，應該先瞭解學生生理方面的問題，針對學生生理方面的輔導擬定因應策略。

病態的人格

· 例如在成長發育過程中，個體因為重大的生活經驗或不幸的童年經驗，導致人格發展的偏差。由於人格發展的偏差，形成各種病態人格，偷竊行為即為其中典型的例子。

家庭不良示範

· 偷竊行為的形成除了與父母親的教養態度有關之外，家庭成員的不良示範或缺乏道德觀念，學生因為從小耳濡目染、模仿或表示反抗而形成偷竊行為。

Unit 9-13
偷竊行為的輔導 (2)

圖解班級經營

152

個人的偷竊行為輔導原則方面，偷竊行為是個體發展與成長過程中，最常見的偏差行為之一，往往是其他犯罪行為的前奏，更複雜行為的起始點。教師在班級生活中面對學生偷竊行為時，應該給予專業方面的輔導，提供學生在學校生活中的各種及時輔導。學生出現偷竊行為時，需要學校給予更多的關懷與輔導。一般在偷竊行為的輔導方面，可以從學校、家庭和學生方面多管齊下，才能培養學生正確的觀念。

一、培養正確的行為觀念

學生正確行為觀念的建立是相當重要的，教師應該在班級生活中透過各種輔導活動或是相關課程，培養學生正確的行為觀念，讓學生瞭解各種行為本身所代表的意義，提供學生在行為表現上的參考。

二、關懷學生需求的滿足

偷竊行為的出現和學生各種需求的滿足有關，因此，教師應該在平日多關懷學生需求的滿足，同時培養對物質及誘惑的抗拒力，引導學生在面對各種誘惑時，可以正確的態度加以因應。當各種需求出現時，個體如何正確地因應。

三、成人的正確態度

當學生出現偷竊行為時，成人的態度是相當重要的。例如，Hirschi指出，想要引導孩子正確的行為準則，父母親就必須關懷孩子，監督與瞭解孩子的行為，當偏差行為已經發生之後，應該承認事實的存在，並且矯正孩子的偏差或犯罪行為。

四、加強法律觀念

學校教育課程中，應該強化學生基本的法律概念，讓學生遵守法律的觀念從日常生活中做起，隨機培養學生建立物權與道德的正確觀念。在班級課程中強化人文課程，陶冶學生的氣質，培養光明正大的胸懷。

五、培養自我控制能力

偷竊行為的出現，往往來自於學生自我控制能力差。教師可以在班級輔導活動中培養學生自我控制能力，在面對各種外在刺激或誘惑時，可以自我約束、自我要求，避免被外界各種誘惑誤導。

六、實施個別輔導策略

偷竊行為在班級中的處理，不宜將該行為擴大。教師應該考慮針對個案給予適當的個別輔導策略，避免損及學生的尊嚴或自尊心。此外，學生如果的確有物質方面的需求，教師可以考慮透過行政系統請學校給予工讀的機會，協助學生解決經濟上的問題，或給予急難救助的方式抒困。

偷竊行為是學校中最常出現的偏差行為之一，教師在面對偷竊行為時，應該深入瞭解學生行為背後所代表的動機，並給予學生適當的輔導策略，協助學生建立正確的行為觀念。當各種誘因出現時，可以透過道德良知，適時地抗拒誘惑。

偷竊行為相關理論

思慮型　在犯行前，都會透過周密的計畫或布置，因此偷竊行為不容易被發現，偷竊行為可能維持一段長時間。

非思慮型　屬於臨時起意型的偷竊。因此對偷竊行為事先並無周密的布置或計畫，此類型的偷竊行為容易被發現。

偶發型　是因為內外在環境造成的。內在環境如個體本身生、心理方面的因素，外在環境包括各種存在的誘因等。

常習型　此類型的偷竊行為頻率是相當高的，偷竊的對象、地點、情境並無特定的現象可循。面對常習型的偷竊行為，教師可以考慮以阻絕的方式給予阻斷。

選擇型　此類型的偷竊行為，會專門選擇特定的物品占為己有，或者針對特定的情境進行偷竊行為。

隨意型　隨意型的偷竊行為，通常比較沒有固定的形式或模式可循，個案的偷竊行為出現並無特定的情境，不管任何東西都要偷，以滿足心理方面的需求。

單獨型　單獨型的偷竊行為，通常是由個案自己進行偷竊，在犯罪前並無完善的規劃與情境布置，該行為出現僅由獨自一人從事偷竊行為。

集團型　集團型的偷竊行為，往往透過結夥共同從事偷竊行為，並且在事發之後共同分贓。

Unit 9-14
兩性關係的輔導

　　兩性相處問題在班級經營中是相當重要的課題，尤其是國小高年級階段的男女學生，逐漸進入青春期對異性感到好奇的階段，教師在班級活動輔導時，應該針對學生身心發展階段的各種特徵，擬定設計兩性相處的教學活動，提供學生正確兩性相處的態度。

　　佛洛依德的精神分析論指出，人格發展的各個階段皆受到「性」因素所支配，認為個體的活動即是所謂的性活動。人格發展需經過五個主要的發展階段（林進材，民81）：

一、口腔期：出生第一年

　　本時期的快感是由吸取營養所發出的，從初生到一周歲的嬰兒有著口腔的經驗，從吸吮中滿足實物與快樂的需要，並從吸吮中獲得性愛的經驗。此時期是性心理的開始，人格發展的重要階段。嬰兒從吸吮中獲得性愛的經驗，但仍未發展出自我與超我，僅有的慾求、要求、與求之即滿足的本我。

二、肛門期：一至三歲

　　此階段的發展任務是學習獨立、個人獲得權力、自主與學得如何認識負面情感。隨著身體各方面的成長，幼兒對周遭的人、事、物具有認知及反應能力，而且可控制自己肌肉活動及知曉本身及外在世界的區別。肛門期必須歷經斷奶和大小便訓練，斷奶將剝奪口腔期的快感，因而兒童會以咬來表現攻擊行為。

三、性器期：三至五歲

　　此時期的兒童仍停留在自我中心階段，兒童注意力由肛門轉移至生殖器官，且注意他人的性器官。快感地帶由肛門轉移至生殖器地帶。男女兒童均發現生殖器可以帶來更大的快感，兒童有性別之分，性器期的發展任務是走路、說話、思考與控制肌肉等發展迅速的成長，並且開始人際交往的技巧。

四、潛伏期：五至十歲

　　此時期的兒童已經開始學習各項將來在社會適應上的技能，並且減低對父母的依賴性。新的興趣替代了性衝動，開始社會化，並對外在世界感到興趣。性方面的驅力由父母親等親人轉移到學校活動、嗜好、運動，以及同性朋友中得到昇華。此時，認同是學習中的最高指導因素，男孩以父親、女孩以母親及其他同性而足以典範的人士為學習模仿的對象。

五、兩性期：十二歲至成年

　　因為生理的快速生長，器官的成熟，生理及心理方面漸趨圓融。此時期對異性感到興趣，並沉迷於某些經驗中，也開始承擔成人的責任。由於生理的快速成長，性慾壓力逐漸增加，為情緒帶來了緊張、不安或罪惡感，因而青少年常與同儕比較、競爭、好炫耀自己，以掩飾內在的不安與緊張，減少自卑感。而當脫離青春期進入成熟的成人階段，他們發展了親密關係，掙脫父母的影響，並發展對他人感興趣的能力。

性的對抗論

重點

· 異性愛的發展過程中，會出現反抗異性的傾向，稱之為「性的對抗」（sex antagonism）。

· 性的對抗通常出現在六至十二歲之間，此時期的學生會選同性作為朋友。男性會不喜歡和女生一起玩耍，女生也會指責男生過於粗魯、太野蠻，此種反抗的情結會一直從國小三年級延續到高年級。

相關的理論

· 兒童期的反抗傾向：「雖然已經意識到異性的存在，但是怕同性取笑，所以與異性的關係就抱持著消極的態度。此種態度是由於想要適應社會性的期待，一方面想與異性接近，一方面又感受到同性的壓力，因而形成此種傾向。」（林進材，民87）

生物學、心理分析論、社會學習論、認知發展論對兩性發展的論點

· 性別角色的發展在生理因素、學習因素和認知因素上都扮演一個重要的角色，而影響性別角色發展的最大因素仍在於後天的環境影響。

· 所以，教師在班級輔導活動實施時，面對學生兩性相處問題，必須擬定適當的兩性教育課程，協助學生正常發展。

155

Unit 9-15
兩性關係處理原則

在班級經營過程中，教師如何強化學生對異性的尊重，引導學生成為一位剛柔並濟的現代人，是教師在班級輔導活動設計中相當重要的一環。尤其教師在面對早熟的學生，生理與心理方面的成熟，該如何正確運用兩性輔導策略於班級生活中，是相當重要的專業能力。

一、提供兩性合作學習的機會

教師在班級生活中，應該提供男女學生共同相處學習的機會，例如，運用合作學習法，將男女生進行分組，讓不同性別的學生可以在同一組中共同進行學習，透過學習活動增加與異性相處的機會，更深入瞭解異性之間的差異，並學習和異性相處的技巧與包容力。

二、避免性別刻板印象的形成

教師在班級生活中，應該避免刻板印象的形成，在工作的指派方面、學生職責的分配方面，應該提供男女學生同樣多元的機會，不可因為性別而有所偏差，或因不同性別而給予不同的待遇，形成學生對異性的反感，導致兩性之間衝突的產生。

三、應該避免性別隔離現象發生

國小學生在低、中年級時，對異性觀感不像高年級階段的學生，同儕之間比較有性別的差異。教師在安排班級學習活動與輔導活動的進行時，應該針對異性給予技巧性的分組，減少性別隔離的現象產生。此外，在平時的學習活動實施時，教師也應該提供兩性同等的機會。

四、提供兩性平權課程與教學

兩性平權的課程與教學實施，對學生性別觀念的提升具有正面的意義，教師應該在進行班級課程安排時，將兩性平權課程納入重點科目之一，以融入方式將兩性平權課程融合於各科教學中，提供學生正確的觀念。

五、引導進行性別迷思反省檢討

學生在成長過程中，難免因為各種內外在環境的影響，形成對性別的迷思。教師應該透過各種班級輔導活動的實施，提供學生對性別迷思的反省檢討，透過反省活動可以深入瞭解性別認同的問題，以及尊重不同性別的態度。教師同時可以運用各種性別迷思反省活動，進而養成性別包容的情懷。

六、運用兩性輔導活動策略

教師在班級生活中，應該針對學生設計各種可行的兩性輔導活動，讓學生有機會透過班級活動和異性相處，並且瞭解如何尊重異性的方法。兩性輔導活動的設計可以結合各科教學，或是運用教訓輔三合一的理念，落實在班級生活中。

七、重視潛在課程並收潛移默化效果

班級兩性相處除了可以運用各種課程與教學之外，教師可以在平日生活中設計各種兩性教育課程，讓班級男女生可以在平日生活裡，從學習參與中相處並且深入瞭解異性的各種生理與心理，從平日課程中收到潛移默化的效果。

八、實施性別團體輔導活動

性別團體輔導活動的實施，是教師在班級活動中運用團體輔導的策略，讓學生增加和異性相處的機會，並瞭解和異性相處的藝術。如果有需要的話，還可以增加學生對異性的瞭解課程。

兩性關係分析

社會變遷與兩性關係

- 在瞬息萬變的社會中，青少年由於身心未臻成熟，情緒不穩定，可塑性強，很容易受到外在的刺激而產生異常行為，其中最重要的莫過於兩性關係。
- 隨著我國社會不斷蛻變及歐風東漸，青少年正瀕臨對性的觀念分歧，不少與「性」有關的話題，有透過大眾傳播媒體深入社會各階層。
- 青少年在此種價值體系偏失而社會多樣化的狀況下耳濡目染受其影響，尤其是大眾傳播媒體的汙染、色情娛樂場所林立、色情書刊充斥市場，導致青少年兩性價值觀迷失。

學校教育與兩性關係

- 傳統學校教育在兩性教育的實施上，僅以醫學與生物學的觀點為主，例如男女性的生殖系統、生理方面的變化、懷孕與分娩過程等等，而忽略了情感方面的問題、正確態度的建立，以及情意方面的薰陶。導致青少年對性方面的認識經常是一知半解，知其然而不知其所以然。
- 學校兩性教育的實施成效僅停留在「知」的層面，而無法達到「情」與「意」的層面。
- 因此，學校的兩性教育實施需要更專業的課程與活動設計，提供學生明確的兩性相處模式與指標。

家庭生活與兩性關係

- 家庭是學生一生中接觸最多、影響最深的地方。父母所抱持兩性關係的態度，無形之中潛移默化地影響青少年對異性的觀點。
- 近幾年來，由於社會風氣的轉變與家庭生活功能的解體，使得家庭功能存在逐漸鬆弛與家庭結構逐漸解組，親職關係淡化，存在著潛在危機。
- 離婚率逐漸上升、單親家庭逐年攀升、父母離婚、家庭分裂、家庭不睦等不健全的家庭氣氛中，使得學生對家庭生活失去信心與歸屬感，在得不到家庭溫暖與家庭產生隔離，造成身心不平衡的情形。
- 父母親對性教育全然陌生懵懂無知，無法提供孩子成長發展中正確的性觀念，也會影響青少年成長中的性態度。

Unit 9-16
單親學生的輔導

　　根據內政部的統計，近年來臺灣地區的單親家庭數目正逐年上升中，因此，學校教育未來必須面對嚴重單親家庭輔導的問題。學校輔導工作的推展，也應針對單親的學生擬定適當的策略。

一、單親家庭的類型

　　1.婚變的單親：因婚變形成的單親，孩子必須面臨跟隨父親或母親生活的窘境。婚變家庭通常會和外遇、家庭暴力、酗酒、藥物濫用、賭博等有關。

　　2.意外事件的單親：因為各種意外事件的發生，包括各種天然的、人為的意外事件，例如，臺灣地區的921地震中罹難的家庭，即因為天然災害而形成單親。此類型的學生容易因為家庭遭巨變而呈現缺乏信心、畏縮膽怯的心理特質。

　　3.父母身亡的單親：因為父或母死亡而形成的單親家庭，學生除了性別方面的問題之外，容易出現不信任感、缺乏自信等行為。單親家庭首要面對的是經濟方面的問題、家庭負擔以及在成長過程中早熟等等。

　　4.父母不詳的單親：包括未婚生子、父或母不詳、認養等問題。來自此類型的單親，通常在學校會出現不合作、人際關係不佳等問題，需要教師花比較多的心力在學生輔導上面。

　　5.養父母的單親：養父母的單親通常比父母不詳的家庭狀況好一些，此類型的孩子比一般正常家庭的孩子需要教師用心關懷。養父母的單親比較容易出現兩極化的問題，一為家人過於寵愛，另一為家庭暴力問題與人際疏離。

二、單親帶來的影響

　　1.自信心問題：通常因為家庭因素而對自己失去信心，對周遭的人失去信任感，因此，教師應該在班級生活中協助單親的學生建立自信心，可以透過各種表現的機會，重新建立自信心。

　　2.情緒管理問題：單親家庭的學生往往因為家人情緒問題導致情緒失控。班級輔導活動的實施，針對單親的學生應該指導情緒管理與控制技巧，讓學生瞭解正確的情緒管理。

　　3.生活習性問題：對單親父親（或母親）而言，經濟是首要面對的壓力，因此在家庭生活中無法有效教育孩子日常生活習慣。單親的學生在生活習性方面需要教師給予各方面的指導，以配合學校的生活作息。

　　4.自我概念問題：單親學生在自我概念方面，因為家庭因素而顯得相當薄弱。教師在班級生活中，透過活動的實施，引導學生建立正確的自我概念。

　　5.人際相處問題：由於父母的婚姻關係或家庭生活影響，學生在人際相處方面缺乏正確的引導，人際關係不佳，導致班級適應困難。教師可以透過各種人際互動的機會，指導單親學生培養良好的人際關係。

　　6.情感需求問題：單親學生因為缺乏健全家庭生活的陶冶，因而在情感需求方面顯得比一般正常的學生更需要積極的關懷與關愛。教師可以透過班級小團體輔導、學校輔導室舉辦的團體輔導，給予學生更積極的關懷和關愛。教師也可以運用班級時間，以個別輔導方式指導學生適應學校學習生活。

單親學生的輔導原則

不介入原則
首要原則為「輔導而非介入」，不可介入學生的家庭生活，避免影響學生的家庭。

建立信任的師生關係
單親的學生在家庭生活中總是有所不足的，需要教師不斷給予家庭方面的溫暖，並透過輔導活動的實施協助學生建立自信心。

瞭解單親的影響
單親的學生可能造成的心理恐慌、人際疏離、親密關係的恐懼等，都需要教師在輔導中給予澄清與協助。

運用週記、作文瞭解學生的生活
運用週記、日記、作文等方面，瞭解學生的家庭生活，對家人關係的想法進而擬定有效的輔導措施，協助學生建立良好的家庭生活態度。

引導抒解情緒
尤其是負向情緒的抒解，透過情緒的抒解可以提供單親學生正確的生活和學習態度。

以關懷取代指責
尤其學生犯錯時，應該給予積極的關懷，避免過於指責，導致學生偏差行為的出現。

信守公道比公平重要的理念
尤其在面對單親家庭學生時，更應該要信守公道比公平重要的理念，不可以因為來自單親的學生就特別給予優惠，形成班級不對等的現象。

善用鼓勵與讚美
多給予鼓勵和讚美，減少給學生過多的責難，尤其是學生在班級中不守規矩時，教師應該以「鼓勵取代責罰」。

持續關懷單親的輔導策略
教師對學生的輔導應該隨時記錄，以便提供下一位教師進行輔導時的參考。

讓學生知道求助的管道
讓學生知道有求助的門戶，並且讓自己成為學生求助的管道並隨時提供各種諮詢與輔導。

Unit 9-17
外籍新娘家庭學生的輔導

圖解班級經營

160

近年來臺灣新住民所帶來的問題，不僅僅是人口增加的問題，同時衍生生活適應、社會適應、學習適應、孩子教養問題等。尤其是號稱為「新臺灣之子」的外籍新娘家庭的學齡兒童所帶來的學習問題，更是教師在班級輔導活動實施中，相當重要的議題。

新住民的子女，有不少學童在功課、行為上，由於父親疏於教導，母親也沒有能力管教，導致課業上、言行上都出現問題。新住民生育的子女教育問題如不加以重視，等進入國中，問題會更加嚴重。教師在班級生活中面對外籍新娘家庭的學生，應該給予適當的輔導策略與協助，才能引導學生正常的學習。

一、強化生活教育的輔導

來自外籍新娘家庭的學生，通常在語言溝通、生活習性、日常行為方面，都和一般學生有某種程度上的差異。因此，教師在班級生活中應該針對外籍新娘家庭的學生，提供各種強化生活教育上的策略，指導學生一般的生活教育，以補足外籍新娘對子女教養上的不足。

二、加強學習適應的輔導

相關的研究指出，來自外籍新娘家庭的學生，在學習適應上比較弱，需要班級導師在班級生活中多給予額外的關懷。面對這些新臺灣之子的學生，在學習適應、生活適應、心理適應方面應該給予強化，讓這些學生可以在學校生活中和一般學生一樣快樂地學習，減少因為學習挫折所帶來的不適應現象。

三、運用小老師指導制度

教師面對新臺灣之子的學生，可以運用各種生活上、學習上的小老師制度，請班級學生基於同儕之間的關懷，隨時提供這些學生各方面的幫助與指導。如此，在此類學生有需要協助時，可以隨時提供適時的指導和幫助，能夠降低此類學生對學校生活的恐懼感，進而適應學校的各種制度。

四、建立信心的輔導理念

新臺灣之子在生活適應上，往往因為家庭內在的因素，對自己缺乏自信心，進而導致各種不正常的心理，進而出現各種反社會行為、人際關係不佳、和同儕無法相處等等問題。

五、運用小團體輔導活動

來自外籍新娘家庭的學生，不管在行為表現、學習參與、班級生活、社會化等各方面，都需要教師特別給予輔導與協助。在班級生活中，教師無法顧及每一位學生的需要，也不能獨厚此類型的學生，因而運用小團體輔導的方式，提供同類型學生各種同質性的輔導策略是相當重要的。學校輔導單位也應該針對學校特別需要的學生，以同質性為實施輔導的對象，運用各種班級小團體輔導的方式，達到適性輔導的效果。

協助外籍新娘家庭學生的議題

社會適應文化調適問題

臺灣的弱勢男子和東南亞的弱勢女子所共同組成的跨國婚姻家庭，不僅要面對婚姻調適、生養子女等問題，加上跨文化適應下形成的風俗民情、生活價值觀差異、語言溝通隔閡等衝擊，且雙方結婚動機不同，臺灣男子有些是為解決延續後代的壓力，東南亞女子部分是以經濟為重要考量因素之一，面對社會大眾對「買賣婚姻」烙印，跨國婚姻相對較易產生婚姻不協調、夫妻關係衝突及養育小孩等問題。

家庭婚姻問題

· 以非感情為基礎的婚姻，短時期可能基於經濟因素未被當事者所重視，但長時間對婚姻及家庭產生的效應，實待觀察、輔導。

· 此外，家庭生活可能因為經濟方面的問題，導致家庭的不和諧。

親子教育問題

· 無論是父職或母職部分，限於夫妻雙方社經地位或身心障礙困難，加上東南亞新娘普遍教育程度或語言能力不足，在下一代教育上的需求同樣需要關注。

· 有鑑於此，教師在班級輔導中，面對外籍新娘家庭的學生，應該瞭解此類家庭所帶來的問題，瞭解學生在班級生活中可能形成的影響和問題，依據此類問題的需要，提供學生適性的輔導。

Unit 9-18
藥物濫用行為輔導 (1)

近年來青少年藥物濫用問題普遍受到各界的注目，嚴重影響社會治安與校園安全，同時也戕害青少年的身心發展，並且成為青少年問題的導火線。青少年藥物濫用的情形隨著社會的快速變遷，有日趨嚴重的情況。教師在班級經營中必須針對藥物濫用的問題，指導學生儘量遠離藥物與毒品，以免造成終生遺憾。外在形成因素分析如下：

一、外在因素

1.無效的藥物教育：截至目前為止，學校對藥物教育的實施與推廣，缺乏對於藥物常識與藥物使用的知識教學，導致學生無法從正規的學校教育中得到有關於藥物使用方面的常識。在使用藥物過程中「教育上的無知」，導致青少年藥物的濫用與誤用。

2.廣告增加：青少年在藥物濫用方面包括菸、酒及其他違禁藥品等。成人社會中將藥物使用商業化，或藥物不當廣告，皆增強了青少年藥物使用行為。過度的商業化與傳播媒體的渲染，提高了商業效果和利潤，同時也強化青少年的藥物濫用學習途徑。

3.家長教育：藥物濫用的家長教育層面，指的是家長的言教、身教與不良示範。青少年問題行為通常來自於家長在教育上的無知、缺乏與不足，導致家長不知如何在家庭教育與親職教育過程中教導子女解決行為問題。

4.不當立法：青少年藥物濫用的懲罰，目前並無積極性的措施，對於販毒、吸毒行為有其法律與刑法上的措施，然而其主要考量為偏重於禁制方面，對於引誘青少年藥物使用及其他不當行為並未有效的管制與法律上的考量。因此，未來在防範青少年藥物濫用的相關法律擬定上，應該更積極地立法。

5.醫師與家長知識欠缺：醫師與家長對青少年藥物濫用方面知識的欠缺，導致各項教育措施的失敗，對於青少年在藥物的使用上往往將其行為界定在生理方面的需要，而忽略藥物使用在心理上的意義。青少年在藥物濫用除了生理上的化學反應與戒斷性之外，在心理上是一種幻想的滿足與高峰經驗的境地，是一種心靈上的震撼，亦表自我實現的極高境界。

二、外在催化因素

1.社會壓力與同儕誘發：來自於社會方面對青少年的不當期望、要求與壓力，使得青少年在社會層層的規範與枷鎖中無法自我發展，尋求自我實現。各種反社會行為來自於對現有規範的約束與不滿，藥物濫用行為與社會壓力及同儕誘發有直接的關係。

2.藥物易得：成人社會為了本身的利益，不擇手段，將青少年成長過程中的特質與各種反社會行為「商品化」，滿足其在商業上的不當慾望。透過各種市場導向與途徑，誘使青少年吸毒嗑藥，甚至經生理和心理的控制而達到賺錢的行為。

藥物濫用輔導對策(1)

適當的教育措施

- 學校教育在青少年藥物濫用方面,應該加強對藥物使用的知識。
- 在教育過程中強化瞭解藥物的化學性質及成分,有助於青少年對藥物的瞭解,不至於因輕易嘗試而遺憾終生。

同儕次文化的運用

- 青少年的行為、思考模式、次文化都是來自於同儕團體的學習影響。
- 在防範藥物濫用行為時,必須從同儕團體著手,透過青少年同儕團體的掌握與輔導,指導青少年正確的價值觀與人生觀,導引其身心方面的正常成長,尤其是情緒方面的發洩等等。

社會加強立法

- 對於藥物濫用的立法方面,社會應該加快步伐。
- 除了對於販毒、吸毒行為有其刑法上的措施之外,對於藥物使用也應該有法學上的考量。如此,才能對遏阻青少年藥物濫用有真正的意義。

Unit **9-19**
藥物濫用行為輔導 (2)

X+C=

164

藥物濫用在青少年成長過程中,影響的層面相當深遠。教師在班級教學中可以針對各種藥物濫用的特性、影響,實施青少年藥物教育,提供學生藥物濫用的課程教學,給予學生正確的態度。如果發現有藥物濫用的傾向,教師應該隨時通報社會機構,提供學生行為矯治的機會。其內在形成因素分析如下:

一、內在因素

1.不自覺的冒險:青少年時期喜歡新奇與冒險行為,對於冒險行為往往不計成本與後果,尤其對於成功機會少而成功之後報酬高的活動有相當大的興趣。藥物濫用行為的出現,往往來自於不自覺的冒險,此種冒險行為是不自覺的、潛意識的。

2.好奇需求:青少年時期對於各種事物充滿好奇、冒險與探索的心理需求。藥物濫用行為除了來自於不自覺的冒險,好奇需求的滿足也是其內在重要的因素。青少年由於外界的刺激與各種誘因,藥物的使用、濫用與滿足其好奇心是有其相關的。

3.角色楷模:青少年時期在角色楷模的學習方面是重要的特徵,此時期透過角色楷模的學習,滿足自我需求的慾望。青少年的行為往往源自於日常生活中,對同儕次文化觀察學習而來。青少年的藥物濫用行為部分來自於同儕團體的角色楷模學習,透過同儕的角色楷模學習,增強青少年的次文化與行為,提高藥物濫用的使用機會。

4.利用藥物提高自尊:青少年時期

對於同儕認同與團體次文化的認同,成為此時期行為的重要指標。青少年從團體規範與同儕團體中得到此時期的認同感與歸屬感。藥物濫用通常是青少年用來提高自尊的主要項目之一。為了提高在團體中的自尊和地位,青少年不斷透過藥物濫用的手段,以提高自己在團體中的崇高地位。

5.性別差異:依據相關的統計數字顯示,青少年藥物濫用的情形有性別上的差異,男性在藥物濫用情形上遠高於女性。換言之,藥物濫用方面,男性在使用程度上強於女性、範圍比女性廣、類別比女性多。

二、內在催化因素

1.內分泌改變:青少年時期因內分泌的改變,造成心理與生理發展的失調,致使外在環境與內在自我成長調適問題,使得青少年顯得相當無助與惶恐,眼高手低的不當自我要求及外界的過度期望,導致成長上的困境。青少年為了突破與排除高度的壓力和焦慮,藥物濫用成為青少年滿足慾望與幻想的途徑。

2.缺乏經驗與知識:一般學校教育在處理青少年藥物濫用方面,知識與經驗是相當缺乏的。青少年在使用藥物時,無法形成正確的判斷與決定,在隨波逐流與社會的誘惑下,無知地使用藥物,造成生理與心理方面的問題。

3.多重藥物使用:藥物濫用通常是多重藥物使用的結果,例如菸、酒等常是交互使用的。青少年在多重藥物使用下,造成藥物濫用方面的交互作用。

藥物濫用的輔導對策(2)

傳播媒體

- 對於各種社會現象,媒體除了報導「事實面」,也應強化「應然面」的正面報導。
- 例如對於藥物濫用的案例報導,除了報導過程,也應該加強結果的報導,讓社會群眾知道藥物濫用的結果與影響。

建立共識

青少年的藥物濫用行為是各方面交互作用而來的,遏阻藥物濫用行為不單是學校、社會、家庭的責任,或是某一機構的責任,而應該是各方面建立共識,才能結合各層面的力量,共同努力減少青少年的藥物濫用。

多元化的措施

- 對於青少年成長過程中的各項需求與特徵,應該給予正視。
- 針對青少年的身理、心理需求給予適度的滿足與增強,尤其是正面的引導是相當重要的。

第 **10** 章

班級時間的管理與運用

　　一般人對時間的管理是相當積極的，尤其是工商企業界對時間的敏感度比學校教育人員還要高。缺乏對時間管理的概念，教師在班級生活中就無法提供學生更豐富的學習活動。如果教師在時間的管理運用方面得當，可以提高學生對學校生活的參與；反之，則降低學生對學校生活的吸引力。本章針對班級時間管理的相關議題，提供實務性的建議，讓教師在班級經營中可以參考。

Unit 10-1
管理時間的重要法則

教師的時間管理對學校教育活動的推展可以參考下列管理時間的基本法則：

一、事情的處理順序

教師在時間管理方面，應該先制訂各種事情管理的優先順序，作為時間管理運用的參考。例如，將班級各種事物依據事情的先後順序、輕重緩急等特性，擬定遵守的規則，作為處理的參考。

二、60、40法則

教師在時間管理方面，可以考慮運用「60、40法則」，此法則強調時間管理應該將60%運用在重要事情的處理上面，全心全力的投注處理重要事物，將20%放在處理一般事物上面，另外20%的時間運用在彈性上面，提供人、事更多的彈性運用。

三、零碎時間

有計畫性地運用各種零碎時間，處理班級經營中的各項事物。學校生活中除了固定的作息，尚擁有相當多的零碎時間，教師應該將各種零碎時間進行整合，將各種班級的例行公事處理完成。

四、擬定計畫的習慣

教師在班級生活中應該養成凡事計畫的習慣，有了完整的計畫，就可以有效率地處理各種班級事務。如果事先完成計畫的擬定，還可以在計畫執行時不斷調整修正計畫的內容，作為日後相同或類似事件處理的參考，將計畫修改至完善的程度。例如在週休二日前，教師先和學生共同擬定下週的學習計畫，讓學生瞭解下一週的學習重點，學生在有

計畫和準備的情形之下，做任何事情就不會急就章，潦草敷衍行事。

五、與別人共用時間

教師可以錯開和別人共用的時間，如此可以讓班級時間管理更完整，並且將時間運用到最高效率。例如，圖書館閱讀時間應該和其他班級區隔，並且和其他班級教師討論錯開。必要時，教師也可以將班級的下課時間稍加調整，例如，早一分鐘下課，提早一分鐘進教室，就可以和全校班級錯開下課時間。

六、拖延的習慣

一般班級事務無法如期完成，通常和教師習慣拖延有關。因此，教師應該和學生養成「今日事今日畢」的習慣，在當天就應該將班級的各種事務完成，以避免不必要的拖延。

七、輔助工具

教師的時間規劃可以運用各種輔助工具，加以協助處理。例如，在班級掛一個月行事曆，隨時將班級的各種重要事項列在班級行事曆上面；善用班級網頁上的行事曆，隨時將班級重要事項記錄在班級網頁上，或請負責班級網頁的學生，將各種重要訊息寄給家長或學生，提醒重要行事曆。此外，教師應該指導學生養成記行事曆的習慣，以各種形式的行事曆將班級事務記錄下來。

八、自我監督的習慣

教師在完成班級重要行事曆以後，應該同時建立自我監督制度，無法準時完成的行事曆，就應該列入檢討事項。

教師行事曆

國小教師從早上7:30到下午4:30漫長的一天中，都有其固定的行事曆。在學校時間裡，教師必須熟記行事曆，作為班級經營中的依循。有關教師的行事曆，茲舉國小教師為例如下：

時段	時間	行事內容
第一節上課前時段	7:20-7:40	1. 學生上學、導護（維持上學排隊） 2. 晨間活動指導（自習、閱報、體能活動等），亦會請高年級生伴讀、維持秩序、晨光時間、愛心媽媽時間
	7:40-8:00	整潔活動（老師要在現場並且注意安全）
	8:00-8:40	1. 一、三、五召開教師早會，學生自習（或愛心媽媽時間）。二、四升旗 2. 兒童朝會（學生主持），帶動唱、話劇等活動
一、二節	8:40-9:20 9:30-10:10	上課（照課表上課）
課間活動	10:10-10:30	課間活動（健康操） 週一、週二 1.2 年級 地點：禮堂 週三、週四 3.4 年級 地點：中庭 週五 5.6 年級 地點：操場
三、四節	10:30-11:10 11:20-12:00	上課（照課表上課）
午餐及午睡時間	12:00-12:40	1. 午餐（校內用餐，學生不得外出）、整理餐後殘渣；低年級於走廊集體放學（或參加課後輔導班至 16：00） 2. 週三中午 12：30 用餐後集體放學
	12:40-13:20	午間靜息（不午休學生替代活動、改作業、輔導學生等）
五、六節	13:30-14:10 14:20-15:00	上課（照課表上課）
下課時間	15:00-15:20	整潔活動（老師要在現場並注意安全）
七、八節	15:20-16:00	1. 上課（照課表上課） 2. 作業指導 （規定回家作業，填寫家庭聯絡簿、作業訂正）
放學	16:00	中、高年級集體放學、導護站崗

Unit 10-2
晨間活動設計

圖解班級經營

170

班級時間的管理，涉及班級生活運作的效率問題。教師必須在新學期開始前，進行各種形式的計畫，將學期前、學期中、學習後、假期計畫擬定好，有助於班級經營各種活動的實施，並且可以讓班級時間更快速地發揮效果。

一般學校的晨間活動都交由級任教師自行安排，因此，教師在晨間活動的安排，就需要花一些心思在活動的設計上。通常晨間活動設計，教師可以考慮依據班級特性、學生的組成、課程教學上的需要、一年四季氣候的變化情形、學校本位課程的實施等，為學生安排一系列的活動內容。以下提供晨間活動設計供教師參考。

一、體能鍛鍊時間

教師可以在晨間活動時間，為學生安排各種體能訓練活動，例如，慢跑運動、簡單體操運動、基本體能活動、快走運動等，讓學生可以從活動中訓練體能。此項活動適合在冬季天氣寒冷時，讓學生透過活動訓練自己的體能。

二、古詩背誦時間

古詩背誦是屬於比較靜態的活動，教師可以依據學生的年齡、年級的差異，蒐集各種適合學生欣賞的古詩，例如，唐詩宋詞、兒歌、三字經等適合學生學習程度的古詩，由教師講解之後請學生背誦。

三、音樂欣賞時間

音樂欣賞時間是教師結合音樂課程，蒐集各種適合學生程度欣賞的音樂，包括地方民謠、兒歌、世界民謠、各國交響樂曲等，先由教師講解樂曲的內容和特色，再由學生靜靜地欣賞，以達到心靈洗滌之效。

四、時事評論時間

時事評量是教師運用媒體新聞與學生生活經驗相關的案例，讓學生瞭解當天的國內外大事，以及和學生有切身關係的新聞，引導學生閱讀，並從新聞中形成生活的舊經驗，例如，手機簡訊詐騙、歹徒綁架勒索等社會事件。

五、英語充電時間

英語學習主要目的是希望學生的未來可以和世界接軌，並強化學生和外界的語言溝通能力。晨間活動時間可以一星期安排一次的英語教學時間，或是訂為全校英語晨光時間，運用早晨時間教學生基本的英語會話、簡單的英語名詞等，強化學生的英語能力。

六、母語學習時間

母語學習是近年來學校教育的重點，目前已經列入正式課程之中。如果學校或地區需要的話，可以在晨光時間將母語的學習列入重點學習。

導師時間是晨光時間重要的項目，教師可以在導師時間處理各種班級事務。

導師時間的運用

1.
師生溫馨
對話時刻

- 教師可以運用導師時間和學生展開「師生溫馨對話時刻」，和學生分享自己的童年生活、值得回憶的事件（例如教師當年結婚的錄影帶）、一件令人難過的事件等，透過溫馨對話讓師生之間的距離縮短。

2.
檢討班級
重要事務

- 教師可以運用導師時間，定期地檢討班級實施的各項常規，或是作為一週以來各方面表現的檢討與新進度的規劃。
- 請學生針對各種與班級相關的主題資料，提出大家應該檢討與反省之處。

3.
配合學校
宣導活動

- 導師時間可以配合學校各項教育宣導活動，例如校園安全、拒絕毒品、兩性教育、春暉活動、防災防震等，可以運用此時間讓學生瞭解。
- 如果學校設備允許的話，可以商請學者專家或各類成名人物到學校演講，各班級以現場轉播方式同步進行。

4.
各項級務
處理時間

- 教師可以運用導師時間處理當天未處理完成的事務，例如學生的收費、座位的處理、清潔工作的補強等等。

5.
實施班級
感性時間

- 教師可以運用導師時間，請班上學生輪流和大家說自己的心情故事。
- 或是請學生將自己喜歡的錄音帶（或CD）帶到學校來，在導師時間播放，並和大家分享。

Unit 10-3
處理家庭聯絡簿

家庭聯絡簿是學校和家長聯絡的重要管道，一般學校都會提供比較制式的家庭聯絡簿，教師可以使用學校的家庭聯絡簿，也可以自行依據班級特性設計屬於自己班級的聯絡簿。

一、家庭聯絡簿的樣式

一般的家庭聯絡簿在封面底頁會要求家長填寫基本資料，包括家長姓名、職業、聯絡電話、地址、行動電話等各種聯絡的基本資料。此外，有些學校會請家長將和子女有關且學校可能用到的資料，填寫在家庭聯絡簿上，例如，學生的就醫紀錄、重要的疾病等資料。在家庭聯絡簿的底頁會提供學校的聯絡電話、級任教師的聯絡電話等，部分學校會將各種制度、簡單的規定加印在聯絡簿中。

二、聯絡簿的處理原則

1.教師應簽名在家長前：教師在處理家庭聯絡簿時，應該在學生抄寫完成之後就檢查簽名，以避免學生抄寫不完整或是寫錯字，造成家長的反感。如果發現學生的家庭聯絡簿抄寫不完整的話，教師可以立即給予糾正，要求學生抄寫完整。

2.確定學生抄寫完整：聯絡簿抄寫應該在上午時間，教師儘量避免在放學前抄寫，因為時間因素造成學生抄寫不完整的現象，徒增家長的困擾，也造成教師的麻煩。

3.多寫鼓勵的話：家庭聯絡簿的撰寫，應該避免寫一些學生犯錯的話，而改以寫鼓勵的話，或是教師希望學生達成的話，如此對學生和家長都具有鼓勵作用。

4.提供生活小祕方：家庭聯絡簿在格式設計中，都會預留一些家長和教師溝通的空白處，教師可以運用聯絡簿的空白處，黏貼一些基本生活小祕方，例如，親職教育的實施要項、如何和孩子相處的訣竅、如何指導孩子做功課等等，提供家長重要的訊息，可以引導家長和學校同步成長。

5.有效運用溝通管道：教師如果有重要的事情（但可以讓學生瞭解的）和家長溝通，可以運用家庭聯絡簿，提供教師對家長的重要建議。如果學生有好表現的話，也可以寫在家庭聯絡簿，和家長共同分享孩子成長的喜悅。

家庭聯絡簿是學校和家長聯絡的重要管道，教師應該每日善用家庭聯絡簿，提供家長有關孩子在學校的生活與學習狀況方面的訊息；如果家長有重要的訊息要和教師聯繫的話，也可以透過家庭聯絡簿。教師實施班親會時，應該向家長講解家庭聯絡簿的功用，同時請家長務必每天親自簽聯絡簿，以示對孩子學習與成長的重視，同時隨時讓教師瞭解家長對學校的建議，以及對教師班級教學活動實施的看法。

家庭聯絡簿樣式

項目 日期	今天功課和 明天應帶物品						學生狀況 通報	親師溝通	靜思語	家長 簽章
年 月 日 星 期	1.	2.	3.	4.	5.	6.	上課認真			
							表現進步			
							服裝不整			
							功課沒寫			教師 簽章
							成績退步			
							精神很差			
							上課不專心			
							忘帶學用品			
							睡前潔牙			

日期	聯絡事項	愛的箴言	自我 反省	小幫手	親師生交流道	教師 簽章
月 日 星 期 天氣：	★今天我潔牙 （　）次。 ★今天（　） 課最開心， 收獲最多。		我今天在（ 值得被嘉許。 ）方面表現很好，	我是爸爸、媽媽的好幫手，我今天做了（ ）的工作。		家長 簽章
					（表現章）	

Unit 10-4
課堂時間的安排

學校生活中，每天所運用的課程與教學時間都是固定的，教師在課堂時間的安排方面，應該針對學科教學性質，規劃與運用班級學習時間。許多研究證明，學生在課堂上投入課業的時間愈長，學業成就愈佳。所以，增加學生在課堂的「投入時間」，其實就是在增長學生專心於課堂活動的時間。如果學生上課時的注意力增加，自然更能吸收教師所安排的各種教學內容，相信這樣的結果自然是所有教師所衷心期望的。有關課堂時間的安排原則以及具體做法如後：

一、充分的教學準備

教師在教學前應該針對學科教學計畫、教學媒體、教學資料、教學環境等各方面作好準備，亦可請學生和家長一起在教學前蒐集各種與教學有關的資料，提升學生對學習的興趣。此外，教師應該在教學前將學生座椅排好，資料準備妥善，並將教學步驟處理完成。

二、建立完整的教學慣例

教師在教學進行前，應該和學生講解重要的班級規則，在教學進行時時間的安排如何，哪些事情是被允許的、哪些是不被允許的等等，都需要讓學生瞭解。如果在教學前可以建立良好的教學慣例，教師的教學活動進行就會順暢，不至於因為學生的反社會行為而阻礙教學活動的進行。

三、提示學生教學綱要

教學進行前，教師應該將課程教學的綱要發給學生，讓學生瞭解教學活動進行的主要目標，預期學習哪些重要的概念，教學活動的進行如何，教學活動的評量方式和標準如何等。教師在提示教學綱要之後，利用時間抽問學生，以瞭解學生是否掌握重要的教學綱要。

四、不斷進行師生雙向互動

如果教學活動的進行僅停留在教師的講解，而缺乏學生對教學活動的回饋，則教學效果很難達到預期的目標。教學時應不斷有師生的互動，倘若只有教師在臺上口頭講述課文或是抄寫，會使得整個課程顯得枯燥乏味。

五、低調處理學生脫序行為

學生在教學活動進行時出現反社會行為或脫序行為，教師應該以慣用的手勢、訊號提醒學生，請學生稍加收斂。教師如果在教學中經常中斷教學來處理學生脫序行為的話，容易影響教學目標的達成，也會影響教學品質。

六、提示學生應該有的表現

教師應該在教學中，隨時讓學生瞭解教師的期望，並隨時提醒學生哪些行為是正確的，哪些行為會影響教學活動的進行，讓學生知道教師曉得他們在做什麼。要讓學生察覺教師其實知道他們的一舉一動，如此一來，學生就比較不會出現不良的行為。

七、鼓勵並指出正確的行為

教師對於學生表現良好的行為，應該給予適當的獎勵，並且讓全班學生瞭解哪些行為是值得鼓勵的、哪些行為是不正確的，讓學生從教學獎懲中理解行為表現的正確標準。

八、充分運用課餘時間

教師在教學活動進行時，應該有效地運用課餘時間，指導學生進行學習。對於學習進度落後的學生，利用課餘時間或零碎時間給予充分的指導；反之，則可考慮給予加深增廣的學習內容。

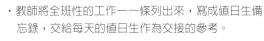

值日生工作分配

班級值日生工作的分配，應該以學生輪流的方式處理，讓每一位學生都有學習為大家服務的機會。班級值日生的工作分配，教師可以依據班級的特性以及每天需要處理的事件，作為值日生的主要任務。

以全班輪流方式處理

· 教師將全班性的工作一一條列出來，寫成值日生備忘錄，交給每天的值日生作為交接的參考。

· 值日生依據工作備忘錄所記載的重要工作項目，一一在時間內完成，交接給下一位值日生。

· 新任值日生應該先檢核當天輪值的值日生是否完成該作的工作項目。

值日生服務性工作內容

· 值日生的工作項目包括全班性的服務工作，例如擦黑板、整理講桌、倒開水、澆教室前的花草、借用各種教學器材、整理打掃用具、下課時間整理教室、倒班級垃圾、午餐時間的清潔工作維持、午休時間協助維持秩序、協助教師各項教學活動進行等。

Unit 10-5
生活指導

一、用餐禮儀

學生中午用餐禮儀、基本態度的指導，是班級生活教育的重要事項，教師必須運用用餐時間，給予學生機會教育，以便養成用餐的禮儀。有關用餐的指導略述如下：

1.安全教育：學生用餐時間是容易發生意外事件的時段，教師必須在平時就嚴格要求學生遵守用餐安全事項，不可以在用餐時間嬉戲、開玩笑，以免導致意外事件發生。例如，在抬放午餐熱湯、蒸飯箱時，都需要注意安全。

2.衛生教育：學生用餐前的衛生習慣養成是相當重要的，例如，前些時候流行的腸病毒等。教師應該要求學生在用餐前，務必飯前洗手、飯後漱口，同時注意各種用餐的衛生習慣等等。

3.感恩活動：學生在用餐之前，教師可以設計唱一首謝飯歌曲，請學生在用餐前齊聲唱一首歌，感謝所有的人，並藉此培養感恩的心。

4.培養分工合作：用餐時間可以培養學生分工合作的精神，教師可以依據學生的體能和身體的敏捷性，將午餐工作安排平均分配給班上學生。請學生在處理各項午餐工作時，工作前要洗手，工作中勿講話，打菜、舀湯的同學要戴口罩。因各校辦理午餐的形式不一，工作項目可斟酌調整。

5.用餐禮儀：學生在用餐禮儀方面，需要教師運用機會教育指導學生正確的禮儀。而午餐時間的機會教育是相當重要的，教師可以在午餐時間，請學生隨時注意用餐禮儀，例如，細嚼慢嚥、口裡含有食物時不說話等習慣的養成。

二、午睡時間的指導

午睡時間對中小學學生而言，是相當重要的日常作息。教師在班級經營中，應該運用各種午睡指導技巧，讓學生在學校午睡時間，得到充分的休息：

1.午睡形式的改變：一般中小學學生是趴在自己的座位上午睡，此舉違反人體工學，導致學生很難入睡。因此，教師應該在午餐結束之後，學生清掃工作進行時，請學生將教室地板清掃乾淨，讓學生可以在教室地板午睡。冬天可以請學生攜帶厚棉被或睡袋，夏天可以請學生攜帶涼被到學校，如此便可以擁有一個甜蜜的午睡時間。

2.另類午睡的實施：除了上述的午睡形式之外，教師可以將教室的窗簾拉上，讓遮光效果更好，並在教室播放清柔或有助於睡眠的輕音樂，請班級學生輪流念一段「心情故事」或是感性的文章，讓學生在輕柔的樂聲中入睡。午睡時間結束時，教師也可以請值日生以「定時方式」播放比較動感的音樂，讓學生從音樂聲中悠悠醒來。

3.午睡的注意事項：學生午睡之前，教師應該避免讓學生進行劇烈的活動，以避免學生過於興奮而無法入睡。此外，教師可以請學生自備小枕頭，不勉強一定要午睡，但必須做靜態活動（如看故事書、報紙），尊重別人，不干擾他人午休。

平平安安回家做功課

回家路隊指導

1.請學生填寫回家路線調查表
→教師可以設計各種回家路線調查表，作為學校放學的依據和參考。
→包括：學生回家的路線、需要的時間、主要的交通工具、接送學生的家人或輛牌照號碼，以及各種緊急聯絡電話等資料。

2.請學生填寫放學回家的交通事宜
→教師應該請學生提供放學回家的交通事宜。
→包括：回家時間、行走路線、一起回家的同伴等相關資料。

3.每日到學校之後請路隊長作簡報
教師應該依據學生居住在社區的特性，選取回家路隊長，交付路隊長應負的任務，管理學生回家路隊，隔天上學時向教師進行回家路隊簡報。

回家作業的指派

1.作業份量問題
→低年級30分鐘、中年級40-50分鐘、高年級60分鐘為宜。
→除非教學上特別需要，否則教師不可以給教師過多的作業量，造成學生和家長的困擾。

2.作業內容問題
→作業儘量能各級各科教學與學習活動，提供學生學科學習的複習機會。
→通常回家作業指派以學生需要反覆練習或是需要事前預習主題為主。

3.另類作業設計
考慮作家事、課外閱讀、生活檢討反省、參觀、運動、日行一善、美勞活動、親子同樂等各種另類的家庭作業，讓學生除了學習學校的課題之外，也能進行生活經驗的學習。

第 **11** 章

親師溝通的理想與實際

章節體系架構 ▼

〜教育行銷的重要〜

「教師應該縮小身影、放下身段，以方便進入家長的瞳孔。」

　　親師溝通在教師班級經營中，是相當重要的一環，其涉及教師的教學理念能否落實，教師的教學活動進行是否順暢，教師能否將家長對學校教育的疑問，由阻力轉為助力，進而有效運用家長的各種社會資源，成為班級教學活動進行的另一助益。本章針對班級親師溝通的相關理念與策略，擬定可行的策略作為教師進行親師溝通的參考。

Unit **11-1**
親師溝通的重要理論與策略

良好親師關係的建立，有助於有效連結教師、學校、家長的資源。教師和家長密切配合，對學校教育的進行以及班級教學活動的實施，具有相當正面積極的意義。建立良好親師關係的重要性如下列四項（鄧運林，民83：201-203）：

一、提高學生學習效果

建立良好的親師關係對學生學習效果的提升，依據心理學家諸多研究發現，家長和教師是學生成長過程中的重要他人。因為家長參與學生學習過程，將可以使學生感受到父母對自己的關懷與重視，激勵學校生活中的學習動機與興趣，學生也會因為父母的重視和參與，適時地給予指導，化解各種學習上的障礙；而有了家長的參與，教師可以減少備課時間，進而從事教學品質的提升，在教學上可以給學生更多的指導和關愛，因而豐富學習的內涵。

二、促進教師專業成長

建立良好的親師關係，可以提供更多溝通的機會，教師透過與家長的互動，可以達到擴展視野的效果，將自身的思想延伸到教育範疇之外，也可以透過親師合作汲取不同的資訊，有助於促進本身各方面學習的意願，進而充實自己廣博的知能。教師本身也會因為必須發揮專業領導者的角色需求，投注更多的心力於教學知能之上。更重要的是，因為受到家長對孩子教育的期許，對教育的重視與投入的熱忱，提升教師本身的教學專業能力。如果教師和家長建立良好的專業成長關係，則家長的資源和各方面的知識，有助於豐富教師的視野，提升教師的基本能力。

三、增進家長教養知能

歐陽圍（民78）研究指出，一般家長並不覺得自己有能力可以幫助孩子的學校學習，大多數家長需要教師提供更多有關課程資料給他們。有鑑於此，家長如果實際參與學校的教育活動，對於學校教育目標、課程教材、環境設備，甚至教師的教學理念、教學方法與策略有深一層的認識，在指導孩子學習時，才能與學校的教育措施相結合。家長也可以因為和孩子接觸時間的增加，更能瞭解孩子在團體中的行為表現與人際關係，進而給予子女適當的期望。教師如果透過資料的提供、理念的分享，即時提供家長教養方面的訊息，增加家長教導子女的新思想、新觀念、新技巧，將有助於增進親子關係。

四、營造學校良好關係

學校關係的營造有助於教育目標的達成，家長透過學校教育活動的參與，瞭解學校辦學方針各項教育活動本身所蘊含的意義。學校接納家長，可以瞭解家長的期望，也可以隨時澄清家長對學校的誤解。亦可以透過家長的力量，協助學校、支援學校。家長是社區的一分子，是學校和社區的媒介，如果家長和教師保持良好的互動，將促使學校和社區緊密的聯繫，溝通順暢，對營造學校良好人際關係助益良多。透過教師的居間協調，同一班級之家長互動良好，也有助於教師班級經營的效果。

家長服務意願調查表

素仰貴家長平日對子女教育的關愛，為了積極擴大孩子的教育層面，本著「讓每個孩子都好，我的孩子才會好」的精神，誠摯地歡迎父母親也能走進學校，參與幫助孩成長、茁壯的工作，您不一定要有特殊才藝，只要有「心」，因為您的參加，我們的教學環境將更豐盈，茲將本校親師會服務項目詳列如下，請您勾選（可複選）

一、家長可提供學校之協助與支援

- ☐ 1.校園安全巡邏
- ☐ 2.導護－維護學生安全
- ☐ 3.校舍修護維護
- ☐ 4.校園美化綠化
- ☐ 5.戶外教學
- ☐ 6.教具圖書管理
- ☐ 7.布置教學環境
- ☐ 8.親師活動之協辦
- ☐ 9.專業諮商（法律、醫療等）
- ☐ 10.其他

二、家長可提供教師之協助與支援

- ☐ 1.親師協會之籌辦與運作
- ☐ 2.布置教育與規劃教學情境
- ☐ 3.親師生戶外教學
- ☐ 4.教室清潔維護
- ☐ 5.設計學習單元
- ☐ 6.教具製作
- ☐ 7.評量（過關）
- ☐ 8.出版班刊或班訊
- ☐ 9.協同輔導
- ☐ 10.擔任「班爸爸」或「班媽媽」
- ☐ 11.其他

班　　級：＿＿＿＿＿＿　學生姓名：＿＿＿＿＿＿

家長姓名：＿＿＿＿＿＿　聯絡方式：＿＿＿＿＿＿

Unit **11-2**
良好的親師關係

教師面對各式各樣的家長，必須依據家長的各種類型，提供教育上的支持與理解，才能和家長營造雙贏的局面。一般的研究將家長分成漠不關心型、斤斤計較型的家長。教師在面對此種類型的家長時，必須瞭解家長的特性，才能在親師溝通中贏得家長的信任。

一、家長的類型與處理要領

1.漠不關心型的家長：教師應該瞭解家長的處境，在教學之餘，多與家長進行良性的溝通，讓家長瞭解孩子在學校的生活情形，請家長多關心自己的子女、陪伴子女，讓子女可以正常健康的成長。此外，教師若發現家長對子女有不當的管教態度，如虐待孩子的話，必須通知學校陳報處理。教師對此類學生也應該給予更多的支持鼓勵與關懷。

2.斤斤計較型的家長：此類型的家長對學校教育措施與班級教學的進行，經常持與教師不同的意見與觀點。部分家長會因為過於質疑教師的教學能力與方法，導致和教師之間發生衝突。教師在面對時，必須心平氣和地與家長進行理性的溝通，瞭解家長對教育的看法，同時表達自己對教育的堅持與做法。亦可以考慮找個比較安靜的場所，傾聽家長的想法和難處，教師以專業的態度與冷靜的心情表達自己的教學理念與做法，並請教家長的意見。教師如果有需要的話，可以透過第三者向家長溝通，或是尋求行政系統的專業協助。

二、家長配合事項

教師在班級經營中與家長溝通時，應該具體明確地讓家長瞭解需要家長配合的地方，以書面資料呈現出來，或是將家長配合事項，以檢核表的方式提供參考。有關家長配合事項舉例如下：

1.請提醒孩子每天生活作息正常，上學不遲到、不早退，早上儘量吃完早餐後才上學。

2.睡前請提醒孩子自己整理書包、上學用品，以培養對自己負責任的態度。請家長每天簽閱聯絡簿，隨時關心子女的學習表現，並能讓孩子感受到父母的關愛。

3.孩子若因故請假不能到校，請務必儘早聯絡通知教師。

4.請讓孩子幫忙做家事，學習分擔家務，體會父母的辛勞。

5.有關孩子在學習及教師教學上的各項問題，請直接與級任教師聯繫，可多利用聯絡簿或到校面談。

6.每位孩子有其個別差異及無限發展潛能，請家長勿拿孩子的成績與其他同學做比較、競爭。當孩子在學習方面出狀況時，教師會給予適當地引導及適時地指正，並知會家長多關心留意。

7.班上實施榮譽獎制度，根據孩子的表現給予獎懲，請家長配合輔導，多給予讚美和鼓勵，激勵孩子爭取榮譽。有榮譽心的孩子懂得上進，也能有良好的人際關係。

8.中年級的課業並不難，小朋友只要把課本、習作的題目弄清楚，教師強調的重點多練習熟記，在課堂上能夠專

注聆聽，課後靈活運用複習，更重要的是請家長要有耐心配合指導，養成其良好的讀書習慣，使學習基礎穩固，孩子終生受用。

9.希望家長除了重視孩子智育上的發展外，也應鼓勵孩子發揮多方才能，做一個身心健康、充實快樂的學生。

10.家長為學校教學的後盾，鼓勵家長分享孩子的學習活動，擴大孩子的學習領域。

家長人力調查表範例

教師在班級經營中，應該考量家長人力資源的運用，瞭解家長的社經背景、工作經驗以及社會資源，將家長的人力資源進行調查，整合家長可以提供學校協助的各種資源，在班級經營中，隨時將家長的人力資源納入，協助教師進行班級經營，提升教育品質與效果。

_____年_____班_____號
學生姓名：_____
家長姓名：〈母〉_____
　　　　　〈父〉_____

親愛的家長，您好：

　　為了讓孩子有更多元化的學習，您是否願意和孩子們一起分享您的才華與愛心，在此我們設計了一份問卷，竭誠歡迎您的加入，並感謝您的熱心幫忙與協助。

導師○○○敬上

一、您可以協助哪些班級活動？(可複選)
　　□晨光活動　　□補救教學〈上課時間〉　　□教室布置
　　□海報製作　　□教具製作　　　　　　　　□影印
　　□資料打字　　□戶外教學的安全維護〈上課時間〉其他

二、您可以協助哪些學校的例行工作？(可複選)
　　□導護工作〈早上：7:20~7:40　中午：12:00~12:15
　　　　　　　　下午：16:00~16:15〉
　　□圖書室的書籍整理　　　　□教具室的整理工作
　　□週會時的專題演講　　講題：_____
　　□分組活動　　組別：_____
　　□其他

Unit 11-3
親師溝通

一、給家長的一封信

教師在班級經營中,可以運用「給家長的一封信」和家長溝通學校及班級生活狀況,讓忙碌的家長對學校生活有概括的認識。教師如果有重要且隱密的事情要家長瞭解的話,也可以透過給家長的信,提醒家長重要的訊息。教師在撰寫給家長的信件中,應該以鼓勵取代打小報告的方式,點醒家長應該配合之處,儘量避免過於指責家長或一味地指陳學生在學校的反社會行為。

教師寫給家長的信件,內容方面包括教師自我介紹、學校重要政策、教師班級經營理念、家長配合事項、學生的身心發展特徵、學期或學年的教學重點、各學科的知識與內容、學校與班級的生活作息、教師與家長的聯絡方式等。

一切教育信念的執行,有賴家長們的共同推行。以下是必須請家長們與教師合作的事項:(1)每日檢查貴子弟的作業,並在聯絡簿上簽名。(2)睡前請檢查隔日需攜帶的物品。(3)請依規定穿著校服。(4)請督促孩子每日準時就寢。(5)準時到校不遲到。

二、班親會的成立與運作

教師在班級經營中,應該針對學生家長組織班親會,並且透過班親會的成立與運作,協助班級教學活動的實施。班親會的形式說明如下:

1.運用學校日:教師要成立班級家長會之前,應該先蒐集有關家長會的組織、功能、規章等相關資料,先熟悉班級家長會的運作和功能之後,運用「學校日」或是「懇親會」時間,向班級家長作詳細的說明,以避免家長對班級家長會功能的誤解。如果需要的話,教師可以先將相關的資料寄給家長作參考。

2.發開會通知單:教師可以設計一份比較溫馨的開會通知單,請學生回家之後轉達給家長。在通知單發出之後,教師也可以考慮用電話或各種形式通知家長出席班級家長會。

3.成立工作分配:教師在向家長說明班親會的功能之後,由家長相互推選的方式,進行班級家長會的工作分配。在工作分配之前,教師應該向家長說明各個工作的內容,並且將家長分成下列幾個小組,如會長、副會長、總務組、活動策劃組、文書組、公關組等,各組人員的編派可以考慮家長的職業背景,以及擔任工作的意願,讓每位家長都可以為班級事務付出。

4.辦理各項家長活動:班級家長會成立之後,教師可以指導家長擬定各種屬於班級的活動計畫,例如,讀書會、家長聯誼活動、組織義工媽媽、親師聯誼會、校外聯誼等,透過活動的進行,增進家長與教師之間的感情。家長活動的進行不限於校內,有時候可以至校外辦理各種參觀聯誼活動,增廣教師與家長的見聞,同時聯繫感情。

5.家長會正式運作:家長會的運作,除了在選擇時必須符合程序之外,家長會的正式運作也應該循著正式的程序,將每次家長會的開會會議記錄、會議決議等形成書面資料,作為日後執行的參考。

給家長的一封信　撰寫內文參考範例

親愛的家長：

　　展信愉快！

　　首先做個簡單的自我介紹，本人姓王，名叫大中，是彰化縣二林鎮人，很榮幸擔任本年度三年甲班貴子弟的級任導師。教育是學校的重大工作，但必須與家庭教育充分結合，才能將您們的子弟教得好、讓他們學得愉快！

　　家長的充分配合，學校教育才能獲得順利的推行，只要您肯相信我，給我支持與鼓勵，我有信心教導貴子弟在校期間能學好規矩，習得好品行，同時給予活用知識的傳授，這更是我責無旁貸的事。

　　班上部分家長反應：對數學新課程有許多觀念還是不太清楚，對孩子學習數學的解題能力及計算速度遲緩，感到憂慮。為了釐清大家對數學新課程的教育理念及發展兒童「解題能力」暨加強其「計算熟練度」，在此提供一份有關數學新課程的主張及培養「效率」的最佳時機、內容進度表，請家長配合進度，在家中可以自行輔導孩子。

　　數學新課程主張：數學概念與格式表徵並重。（先建立概念，再發展格式）學習先有效果（會成功解題），才講求效率（精、熟、快）。教學係藉群體討論文化（社會面），合兒童認知發展（認知面），建構兒童數學知識（數學面）。

　　　　　　　低年級：心理性
　　　　　　　中年級：社會性
　　　　　　　高年級：科學性

配合數學新課程進度，培養「效率」的最佳時機及內容：

年級	可熟練之計算教材
二下	20 以內的加、減（橫式）或基本加減（橫式）
三下	乘法＋＋（橫式）
四下	整數的加、減（直式）
五上	小數的加、減（直式），同分母分數的加、減
五下	整數的乘、除（直式）
六上	異分母分數的加、減，小數的乘（直式）
六下	小數的除（直式），分數的乘、除

家長亦可在家利用「親子作業」（自行出題，少量多次），協助兒童在有概念下，逐漸熟悉格式、增進速度。

Unit **11-4**
懇親會

學校舉辦「懇親會」（或稱家長參觀教學日）的主要目的，在於促進教師與家長之間的感情，同時讓家長瞭解子女在學校的學習生活，讓教師瞭解家長對子女的期望，以及對學校教育的期許。一般懇親會的舉辦，學校會挑選家長共同休假日或是週末假日實施懇親會。教師在面對懇親會時，必須考慮下列要點，作充分的準備，以免因為急就章而讓家長留下不好的印象：

一、事先安排座位

懇親會之前，教師應該事先將座位安排好，請學生先將教室打掃乾淨，讓家長對班級有新的印象。

二、展示學生的作品

教師可以將學生的各學科作品，依據分類整理展示學生的學習成果以及作品，讓家長瞭解自己的子女在學校的學習成果。家長透過子女作品的展示，可以瞭解教師在班級教學中的用心，展現對教師教學的信心。

三、準備簽到簿及茶水

舉辦懇親會前，教師應該先將家長的簽到簿準備好，讓家長感受到學校對懇親會的重視，同時也可以透過簽到簿瞭解家長的出席情況。

四、準備相關資料

懇親會是學校與班級行銷重要的時間，教師可以將學校要讓家長瞭解的資料，以及班級想讓家長瞭解的資料作整理，提供給家長瞭解。這些資料包括學校簡介、班級經營計畫、班級經營理念、學期教學計畫、各種經營理念等。

五、推選主席

懇親會最重要的是推選主席，請家長輪流主持會議，並針對重要的議題討論形成會議紀錄。

六、親子教育經驗分享

班級懇親會的過程中，教師可以引導家長針對議題進行經驗的分享與交換，依據各種事先規劃的流程進行議題討論，並且留時間讓家長進行親子教育經驗分享。

「懇親會」若要進行順暢，必須仰賴教師有效的事前規劃，其規劃流程必須注意時間的安排與掌控流程，將重要的班級事務及學校配合事項，利用與家長面對面的機會，告知家長，明確的表達出學校對教育理念以及教師對班級事務的請求配合事項。

除此之外，也要展現出教師本身對於帶領一個班級的自信心與專業能力，讓學生家長能充分信任班級教師，建立良好的第一印象。倘若在「懇親會」當中出現家長無法信任教師的班級經營與管理的能力，則家長將無法成為班級教師背後最大的民主力量，也容易產生親師之間的溝通誤會，造成學生家長與教師、學校的對立。反之，「懇親會」的有效執行，將使得班級教師在未來進行班級經營管理上有學生家長的支持。

班級懇親會　親師講綱範例

時間	流　程	細　目
	簽到 領取資料	1. 事先請學生在桌上貼名牌，家長到時可自行找到位子 2. 於桌上展示學生作品，先到的家長可先參覽，瞭解子女在學校的學習情形
5´	推派主席	教師指導由出席的家長成員中互相推選主席
10´	轉達學校配合事項	1. 學校行政方面 2. 學校行事方面 3. 學校課程方面
15´	班級事物及配合事項	1. 教師教學理念 2. 班級經營方式及需要的支援或配合的事項 3. 課業需家長配合之事項
40´	成立班親會	1. 老師對班親會作用與功能稍作解釋 2. 家長自我介紹（每人約二分鐘） 3. 決定班親會成立方式 　(1) 自願 　(2) 將每個幹部全部選出 　(3) 只選家長代表，其他由家長代表自行招募 4. 成立班親會
40´	親師座談	雙向溝通，自由發言
5´	結語	1. 補充尚未說完或忘記說的 2. 感謝家長出席的話
	散會	

Unit 11-5
家庭聯絡簿的運用及家庭訪問

圖解班級經營

188

家庭聯絡簿是學校班級與家長聯絡的重要管道，同時也是提供學生每日生活重要訊息的方式。

教師在班級生活中，應該妥善運用家庭聯絡簿，作為和家長溝通的重要管道。由於近年來資訊的快速發展，國內相當多學校已經發展「電子聯絡簿」以強化家庭聯絡的功能；或有部分學校要求教師必須規劃班級網頁，將班級生活中的各種重要訊息在班級網頁中登錄，家長可以透過班級網頁瞭解子女在學校的各種動態。教師在家庭聯絡簿的內容方面，應該結合班級教學活動的實施。聯絡簿的內容如下：

1.每天班級教學的功課，以及到學校必須攜帶的用具。

2.親師聯絡的重要事項，包括讚揚學生在學校的良好表現、在班級中的生活點滴，以及家長需要配合之處。

3.學生在班級教學中的學習心得。

4.教師應該要求家長每天簽閱學生的家庭聯絡簿，瞭解學校的重要紀事，以及子女在學校生活的點滴。

5.教師如果有需要家長配合或是要求學生改進之處，應該儘量以電話聯絡，避免在聯絡簿上直接寫出學生的缺點。

家庭聯絡簿的批閱，必須注意到下列幾項重點：

1.批閱在家長之前

教師在家庭聯絡簿的批閱，應該在家長簽名之前。換言之，每天在教室請學生抄完聯絡簿之後，就應該進行檢查簽名，如此一來可以確定學生的聯絡簿抄寫完整，同時可以將學生的錯別字挑出來，請學生及時改進。

2.避免在上面寫學生的缺點

一般教師習慣在學生的聯絡簿上寫下學生的缺點，以及需要改進之處。殊不知，首先接觸聯絡簿的是學生而非家長，如果學生在聯絡簿上發現教師的評語，因為怕回家被家長懲罰而不敢將聯絡簿交給家長，反而失去了聯絡簿的功能。

3.請多運用鼓勵原則

教師應該盡可能在學生的聯絡簿上寫一些鼓勵學生的話，讓學生可以從聯絡簿上瞭解教師對自己的期望。此外，教師將各種鼓勵的話寫在聯絡簿上，可以讓學生從中感受到教師的關懷。

4.多寫一些感性的話

教師在聯絡簿的評語方面可以考慮寫一些感性的話，作為鼓勵學生的座右銘，同時可以讓家長從聯絡簿的簽名中瞭解教師對學生的用心，以及學校對學生的教育理念。

5.提供家長各種親職教育常識

教師可以在聯絡簿上，提供各種教育基本常識，以及各種親職教育的基本學理，讓家長可以從聯絡簿簽名中，附加學習各種重要且有用的理念。

進行學生家庭訪問

學校為了促進教師對家長的瞭解，最常使用的方式就是：教師透過學生的家庭訪問，可以瞭解學生的家庭狀況，接觸家長並瞭解家長對學校教育的期許、對子女的教養態度。

1.約定訪問時間	教師在進行家庭訪問前，應該和家長約定時間，讓家長對教師的訪問有事先的準備，不至於心慌意亂。
2.事先規劃談話主題	先針對談話主題進行規劃，預先瞭解學生的家庭背景，做好訪問之前的各種心理準備。教師對家長如果有事先的瞭解，不至於在家庭訪問時出糗或者造成彼此之間的難堪。
3.運用良好的溝通技巧	家庭訪問時，教師應該具備良好的溝通技巧，避免因為溝通不良產生彼此之間的隔閡，或者是造成彼此之間的誤會。在態度方面應該誠懇，以禮貌的方式進行晤談。
4.注意自身的安全	教師在交付責任時，應該以理性選擇方式，依據學生的學習特性給予適當的任務，給予適當的鼓勵，作為強化該行為的誘因。
5.以家長容易接受的方式進行訪問	話題如果涉及學生在學校的各種表現時，應該先多聊學生的優點，再談論學生應該改進之處，如此家長比較容易接受教師的觀點，不至於因為自己的子女被否定，而惱羞成怒。
6.做成家庭訪問紀錄	完成家庭訪問，應該針對訪問重點形成訪問紀錄，如果是屬於重點訪問的話，應該將訪問紀錄簽會學校行政人員，讓學校校長或主管瞭解重點家長，以提供行政方面的支援。

189

Unit **11-6**
親師通訊應用與實例

一、親師通訊的種類與功能

1.開學的第一封信：教師開學的第一封信，往往可以讓家長瞭解教師帶班的理念、宣導學校相關活動，打開親師溝通的心門，藉此闡述教師教學理念、對學生的期許和用心，以及需家長協助的地方，並可於信末附上家長回條，請家長給予教師回饋和建議。

2.班親會：班親會前可以先向家長通知日期、預告討論主旨，班親會後可以公告班親會決議的事項。

3.班級刊物：班級自編的刊物，可定期向家長報導班上最新的動態，親師共同關心孩子的成長。內容大致包含有：班級動態、學習進度、學生優良作品發表、親職教育心得、家長心聲、班級行事曆、班費收支等等。

4.不定期通知單：傳達學校行政事項、重要活動前的通知、活動後的花絮報導、班級活動、學生學習狀況和行為表現或問題，並溝通教育觀念。

5.愛的溫馨小語：一顆感恩的心，感謝家長的支持和付出；一張卡片、一句小語，在在流露出學校教師對家長的謝意，使家長感受學校教師的善意並樂於付出。

二、親師通訊注意事項

1.談孩子需鼓勵、需關懷、需誇讚或特別表現（好或不好）的地方。

2.盡量讓家長感受到教師是站在協助其子女進步與成長的積極立場，而非批評論斷。

3.可藉此機會表達教師對家長的關

心與感謝。

4.讓家長感覺你是竭誠歡迎他一起經營這個班級，讓他們有參與感。

5.回條要寫上小朋友的姓名及家長姓名。

6.可附上有關教育的文章，請家長在回條寫上感想。

三、親師通訊的優點

1.可與家長保持聯繫及互動。

2.增進親師情誼。

3.聯絡事項。

4.家長可瞭解子女在校狀況。

5.家長可瞭解學校活動。

6.家長可瞭解教師教育的觀念。

7.贏得家長的信任，去除他們的疑慮。

四、每月例行性親師通訊

1.活動報馬仔：(1)本月學校及班上之活動項目；(2)預告下個月的活動。

2.生活花絮：班級之日常情形。

3.特別報導：擇一活動細節報導。

4.教育理念：教師闡述自身教育理想。

5.教學專欄：針對課堂之教學單元擇一複習。

6.本月之星：本月最乖的小朋友。

7.回條：家長的話或意見。

五、班刊的規劃與運用

班刊的設計與運用是教師將班級各種訊息，轉化成為文字的方式，提供

家長以及關心班級事物的人，作為參考。親師溝通的互動可以透過電話、聯絡簿、班刊、親師交流網等來聯繫，其中班刊不但可以作為親師生溝通交流的管道，也可以讓學生有參與感，培養孩子編輯寫作的能力，體會團結合作的重要性。班級中發行班刊有助於縮短親師之間的距離，提供家長無距離的溝通管道。

班刊的內容

結合班級各種生活訊息，內容方面採多元方式，由教師指導學生自行創作。

1. 教室新鮮事：班上發生的大小事，可請學生輪流記錄，並將令人印象深刻的部分選出編輯。
2. 親師交流站：教師可透過此部分和家長溝通教學理念，家長亦可提出看法和教師討論。
3. 大事公告欄：如學校活動或班級活動的公布。
4. 學生作品區：將學生的作品呈現出來，包括文字、美勞作品等。
5. 民意調查站：票選各方面表現出色的學生，如「運動高手」、「烹飪專家」等。
6. 活 動 花 絮：將學生上課或其他活動的情形拍攝或用文字敘述下來。
7. 其　　　他：活動後感言、我有話要說、班級信箱、本月壽星、漫畫窩、有獎徵答、故事笑話等。

班刊的製作

需要教師結合各科教學，例如藝術與人文的教學。

1. 作 品 觀 摩：觀看班級刊物的構想，師生一同討論班刊的形式及內容。
2. 選定工作人員：分配每一個人的工作內容，且告知完成時間。
3. 展 開 作 業：利用電腦或手工編輯方式製作，發給每一位同學、校長、主任及相關老師。
4. 作 品 評 論：由老師帶領大家瀏覽一次，討論優缺點，並感謝編輯同學的辛勞。
5. 正式展開作業：幾期後，教師可開始徵求自願者加入編輯行列，再過一段時間，全班分組輪流製作。

第 12 章

校園危機的處理與管理

章節體系架構 ▼

學校生活中,校園危機的處理與管理是最讓行政人員困擾的一環,主要原因在於學校危機的發生往往過於突然,讓學校無法做事前的預防,也無法透過各種策略有效的防範。

依據教育部「校園事件通報管理系統實施要點」,將校園危機事件分成學生意外事件、校園安全維護、學生暴力與偏差行為、管教衝突事件、兒童少年保護事件等。以上五類事件都有可能演變成校園中的風暴,帶給學校人員極大的困擾,更嚴重影響學生身心的安全。

有鑑於此,本章將校園各種危機的成因、學校中利害關係、校園危機的特性、感應學校的警訊、校園危機發生時的運作、校園危機解決後的運作、校園危機管理的動態模式、教師班級危機管理等,作詳盡的說明,並提供教師班級經營中危機管理的參考。

Unit **12-1**
校園危機的成因

校園危機的成因，依據學校的發展與特性，通常可分成學校的內在因素與學校的外在因素，茲分析臚列如下表：

內在因素	1.學校文化因素	通常和學校內部組織氣氛具有相當的關係，學校內部的組織氣氛如果是和諧的，學校運作就會相當順暢；如果學校的組織氣氛是詭異的、內鬥的、不信任的，則學校的運作就容易出問題。因此，高智慧的校長，懂得運用高關懷、高倡導的方式領導同仁，順利達成學校目標。學校文化如果不佳的話，容易產生教師同儕之間的猜忌，甚至相互批評，阻礙學校的發展。
	2.教師專業自主	近年來教師專業自主的呼聲相當高，學校教師由以往默默耕耘、身先士卒的形象，慢慢轉而重視教師專業自主的角色。過度強調教師專業自主或曲解專業自主，反而容易形成學校發展的無形阻力，進而影響學校目標的達成。因此，校長必須讓全校教師瞭解專業自主的意義，同時也要領導教師從專業方面爭取自主。此外，學校也應規範專業自主的範圍，配合學校教育目標的發展，避免過於擴大解釋專業自主的定義，阻礙學校的發展。
	3.學生爭取權益	傳統的學校生活僅重視教師本身的權益關係，忽略學生對學校生活的要求。因此，學校的各種措施與制度，僅考慮教師本身的需要而忽略學生的各種需求。近年來，學生自我意識擴增，對學校各種教育制度與措施的要求有愈來愈重視的現象。學生在爭取權益的過程中，如果缺乏正確的管道或是適當的溝通管道，容易形成學校危機的產生。例如，學生動輒將對學校的不滿提供給媒體作不必要的影射，或提供媒體各種錯誤的訊息，不僅對學校的形象有損，同時也會造成負面的效應。學校行政人員與教師在面對學生爭取權益時，必須重視來自學生的各種需求，作各種適當的因應，以避免形成學校危機。
	4.管理特質	學校危機的發生在管理特質方面，通常分成領導管理與管教管理兩個層面。前者指的是學校的行政人員對教師的領導風格，後者指的是教師在班級教學中對學生的管教。如果學校校長或主任對教師的教學領導採取威權或放任的方式，容易導致學校行政無法支援教學的現象，或者形成行政和教學對立的場面；教師在班級教學中，如果對學生的要求過於嚴苛，或對學生的各種學習態度採取高標準的要求，則容易在班級教學中產生師生的對立問題。有鑑於此，學校的各種管理特質，必須以更高的智慧採取適性的領導風格，才能發揮教學專業領導的效果，降低校園各種危機的發生率。

內在因素	5.人員結構	人員結構是學校危機發生的另一個重要因素，一般學校單位的人員組成是相當單純的，不像一般公司機構人員的組成是比較複雜的。學校系統中人員的組成，有學生、教師、兼任行政人員、一般行政人員、工友、警衛、家長等。學校組成分子與人員結構，容易因理念的不同、對學校生活認知的不同，因而產生認知差異的問題，進而形成學校的危機問題。因此，校長必須針對學校人員的組成，作各種專業方面的訓練，降低學校危機的發生。
	6.組織結構	學校內部組織成員及各個組成分子如果對學校缺乏向心力的話，容易因各種理念的不同而導致摩擦，進而形成學校的潛在危機。例如，學校的主任如果彼此之間不和的話，在學校行政的運作就容易導致橫向溝通協調方面的問題，影響學校校務的推展。
	7.財務因素	一般學校的財務預算都有固定的財源，校長和行政人員必須妥善運用有限的經費預算，將經費作最佳的運用。如果校長在財務運用方面無法作成本效益的分析與管理，學校就容易因財務問題而導致校園危機。因此，學校的財務運用必須在年度開始前，擬具相關的實施計畫，並作有效的財務控管，減少財務因素而形成各種危機。
外在因素	1.政治與社會變遷	政治社會變遷對學校發展的影響是無遠弗屆的，教師必須瞭解整體社會與政治變遷，才能在學校生活中給予學生正確的引導。一般而言，社會環境的改變對學校的影響是相當大的，例如，家庭組織結構的變化使得單親家庭愈來愈多，隔代教養頻繁的現象下，學生在學校生活的偏差行為無形中就增加了。教師必須針對各種社會環境的變遷，調整自己的教育策略與教學方法，才能指導學生適應日漸變遷的社會。此外，政治環境的變化，使得學校行政的運作日漸困難，在「政教合一」的大環境中，學校教育系統必須不斷調整，方能因應政治與社會的變遷。
	2.大眾傳播媒體的壓力	大眾傳播媒體的快速發展與擴增，使得一般人容易掌握各種社會變遷的訊息。媒體對社會現象的渲染，不斷提供不良示範，使得師生對人際關係疏離並缺乏安全感。此外，傳播媒體在社會生活中扮演相當重要的角色，不當的傳播內容導致學生價值觀念的偏差，造成學校學生管理上的負擔。最後，近幾年來大眾傳播媒體深入校園，對校園生活的關注儼然影響學校人員的生活作息，學校必須針對大眾傳播媒體作相關的因應，例如，設置「新聞發言人」等，由專人負責學校新聞發布與因應。
	3.不法分子的破壞行動	由於學校是開放的空間，因此在校園安全方面無法做到滴水不漏的境地。一般民眾對學校的各項設施，不至於隨意破壞。學校方面最害怕放長假，因為長假回來以後，校園往往慘不忍睹。因此，學校應該針對不法分子的破壞行動，作各種預防工作。通常學校會在校園中各個角落裝置攝影機，以阻絕不法分子的破壞行為。

Unit 12-2
學校中利害關係

一般而言，學校中利害關係包括校內與校際形成的因素，包括學生、行政人員、家長、地區警局及社教機構、民意代表、廠商、校際關係、上級機關、大眾傳播媒體、教師與教師會等。有關學校利害關係說明如下表：

學生	學生是學校的基本組成，也是學校的主要成員。學校校園危機政策必須將學生在學校生活中的各種特性與需求，納入校園危機管理政策中。學生在每天的班級生活中，往往因為學生活潑的特性而導致校園危機事件的發生。例如，下課時間的活動容易導致意外事件的發生；學校如果有施工的問題，也容易因為學生擅闖工地而致工安事件的發生。
行政人員	行政人員在行政運作過程中，如果缺乏危機意識或危機處理的基本概念，則校園容易發生各種危機事件，例如，學校營養午餐如果缺乏嚴謹的管理系統，則容易導致飲食衛生方面的問題。此外，學校的行政運作如果缺乏嚴謹的監督系統，也容易因人為的各種疏失而釀成無法收拾的後果，例如，學生繳費如果缺乏各種金融機構的合作，採用各種劃撥或金融交易方式的話，學生就容易因不法分子的詐騙而導致錢財的損失。
家長	家長對學校政策或實施辦法如果缺乏瞭解的話，就容易因誤解而導致學校在行政運作方面的困擾，例如，學校如揚棄傳統的紙筆測驗而實施多元評量，必須取得家長的瞭解與配合，才能落實動態評量的效果，否則的話，家長會因質疑評量標準或評量評分的實施而形成學校的另一種危機。因此，在學校校園危機的管理方面，必須將家長列入危機管理的主要對象。學校也應該在實施校園危機管理時，將家長列入配合校園危機管理的重要對象，例如，學生如果發生校園意外事件，家長中有醫師者可以在平時就簽訂合作契約，直接將學生送往家長診所或醫院，如此可以減少不必要的困擾，並且運用家長的資源。
地區警局及社教機構	地區警局與社教機構應該配合學校校園危機管理的計畫，協助學校在校園危機發生時，提供各種協助的人力、物力和資源。學校也應該在平日擬定校園危機管理政策時，取得地區警局及社教機構的承諾，在學校危機發生時提供各種協助。例如，學校如舉辦消防安全檢查的話，地區消防局有義務提供各種消防安全知識及設備，以強化學校各級單位和人員的基本常識。

民意代表	民意代表雖為民喉舌，然而，往往在執行業務中因民眾的請託或選民所請，造成學校行政運作方面的壓力。例如，教師甄試的作業依法必須公平、公正、公開，而在「名額有限，角逐者眾」的情形下，民意代表難免因選民的請託而向學校表達相關的看法，形成學校在甄選過程中的壓力和包袱。校長在校務運作過程中，往往礙於民意代表的施壓而感到無奈。如果在民意代表和依法辦事的夾縫中推行校務，減少校園危機的發生，是每一位行政主管必須兼具的行政智慧。如何面對民意代表的壓力，彼此良性互動，更是現代教育行政主管必須培養的智慧。
廠商	學校的行政運作往往必須和一般的廠商打交道，儘管現行的採購可由採購法規範，並且有規範可循。然而在學校執行採購的過程中，往往因為廠商問題而釀成學校危機，例如，學校的營養午餐供應問題如果未經嚴密的品管，容易因為廠商提供的餐飲衛生問題，造成學生食物中毒或營養不均的問題；如果學校的工程進行或施工期間，廠商缺乏危機意識，未在施工現場設置圍籬以保障安全的話，學生在下課時間因好奇或貪玩擅入施工地點，容易造成施工安全的問題。因此，學校在擬定校園危機管理時，必須將與學校有商業行為的廠商列冊，並擬具校園危機處理因應的有效策略。
校際關係	校園危機的發生往往因為校際之間的競爭，導致校園危機事件的發生。例如，學區之內同類型的學校，在校際之間應該實施「策略聯盟」，共同分享教育資源，以既競爭又合作的策略共同經營學校。如果校際之間缺乏相互聯繫、業務整合與分享的話，容易因為彼此間的惡性競爭導致各種校園危機發生。校際之間的問題方面，中小學有學生就讀與學區劃分、學生流失的問題，中等以上學校有招生與學生入學的問題，如果校際之間缺乏合作，不但無法達到教育資源共享的理想，同時容易因為校際缺乏合作而形成校園危機事件。
上級機關	學校與上級機關存在指揮與監督的專業關係，因此，學校在擬定校園危機管理政策時，必須和上級機關維持密切的聯繫，隨時將學校的各種動態讓相關的上級機關瞭解，以便做各種因應措施的實施。學校和上級機關互動時，應該針對專業關係方面進行雙向的互動，並且以業務方面的聯繫為主，減少因為各種外在因素的影響而形成校園危機。
大眾傳播媒體	大眾傳播媒體對校園運作的影響，近年來隨著媒體的開放與強調新聞自由，逐漸對學校生活產生影響。因此，校園危機處理應該將大眾傳播媒體列入重要的項目之一，例如，學校如果發生各種事件，則學校新聞發言人必須提供媒體正確的訊息，避免媒體針對各種學校事件作不必要的報導或負面的渲染。
教師與教師會	隨著教師強調專業自主權的風氣，學校在行政運作上往往導致教師與行政人員的對立現象，教師如果和行政人員缺乏雙向且善意的溝通，則容易因為立場不一致而形成各種衝突事件，導致校園危機的產生。一般而言，教師會在校園中應該扮演帶領教師專業成長的角色，然而近幾年來教師會的成立，似乎並未扮演專業方面的角色，導致紛紛擾擾的校園事件層出不窮。

Unit 12-3
校園危機的特性

一般而言，學校中利害關係包括校內與校際形成的因素，包括學生、行政人員、家長、地區警局及社教機構、民意代表、廠商、校際關係、上級機關、大眾傳播媒體、教師與教師會等。有關學校利害關係說明如下表：

一、由學校內外環境因素造成

一般校園危機的形成，是由學校內外在因素造成。通常外在因素指的是整體的社會環境、時代風氣等，例如，家庭結構與功能的解體，使得單親家庭愈來愈多，形成校園危機事件；內在環境指的是學校的組織氣氛，人員的組成及各個成員的想法、理念等。正因為校園危機的形成是學校內外在環境所造成，使得校園危機很難以事前預防。

二、具有不確定性

校園危機本身因為具有不確定性，所以，學校人員無法做好事前預防工作，僅能針對學校生活中可能造成的各種事件，作事前的規劃與防範。學校日常生活中應該針對各種可能形成校園危機的因素，做好管制工作，以預防校園事件的發生。依據相關的校園事件發生的分析，校園危機事件的發生本身具有不確定性，所以想在事前預防是相當困難的，必須透過學校行政人員與教師用心規劃與經營，做好防微杜漸的工作。

三、具時間緊迫性

校園危機事件的發生，在時間上具有緊迫性，導致教師無法因應並措手不及。例如，校園意外事件的發生，都是迅雷不及掩耳的，教師必須立即採取行動因應，才能將意外事件的影響降至最低。因此，學校在平日就應該針對可能發生的校園危機事件，做好管制與因應措施，並且隨時做定期的演練工作。

四、具無預警性

校園危機的發生除了不確定性、具時間緊迫性之外，更重要的是無預警性。換言之，校園危機的發生無法事前預警，也無法在事件發生前有所警覺。例如，近幾年的SARS流行事件，本身就無預警性，無法在短時間內就掌握。

五、影響範圍大

校園危機的另一特性是影響範圍大，無法在短時間內降低對學校的影響。因此，校園危機的處理本身就必須考慮事件對學校的影響，並針對影響範圍作必要的處理因應，使危機本身對學校的影響降至最低程度。

六、無法以例行性程序處理

校園危機的處理，通常無法以例行性程序加以處理，學校必須針對危機本身的特性作各種處理因應。當校園危機發生時，學校必須作立即性的處理，針對危機本身的特性、形成的原因、可能影響層面，進行危機處理的檢討。如果學校可以運用他校的經驗或是相關機構處理危機的經驗，勢必可以在校園危機發生時作立即性的處理。

七、結果可能惡化或好轉

危機發生時不盡然都是屬於負面的，學校可以在危機發生時，妥善地面對危機本身可能的影響，並針對危機的發生徹底檢討與反省學校應該建立的制度，或是研擬學校應該建立的各種制度是否齊全，校長可以責成學校的相關人員做檢討與反省的工作，以作為學校危機發生的參酌。

人的警訊

校園危機的發生在人的警訊方面，通常和學校生活中的各種人員息息相關。針對人的警訊方面，學校應該擬具有效的因應策略。

歹徒侵入校園
- 校園危機的發生，部分是因為歹徒入侵校園，造成學校管理上的問題。因此，學校在校園安全與警衛的管理方面，必須多加注意以避免校園危機的產生。
- 近年來的社會詐騙事件頻傳，因此，學校生活必須指導師生注意歹徒入侵校園的問題。

親子關係不良
- 由於親子關係不佳所產生的校園危機事件，最常見為監護權問題。
- 因此，學校在家庭問題的回報方面必須確實實施，讓教師與行政人員瞭解因為親子關係不良所產生的危機事件。

師生關係不佳
- 師生關係不佳可能導致的校園危機事件，通常是發生在父母的不當介入。
- 例如，教師如果在班級生活中，對學生的管教未能適時地運用各種策略，如管教過當或管教不當，學生家長因教師的管教問題而衍生的校園危機事件，皆為師生關係不佳的典型案例。

同儕關係惡化
- 同儕關係惡化問題，最常見者為校園暴力事件、校園恐嚇勒索事件、校園集體行賄事件等。
- 在班級或學校生活中，教師應該引導學生培養良好的同儕關係，讓學生彼此之間的相互關係，避免不必要的衝突而釀成校園事件。

圖解班級經營

Unit **12-4**
校園危機發生時的運作

一、偵測危機的情境

校園危機的發生，通常是學校人員對危機情境的偵測沒有做好基礎的管理工作，導致危機不斷擴大，進而影響學校的運作。因此，學校行政領導人員及教師皆應該對校園危機的偵測具有相當的警覺性，平時做好各種危機管理，才能避免校園危機的發生。

二、運用危機資源管理系統

建立各種學校危機資源管理系統，作為危機發生時處理之用。例如，社區的各種可運用資源，社區各個機構的聯絡電話、系統等都應該做好事前的管理，如此在校園危機發生時，才能有效運用各種校園危機管理系統。

三、溝通危險情境

危險情境缺乏溝通的話，學校危機發生的機率相對的就會提高。例如，學校校園中如果有池塘，就必須在周遭設立警告牌；校園中若有種植高大的椰子樹，在椰子成熟的季節裡就必須設立警示牌，以免果實掉落而發生意外事件。

四、具體做法

1.確定組員及聯絡電話：學校應該將全體教職員生採用任務編組的方式，建立危機處理小組聯絡管道。

2.建立巡邏網：學校應該將校園作安全區域的劃分，建立安全巡邏網。

3.建立電話聯絡網：學校行政人員應該針對校園安全建立電話聯絡網，並且讓每個教師或學生能隨時攜帶「電話聯絡卡」，如果有需要的話，可以隨時打電話聯繫。

4.選擇召集組員的危機訊號：每個小組成立時，選擇召集組員的危機訊號，讓小組成員可以瞭解訊息的作用。

5.規定組織及學校成員工作項目：學校必須賦予相關的危機工作處理，一旦學校發生危機事件，就應該能馬上提供各種資源。

6.詳列校長及危機管理小組代理人：若校長不在校內的話，小組代理人可以馬上處理校園的危機事件。

7.列出瞭解急救與CPR的成員名單：例如CPR、緊急包紮等各種安全上的急救常識，如此才能在意外事件發生時，立即提供各種簡要的醫學常識，降低校園安全事件對師生的影響。

8.列出學校危機裝備的內容與地點：學校除了將校園比較偏僻的地點或場所作各種安全警示之外，也應該將學校危機裝備的內容與地點列出來。

9.確定學校附近位置以作為危機來臨時避難方向與引導：如果危機來臨時可以作為避難之用，學校師生不必過於慌張，可以就近運用學校附近地點作為避難之用。

10.建立學校及家長的聯絡名冊：如果危機事件和學生安全或健康有關的話，教師要馬上聯絡家長，取得家長的同意或諒解。因此，教師要求家長必須提供至少二線以上的電話；若無法聯絡家長時，可以聯絡哪些人，才不至於錯失黃金時刻。家長聯絡名冊需送一份至學校衛生保健室，作為緊急聯絡之用。

11.學校應該列出有助於解決危機的重要利害關係者名單作為參考。

事的警訊

實驗方法問題

- 學校實驗室如果管理不佳，容易發生各種無法收拾的事件。
- 屬於管制的化學藥品應該加鎖集中管理，並由專人列冊管制使用。
- 危險的藥品應該加上標籤，以提醒使用的師生加以注意。
- 各種實驗儀器也應該隨時定期檢修，有危險性的儀器和藥品要嚴格檢查，並請教師注意使用時間和方法。
- 如果因教師或學生實驗方法不當而釀成的校園危機，影響的人員與層面是相當深遠的。

遊戲過程疏忽

- 學生在學校遊戲時，往往因為疏忽或過當而發生意外事件。因此，教師在學生遊戲前應該隨時提醒學生注意安全事項。
- 學校的各種遊戲器材也應該隨時標上安全告示牌，提醒學生在使用遊戲器材時隨時注意安全。
- 教師在平日班級生活中，應該隨時提醒學生遊戲的安全注意事項，尤其在下雨天時更應該提醒學生遊戲的安全。

學校工程進行

- 學校工程的進行應該儘量調整在學校放長假時，如果學校工程無法將施工期間調整在寒暑假時，總務單位人員應該嚴格要求施工廠商在工作時作好「安全圍離」設施，最理想的狀況是將施工範圍與學校生活圈隔離，並且將施工地點和學校作嚴密的隔離，以避免施工意外事件的發生。
- 同時也應該在施工現場標示工程進度與危險性，讓社區民眾與學生家長隨時瞭解，並提醒自己的子女在學校注意安全。

體育課程進行

- 學校課程進行時，體育課是所有課程中比較容易發生意外的一門，因此擔任體育課程的教師在教學時應該特別注意學生的安全。
- 如果體育課程是由科任教師擔任的話，級任導師應該有義務提供學生的健康紀錄，或是需要注意的事項（例如某學生有心臟病不適宜跑步），讓體育教師教學時參考。
- 此外，體育課程進行時會使用各種體育器材或場地，例如，游泳課程進行時必須要有救生員在現場、上籃球課時要注意籃框是否安全等。

藝能課程進行

- 藝能科的教學也因為使用各種器材而導致危險事件的發生，例如使用美工刀的課程就必須隨時提醒學生注意工具使用的安全，不可過於粗心大意。
- 上工藝課程時，在各種刀具的使用應該隨時注意安全，不可以隨意嬉戲。
- 教師在上藝能課程時，應該在上課前再叮嚀學生一番，讓學生瞭解藝能科學習的注意事項，避免校園危機事件的發生。

Unit **12-5**
校園危機解決後的運作

一、評估危機管理計畫與處理

首先在危機管理計畫方面，學校必須召開危機處理檢討會，徹底檢討危機發生的原因、學校人員對危機管理的處理態度，作各種危機管理計畫與處理的修正，以為日後學校危機發生的參考。

二、復原及追蹤輔導

在危機處理完成與解決後，應該針對校園危機管理計畫作復原及追蹤輔導工作，瞭解校園復原情形以及後續危機管理的追蹤。如果在危機處理之後，可能爆發後遺症的話，就必須定期召開危機處理會議，杜絕可能產生的影響。

三、修正及學習成長

在修正及學習成長方面，學校必須針對危機發生的各種狀況，提供學校師生學習與成長的機會，作為日後處理校園危機的參考。

四、具體做法

1.以誠實的態度提供重要且正確的訊息：透過「新聞發言人」，以誠實的態度提供正確且重要的訊息，讓全校相關人員都能瞭解校園危機的特性、影響，以及可能產生的後遺症。

2.對於不實謠言應儘速予以駁斥：尤其在新聞媒體採訪時，應該針對危機的性質提供正確的訊息，以免媒體記者憑個人的想像杜撰，影響學校平日的校譽。

3.儘速針對危機可能引發的不良後果加以消除：如果學校無法在第一時間就降低對危機可能引發的後遺症，則校園危機容易造成學校更嚴重的傷害。

4.對學校的施政表達高度信心：學校教師與學生應該對學校施政或行政運作表達高度的信心，不可以做出有礙學校聲譽的事件。

5.定期主動邀集新聞媒體參加簡報或召開記者會：學校在平時應該定期主動邀請新聞媒體參加學校的各種簡報，或是在固定時間召開記者會，讓媒體瞭解學校的施政方針、學校在各方面的改變，以利記者在報導校園事件時能作平衡的報導。

6.危機時間加長，學校可多派一位負責相關事宜人員：如此可隨時掌握危機的演變情形，以便更有效率地掌握危機狀況。

7.需對採訪記者的身分加以確認：由學校新聞發言人負責發布相關的訊息，但學校也應該對採訪記者的身分加以確認，以避免不必要的糾紛發生，造成學校的困擾。

8.避免談論可能對學校運作產生負面影響的話題：例如，學校如果發生火警的話，應該由校園危機處理小組統一發布訊息，並且商請消防單位協助，由學校負責單位與人員向消防單位作救災方面的簡報。

9.避免以煽動語氣或言詞回答媒體的話題：學校應該針對校園危機性質作簡要的說明，讓學校相關人員可以在第一時間取得訊息，避免以煽動語氣或嚴詞回答媒體的話題，才不至於讓新聞從業人員有更多想像的空間，影響學校聲譽並影響危機處理的進度。

時的警訊

教師不在時
- 教師不在教室時或請假時，是校園危機最容易發生的時刻。
- 教師如果臨時要離開教室，必須囑咐班級組織幹部掌握班級常規，如果需要離開長時間的話，儘量委託隔壁班級的教師加以管理，擬具各種可行的策略（例如請學生自行閱讀課外書）。
- 教師如果請假時，必須將班級事務詳細地交代給代課老師。

下課時間
- 下課時間是學生最容易出現意外事件的時段，教師應該在平時就不斷叮嚀學生，在下課時間須注意安全，不可以到比較偏僻的地方，更不可以離開學校。
- 在下課使用各種遊戲器材時，也應該隨時注意器材本身的安全，避免因為年久失修或是不當使用造成器材的損壞而影響學生使用上的安全。

午休時間
- 午休時間是學校最安靜的時刻，由於一般學校都會強調學生午睡的重要性，教師應該將教室的門窗上鎖，只留通風口即可，避免因為午休造成各種意外事件，降低校園危機事件的發生。
- 學校應該在午休時間派員輪流擔任巡邏工作，負責校園的安全。

打掃時間
- 學校生活作息中，打掃時間由於學生處於動態狀態下，因此容易發生意外事件。
- 教師在學生的清掃工作分配上面，應該多花些心思在工作的安排上面，避免將過於活潑的學生分派在同一組，以免因打掃時間嬉戲而發生意外事件。
- 例如，部分學校仍由學生擔任打掃廁所工作，打掃廁所必須運用各種清潔劑，如鹽酸類的化學藥劑。應注意及提醒學生安全的使用方法及意外發生時處理步驟。

放學時間
- 放學時間同時也是學校最亂的時刻，全校學生要在短時間內離開學校，難免因為秩序亂而發生推擠或意外事件。
- 學校在放學隊伍的安排與學生路隊的安排，應該透過各種時間作練習。
- 班級教師也應在放學時間確定學生已經離開學校，不可以擅自將學生留在學校以免發生意外事件。

長假時間
- 教師撰寫一份「假期安全備忘錄」交給學生或家長，讓學生、家長瞭解假期應該注意的事項。
- 教師可以在班級學生中以「安全編組」的方式實施小組互相關懷策略，如果假期中有任何事情發生的話，小組長可迅速地回報給級任教師和學校行政人員。

天氣酷熱
- 炎熱的天氣由於氣溫升高，學生容易出現中暑或意外事件。如三五成群到溪邊或海邊玩水，往往導致溺斃事件的發生。
- 學校應該在夏天來臨時，不斷叮嚀學生注意各種切身安全事宜。
- 教師可以運用各種班級時間向學生宣導安全注意事項，並提供各種意外事件的經驗讓學生參考。

慶典活動
- 學校舉辦慶典活動因在校園開放的情況之下，容易發生意外事件。
- 慶典活動期間，人來人往複雜，學校必須特別注意出入的分子，同時在交通安全上也應特別注意。也可在校園特定處立各種告示牌提醒學生安全事宜。

Unit 12-6
教師班級危機管理要項

一、通知學生校園危險地區

　　教師在班級生活中，應該隨時提醒學生，校園中有哪些危險地區不可以隨便進入，以免發生意外。尤其是學校比較偏僻的地區，如地下室、樓梯間、廁所、實驗教室、施工地點等，應該在班級生活中隨時提醒，讓學生對學校危險地區有所警覺，以免發生意外事件。

二、瞭解校園危機處理政策

　　教師應該瞭解學校所擬定的校園危機處理政策，並且在班級生活中配合學校的各種危機處理計畫，提供學生各種危機處理的相關訊息。如果發生校園危機的話，也應該全力配合學校執行校園危機處理政策。此外，教師應該對可能發生的校園危機有所警覺，不可以過於大意而造成學校的困擾。

三、配合學校危機政策

　　班級生活常規的要求以及學生各種班級生活的訓練，必須配合學校危機政策，降低學校危機發生的機率。例如，教師的教學時間應該配合學校上下課作息，不可以擅自更改學生休息時間，導致意外事件發生。如果是體育課的進行，應該在場地和各種器材的使用上多花些心力作雙重的檢核，以免設備老舊或年久失修，釀成學生意外事件的發生。

四、宣布學校危機處理政策

　　學校在平時所訂定的危機政策，教師必須在班級生活中隨時讓學生瞭解，並且隨時提醒學生應該注意的事項，養成正確的因應方式。教師應將學校危機管理政策或內容與學生有關者，作詳細的說明，並且引導學生瞭解危機可能發生的時間、地點、人事物等。引導學生如何預防危機，並在危機發生時正確地因應，降低對自己的影響。

五、宣導校園危機政策

　　校園危機政策的宣導對降低校園危機而言，是相當重要的一環。學校教師如果在班級經營中，隨時讓學生瞭解學校的危機政策，並且培養學生危機處理的正確方法，讓學生有機會培養正確的危機處理，那麼在危機發生時，自然可以透過舊經驗加以因應。

六、提供學校危機處理的重要政策

　　教師應該在班級生活中隨時提醒學生，將學校的危機政策做成書面資料或各種宣導海報，在班級生活中隨時透過各種形式提醒學生，確認學生對校園危機的政策有深入的瞭解。此外，教師也應該提供校園危機政策的書面資料給學生家長，請家長配合學校的政策。

七、危機處理的課程演練

　　如果師生缺乏對危機的處理經驗，容易在危機發生時亂成一團，導致危機的影響擴大。教師可以運用班級生活課程，或相關的課程中設計危機處理的課程演練，讓學生從活動的進行中對危機有深刻的認識，熟練危機處理的技巧。

地的警訊

廁所
- 廁所是學生每日生活必須場所，學校應該在廁所裝置各種使用安全告示。可能的話，應該在廁所裡裝置安全警鈴，以防意外事件發生時之用。
- 教師在班級生活中應該隨時提醒學生上廁所的安全注意事項，如果上課時間有學生要求上廁所的話，教師也應該指派另一名學生一同前往，並且掌握學生上廁所的時間，避免讓學生在上課期間自行上廁所，以免發生意外事件。

地下室
- 學校的地下室如果年久失修或是廢棄不用的話，學校應該上鎖或是加以封閉，以避免學生無意中闖入而發生意外事件。或是學生將學校地下室作為犯罪的場所，作為恐嚇同儕、欺侮同儕的場所。

樓梯間
- 在樓梯間應該設置消防安全繩索，將各種意外事件加以阻絕。
- 學校樓梯間的各種裝置，學校應該定期檢查並填寫檢查單，要求相關人員隨時檢視學校設施的安全性。
- 教師在班級教學中，應隨時提醒學生上下樓梯間的安全事宜，讓學生對上下樓梯的安全能隨時自我提醒。

屋頂
- 學校樓梯間往屋頂的通道應該設置安全門並且上鎖，避免學生下課時間好奇上屋頂而發生意外事件。
- 在樓梯間往屋頂通道之處，應該設立禁止標誌，嚴禁學校人員與學生進入。

活動中心
- 學校活動中心是意外發生頻繁的場所之一，尤其活動中心通常會擺設各種活動器材，如果學校在活動器材的管理方面未盡妥善的話，就容易發生意外事件。
- 有關學校活動中心的使用注意事項，應該貼在活動中心適當的位置上，提醒全校師生注意。

專科教室
- 專科教室通常擺設各種教學器材，例如，各種實驗儀器或實驗藥品，因此學校在專科教室的管理方面，必須特別用心以避免師生意外事件的發生。
- 專科教室平日應該上鎖並請專人管理，如上課需要時再向保管者商借鎖匙，使用完畢之後回復原位。

偏僻地點
- 學校較偏僻的地方，教師應該隨時提醒學生，或是隨時注意安全。
- 郊區的學校通常校區比較寬廣，偏僻地點比較多，學校針對比較偏僻的校區應該作妥善的規劃運用，例如，規劃成為花草欣賞區或蔬菜栽植區，儘量不要荒廢而形成學校危險地帶。

Unit 12-7
班級危機處理要項

206

一、建立家長緊急聯絡網

　　教師在接手新班級時，應該運用各種管道和家長保持密切的聯繫，可以讓教師隨時聯絡家長。教師應該將家長緊急聯絡電話建檔並且隨時攜帶，在學期中應該保持聯繫，讓家長瞭解孩子在學校的學習生活情形。教師應該讓家長填寫緊急聯絡的基本資料，內容包括學生的病例表、重要疾病、家長重要叮嚀、需要教師隨時注意事項、家長對孩子的期望、孩子的就醫紀錄，以及孩子生病時在緊急時刻可以送哪些醫院，作為教師在處理班級危機事件時的參考。

二、上課時間的安全措施

　　例如，教師在上課時間應該將教室的前後門上鎖，以預防外來意外事件的發生；中午午睡時間應該將重要門窗關好，只留氣窗，以避免陌生人突然闖入；上課時間如果學生臨時要上廁所的話，應該請班上同學同行，以防意外事件發生，教師本身也應該關心學生上廁所的安全事宜。

三、運用小老師制度

　　針對班級事務建立小老師制度，協助教師處理各種班級事務，包括校園危機處理工作的協助。教師可以將班級學生依據各種特性，以分組方式建立安全小組，並且建立安全小老師制度，協助學生各種生活安全的指導工作。小老師應該擔任小組成員安全方面的回報與監督工作，隨時提供教師班級學生的安全情形以及各種訊息。

四、採用自治幹部責任制

　　教師在班級生活中可妥善運用班級自治幹部，並且建立自治幹部責任制，賦予幹部危機管理方面的責任，可以協助教師在班級危機管理方面的任務。當教師臨時離開教室時，可以運用班級自治幹部協助進行秩序的管理和安全的維護工作。

五、培養學生危機與安全意識

　　教師在班級生活中，應該透過各種生活課程提供並培養學生危機與安全方面的意識，讓學生瞭解班級危機存在的可能性，作為提高危機意識的參考。學生安全意識的培養是相當重要的，在學校生活中必須對校園可能產生的危機有所警覺，並瞭解危機發生時的處理策略，以及可提供協助的資源和人力。

六、班級設備安全處理原則

　　教師在班級生活中，必須在平日重視班級設備的安全，如果設備本身具有危險性，教師必須提醒學生並作設備方面的安全區隔，避免學生在班級生活中，因嬉戲或不當使用導致危險發生，甚而影響人身的安全性。

七、正確的作息時間

　　教師在班級生活中，應該遵守學校的作息時間，並且提醒學生作息本身所代表的意義。在平日的生活作息中，必須隨時提高警覺，尤其是有危險性的時間、地點、設備、人物等。教師本身的作息，應該與學生的作息有所區隔，例

如，懷孕的教師下課時間應該與學生錯開，避免因為學生的衝撞而發生危險。

八、瞭解班級危機可能發生的事件

教師應該隨時將校園或班級可能發生的危機案例，作為教材向學生說明班級可能發生的危機，並透過活動設計形成舊經驗，讓學生可以在模擬的情境中，練習處置班級或危機的運用。

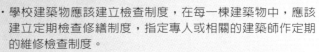

物的警訊

建築物老舊問題
- 學校建築物應該建立檢查制度，在每一棟建築物中，應該建立定期檢查修繕制度，指定專人或相關的建築師作定期的維修檢查制度。
- 如果在重大的天然災害之後，更應該進行結構體的安全檢視工作，避免建築物老舊突然釀成意外事件。
- 學校如果有老舊危險的建築物，應該貼上警告標誌提醒師生和社區民眾禁止進入，已超過使用年限者，應該依法申請拆除並移作他用。

遊戲器具失修
- 學校的遊戲器材應該定期檢修並列入追蹤考核，在各個遊戲器材旁邊應該加裝檢修紀錄表，校長也應該責成負責人員進行定期的檢查工作，以維持學生使用上的安全。
- 如果遊戲器材本身有問題的話，就應該在器材旁邊設立警告標誌，禁止學生使用以免釀成意外事件。
- 教師在班級生活中，應該隨時提醒學生在使用遊戲器材時，隨時注意遊戲器材本身的安全，如果發現器材有損壞的情形，應該隨時讓學校老師瞭解。

廢棄物未即時處理
- 一般學校教學用的廢棄物或廢水，應該立即處理，不可有所延宕，以免形成學校的危機事件。
- 例如，學校實驗室使用的實驗廢棄物或廢氣汙水等，都必須在教學結束之後，立即進行專業處理，以免形成校園危機事件。

Unit 12-8
班級安全檢查

一、學生方面

教師在班級生活中，應該定期對學生實施安全教育，提供各種社會意外事件，讓學生從經驗中學習與成長。在學生方面的安全檢查，教師可以考慮下列要項：

1.圖列違禁品供參考：教師在班級生活中，應該針對各種違禁品，以圖列的方式提供學生作參考，讓學生瞭解違禁品的項目，在後續實施安全檢查時，學生就不至於產生不必要的反彈，或因此形成師生之間的衝突，導致學生對學校反彈聲浪。

2.實施不定期檢查：教師在實施安全檢查時，應該以不定期檢查的方式實施。比較理想的方式是教師在擬定學年或學期計畫時，就將安全檢查列入重點工作。教師也應該利用各種機會向家長說明各種違禁品的項目，以及學校實施安全檢查的必要性，讓家長理解學校的做法，並配合學校的各項規定，可以在家庭教育中與學校同步實施。

3.鼓勵學生自首：教師在實施安全檢查之前，可以再將違禁品的圖文呈現說明，請學生仔細想想自己是否無意中帶了違禁品到學校，如果有的話可以「自首無罪」，給學生自首的機會。

4.查獲的處理：如果實施安全檢查之後，查獲學生的違禁品，教師應該先瞭解原因後，再決定處理的程序。如果情節嚴重的話，應該陳報學校行政單位，並電請家長會同處理。

5.列冊管制與處理：安全檢查實施之後，如果查獲違禁品，教師應該將學生的違禁品列冊管理，或是交由學校處理，不可以私下將各種違禁品處理，以免形成家長與學生對教師的反彈。

二、硬體方面

例如，教室的門窗是否安全牢靠、教室的鐵窗是否年久失修、教室的燈具是否安全無虞、教室的各種插座開關是否漏電、教室的桌椅是否用久了鬆脫等等，都需要教師實施定期檢查，以避免意外事件的發生。教師可以設計一份定期檢查表（或維修表），請班上的幹部進行定期的檢查回報。

三、檢查技巧方面

1.熟悉法令的規定：教師應該熟悉相關的法令規定，避免在檢查過程中因無心而觸法。例如，現行的法令規定教師不得隨意搜查學生的書包、教師不得隨意侵占學生的東西等。

2.顧及學生的自尊心：在安全檢查時，應該給予學生適度的尊重，例如，國小高年級以上的學生，部分已經進入青春期，教師可以請學生先將個人的衛生用品放進抽屜內，以避免不必要的尷尬產生。如果查獲色情書刊的話，教師應該低調處理，不可在公開場合喧嚷，以免學生被同儕嘲笑。

3.提供解釋的機會：屬於首次查獲的話，應該給予學生改進的機會；如果是累犯，就實施該有的懲罰。

領導的警訊

師生關係問題

- 師生關係的經營應該保持密切的專業關係，如果師生之間未保持良好的互動，容易形成校園的另一種危機。
- 研究指出，教師與家長之間的衝突往往來自教師與學生關係不佳，學生回家之後惡意評論教師或渲染教師在班級的教學行為，引起家長與教師間的誤會。
- 教師應該與學生營造良好的師生關係，締造雙贏的效果。

校長領導問題

- 校長在學校的領導風格，影響學校組織氣氛與教師同儕之間的關係。
- 如果校長過於威權的話，容易形成行政人員與教師之間的對立關係，進而產生彼此之間的不信任問題。
- 因為領導問題容易形成校園危機事件，例如，教師對行政方面的不滿或誤解，提供媒體各種訊息造成行政運作方面的困擾。

非行政組織問題

- 學校非行政組織的運作，如果未能有效掌握的話，會形成學校的校園危機。
- 例如，學校同仁之間如果成立「互助會」，但未能有效地運作或掌握的話，倒會事件就容易影響學校的校譽，造成行政運作方面的困擾。

壓力管理問題

- 通常壓力管理指的是教師本身的壓力管理，如果教師本身在心理衛生與情緒管理方面出問題的話，容易在執行專業時因個人情緒問題而形成校園危機。
- 例如，脾氣暴躁的教師因管教學生問題而不當體罰、訓導人員因學生常規問題而採集體懲罰方式等，都容易形成校園危機事件。

各種個人因素

- 除了上述問題之外，各種個人因素也是導致校園危機的主要癥結。
- 學校行政主管和教師應該針對各種影響校園危機的潛在因素，作有效的掌握並加以因應，才能將校園危機發生的機率降至最低，將對學校的影響減至最小。

第 13 章

班級例行公事處理策略

●●●●●●●●●●●●●●●●●●●●●●●●●●●● 章節體系架構 ▼

●●

　　教師在每天的班級生活中，必須面對各種班級例行公事（routine），因此，如何以有效的策略和程序，處理每天在班級中所發生的事件，對教師專業成長是相當重要的。經驗（或專家）教師，在面對瞬息萬變的班級經營時，應該以專家處理模式加以因應，才能收到預期的效果。

　　本章針對班級生活中的各項例行公事，提供實物與處理策略方面的分析，讓教師可以在處理例行公事時得心應手，不至於因為手忙腳亂而影響班級事務的處理。

Unit 13-1
學校教室的每日例行公事

圖解班級經營

一、打掃

1.分派值日生及指定班級各項工作。

2.7:30-8:00為各班打掃教室及外面公共區域時間，教師應該擬定班級清掃計畫以及工作分配表，落實責任制。早上及下午各打掃一次。

3.視學校而定，有些學校只有下午課間十五分鐘為打掃時間，有些學校則上午和下午都有課間十五分鐘的打掃時間。如果只有半天課（如星期三），則會在上午課間時間進行第二次打掃。

212

二、早自修、晨光活動、導師時間

1.點名：每日的早自修時間或第一節，由幹部清點學生人數，如果有學生缺席，請副班長打電話到學生家中詢問。有些學生有遲到的習慣，可於第一節後再打電話；若是特殊情況，則由教師打電話處理，並請負責的幹部登記聯絡情形在記錄本上面。

2.導師自由運作：早自修晨光時間，教師可自由運用，可讓學生讀經及做護眼操（護眼操由一位學生開學時到保健室接受訓練，再回班上教每位同學）。教師也可讓學生閱讀課外讀物，寫讀後心得。

每日的最後一節讓學生將聯絡簿寫好，請小組長檢查，教師等隔天再檢查，若發現學生有投機行為（先寫上，回家後再擦掉）則罰寫。

大部分教師會於每日放學後將隔日的聯絡簿內容寫在黑板上，隔天學生一早到校後將聯絡簿寫好（此種方法可讓早來的學生有事情做，不至於吵鬧），利用下課時間請小組長檢查，小組長檢查完蓋章，再由教師複查。通常教師批閱聯絡簿的時間要在家長簽名之前，以確定學生抄寫的完整性。

有些小朋友因為放學回家後先玩，以致把作業拖到很晚才寫，讓家長誤會教師派的作業太多，所以部分教師會讓小朋友在早自修時間寫生字新詞。但是教育部已於民國88年廢除早自修，所以早自修時間不宜派作業給小朋友寫。

3.義工媽媽時間：教師可以請家長輪流在晨光時間設計各種學習活動（例如，讀經時間、故事時間、生活家事時間），讓學生學習課外事物。

三、上課

按表操課。導師一週共有二十二堂課，科任教師上課時，導師多半在休息室批改作業。

四、午餐

教師與學生在教室共進午餐。在值日生制度之外，另外排「午餐班」負責抬飯菜、打飯等工作。午餐時間可以在教室設置小小廣播員，請學生將自己最喜歡的CD或錄音帶，利用午餐時間播放以增加用餐的氣氛。

五、午休

1.不完全強迫午睡（但應該請學生安靜）。

2.導師可自由利用：午休時間不強

迫學生午休，學生可安靜地做其他事，但不可起來走動。學生可以自行運用午休時間。

六、整隊放學

　　大多數的學校都會排路隊，把家住得近、走同一條路的學生集合成一路隊。

班級例行公事範例

時　間	例行公事
7：30	小朋友、導師到校
7：30 ～ 8：00	掃地
8：00 ～ 8：40	晨間活動（20 分鐘）→寫生字新詞、複習功課 導師時間（20 分鐘）→抄、改聯絡簿、教師愛的叮嚀 （星期二早上本時段為升旗時間）
8：50 ～ 9：30	第一節
9：40 ～ 10：20	第二節
10：30 ～ 11：10	第三節
11：20 ～ 12：00	第四節
12：00 ～ 12：40	營養午餐（導師與小朋友一起在教室用餐）
12：40 ～ 13：20	午休（導師可自由利用） ① 請部分訓練過的小朋友幫忙改作業 ② 沒寫或缺交作業者，站在窗臺旁邊寫完作業 ③ 不睡覺的小朋友可以自由選擇在圖書角看書 ④ 其他小朋友睡覺
13：30 ～ 14：10	第五節
14：20 ～ 15：00	第六節
15：00 ～ 15：20	打掃
15：20 ～ 16：00	第七節
放　學	
註：低年級——星期二整天，其餘半天。 　　中年級——星期一、二、四整天，星期三、五半天。 　　高年級——星期三半天，其餘整天。	

Unit 13-2
學生生病受傷處理

一、建立學生基本健康資料表

教師在接新班級時，應該建立全班學生的健康基本資料表，請家長提供學生成長的相關資料。學生基本健康資料表中應該至少包括：(1)提供家長三線緊急聯絡電話；(2)提供學生成長過程中的重要疾病紀錄；(3)提供學生曾經有哪些重要的疾病需要教師瞭解（例如，心臟病）；(4)提供學生生病時如果需要送醫的話，家長要求送哪些特定醫院；(5)提供學生重要就醫紀錄及相關資料；(6)提供學生對哪些激烈活動需要避免等資料，作為教師在班級生活中的參考。

214

二、爭取時間，安全第一

教師在處理學生生病與受傷事件時，應該掌握「時間第一、安全為上」的要領。當學生生命或受傷時，應該立即研判是否需要通知家長，或是學校校護即可以處理。如果需要立即通知家長的話，應該偕同學校護理人員做短暫性處理之後，立即通知家長，並且運用學生健康資料表上所記載的資料和通訊電話，請家長立即處理。如果無法聯絡上家長，也應透過學校行政系統請求協助。

三、寧可大題小作，勿因小誤事

教師處理學生生病或受傷事件時，千萬不可以掉以輕心，應該隨時讓家長瞭解學生的情況，提供請家長協助參考。如果學生在學校受到輕傷，也應該在聯絡簿上告知家長，學生在學校所發生的事，請家長進行後續的觀察處理。

教師應該將和家長聯絡的事件做成重要的班級紀錄，避免來日發生糾紛。

四、聯絡家長並請健康中心支援

當學生在學校受傷或生病時，教師應該立即聯絡家長，讓家長瞭解，並請家長提供學生處理的意見。教師在聯絡家長時，不管有沒有聯絡上都需要行程記錄，以便需要查證時可提供書面資料。在學生受傷或生病時，教師應該依慣例請學校健康中心支援，因為健康中心有醫療專業人員可以提供醫療專業方面的協助。

五、若需送醫請校護陪同

學生生病或受傷需要送醫，教師應該請健康中心醫護人員支援，並且將級務處理妥當之後，隨同將學生送醫。在送醫的同時，教師應該和學生家長聯繫，讓家長可以掌握自己子女的狀況。此外，學校應該和社區醫療單位建立醫療服務網關係，當學校有學生需要醫療服務時，可以隨時提供學校必要的協助。如果是社區的家長本身是醫師的，學校需要和家長簽訂相關的合約。

學生在學校生活中，難免因為各種事件而導致受傷或是因為同儕的傳染而生病，教師在遇到此類學生事件時，應該掌握先機，立即和家長聯絡，請家長協助教師處理。如果聯絡不上家長，教師也應該將學校處理的情形讓家長瞭解，避免因為教師未告知家長而造成家長對教師的誤解。

學生人數掌握

1.
落實幹部
責任制

· 教師每天踏進教室第一件事就是要掌握學生人數,如果教師在一天開始無法有效掌握學生人數的話,班級經營容易發生意外事件。

· 在學生人數的掌握方面,教師可以落實班級幹部責任制,讓班級幹部確實做好人數的掌握。

2.
採用簡報
方式處理

· 教師可以在班級中運用自治幹部掌握學生的各種動態,以便協助教師進行班級事務的管理。

· 例如,每天早上請班長清點學生人數,如果有學生在上學時間未到校,就請班長負責打電話到學生家裡瞭解狀況,並且全程記錄稟報老師。學藝股長負責清點學生的回家作業繳交情況,如果有未完成的同學就請指派班級小老師進行同儕學習輔導。當教師進教室時,各級幹部必須以簡報方式向教師報告班級各種情況,教師可以透過班級簡報瞭解並掌握當天的學生狀況。

3.
運用出席
人數登錄表

· 教師應該在班級設計學生出席人數登錄表,並請班長或副班長負責當天學生人數出席登錄情形,可以透過出席人數登錄表掌握學生的出席狀況,並且瞭解學生的缺席情形,教師可以立即掌握學生的動態。

Unit 13-3
作業繳交問題及學習評量的處理

　　學生作業的繳交是教師每日應該面對的例行公事，教師可以依據班級學生的特性，設計一份班級作業繳交的表格與程序，請班級學藝股長協助教師處理作業繳交事宜。教師可以從學生作業繳交的過程中，瞭解學生的責任感與榮譽感。

一、作業繳交問題的處理

1.統計作業繳交情形

　　教師每天應該請學藝股長瞭解學生作業繳交情形，並運用作業繳交統計表，將學生交作業的情形，統計作為教師的參考。學藝股長應該將每日作業統計表送給教師參考，缺交的學生由教師進行個別提醒；如果多次缺交的話，則以書面方式通知家長處理。

2.落實小老師檢查制度

　　學生當天繳交的作業，教師可以請小組長先進行初步的檢查，將內文有錯字的或是需要調整的部分，運用同儕學習輔導的方式，請小老師指導該同學進行適當的修改。如此一來，教師可以減少相當多的時間耗在批改作業上面。

3.立即處理制度

　　如果小組長發現同學有未繳交作業或是作業沒有寫的情形出現，小組長可以基於職責輔導同儕利用時間完成作業，等作業完成之後再交上來。如果學生的作業是屬於需要指導的，可以請小組的小老師進行作業指導。

二、學習評量的處理

1.教學評量的類型

　　教學評量的實施在班級教學中，是相當重要的一環。教師在班級教學中，應該透過變通的教學評量，提供學生更多元、公平的學習機會。傳統的教學評量僅停留在紙筆測驗的形式，以「筆試」定學習成就的統一標準，對學生的學習形成恐懼感。學生面對教學評量，往往有莫名的恐懼，進而對學科學習失去興趣、缺乏信心。

　　有效的教學評量，除了重視學習成果，也應重視學習過程；除了強調知識層面的記憶，也應重視情意方面的改變。除了紙筆測驗之外，教師也應考慮運用多元評量、檔案評量、卷宗評量、動態評量、闖關評量等各種類型的評量，提升學生對評量的興趣，同時真實反應學生學習的變化。

2.變通的教學評量

　　一般學校的教學評量，大都侷限於紙筆測驗或是月考、期末考試。紙筆測驗往往無法反映出學生在學習方面的表現，教師必須在教學評量的實施方面採用創新的方式，才能降低學生對考試的緊張和惶恐。所謂變通的教學評量，是指教師在紙筆測驗之外，應該提供學生變通的方案，讓學生可以真實地反映出學習進步的情形，同時提供對紙筆測驗比較不利的學生另一種評量的方案。例如，教師可以在平日要求學生撰寫學習日誌，將一週或一段時間的學習心得寫下來，再加上學習反省札記，或是在傳統的紙筆測驗中，請學生寫下一個月以來的學習心得、需要改進的地方，以及未來努力的方向；如果學生文筆不佳的話，可以考慮讓他用口述的方式進行。

不一樣的成績單

除了分數還要有更多文字敘述	·增加可以用文字敘述的方式，提供家長和學生更多來自評量方面的訊息。
除了知識還要有更多情意態度	·將情意方面的改變詳細地敘述，讓家長能瞭解子女在學校的成長。
除了結果還要有更多學習過程	·在成績單上面將學習過程以文字敘述的方式，詳細描述學生在各科學習上的情形，並提供學生在學習方面的建議。
除了總評還要有更多具體建議	·創新的成績單，應該提供學科學習更具體的建議，讓家長和學生瞭解在學科學習方面應該改進之處。
除了形式還要有更多實質意義	·除了顧及傳統的功能，也應該提供實質意義和功能，讓家長從成績單中瞭解子女的學習。

檔案評量

·將自己一學期以來各科的學習情形，以及各科的評量資料以系統化的方式建立檔案，從檔案的建立中瞭解自己的成長與學習，也可以瞭解自己在各階段的努力情形。

創意操行成績評定

·可以考慮運用軼事記錄法，將學生每天所發生的事情記錄下來。
·在學期末，可以運用「社交量表」請班級學生填寫，再透過社交量表的呈現作為評量操性成績的參考。
·教師也可以運用「操行自評量表」讓學生作自我表現的評量。

Unit **13-4**
假期作業指導及生活輔導

　　針對學生假期的作業設計，教師應該運用創意且動態的作業方式，讓學生的假期生活多采多姿，充滿學習樂趣。

一、假期作業指導

　　1.展覽布置：事先和學生討論展覽內容的呈現，讓學生可以運用假期時間蒐集資料或是完成個人作品，在開學初期以展覽方式將學生的作品編輯展出，並商請全校師生共同參觀，提供學生作品發表與欣賞的機會。

　　2.主題發表：指導學生在假期時進行專題研究，從日常生活的經驗中挑選一些有趣而且具有學習價值的主題，進行資料的蒐集、分析、討論、分享等。

　　3.分享園地：假期生活經驗的分享，可以提供師生各種豐富的生活經驗學習，透過他人的假期生活可以作為未來安排假期生活的參考。學生也可以瞭解別人的假期作了哪些安排，擁有哪些有趣的經驗，教師也可從中瞭解學生的假期生活。

　　4.特區發表：特區的發表是教師事先和學生或家長討論主題、內容，以及未來呈現的方式，然後擬定相關的主題、經驗，請學生在假期中集合社區的資源、家長的指導，蒐集各種生活的經驗，形成學生的作品，透過專區發表的方式展現出來。

　　5.優秀作品：教師可以將學生各方面的優秀作品，經過整理編輯後在學校公開場所展出，一來鼓勵學生認真做作業，也可以豐富學生的生活經驗。學生的優秀作品不侷限於藝術與人文方面，舉凡語文、童詩、短文、長篇小說、繪畫等，都可以報名參加，原則上以每位學生都可以參展為原則，提供學生一個正式發表的機會。

二、假期生活輔導

　　學生意外事件發生的頻率有愈來愈高的趨勢，教師應該針對學生的假期生活，擬定各種輔導策略讓家長參考。

　　1.提供假期時間規劃表：教師於放假之前，應該針對假期詳列一份日程表，記載重要的行事曆，以及學校需要家長和學生配合之處，提供學生作為假期擬定行事曆的參考。教師也可以要求學生依據學校擬定的行事曆，撰寫一份重要的個人行事曆讓教師作為指導的參考。如果學生在擬定行事曆方面有問題的話，教師可以立即給予輔導。

　　2.提供休閒資料：教師可以在平日透過資訊課程教學，指導學生蒐集相關的休閒資訊，作為提供假期休閒的參考，尤其是合法、安全適合學生前往的各種場所。在假期中也可以指導學生針對休閒生活進行專題研究，在假期結束後繳交蒐集的報告，和同學共同分享。

　　3.提供心靈充電妙方：教師在假期前可擬定假期心靈充電的妙方，讓學生和家長參考。例如，各種閱讀活動、參觀重要的建築、美術館、博物館、電腦展等心靈活動。

　　4.避免意外事件發生：學生在假期中最容易發生意外事件，教師必須不斷地叮嚀提醒學生。例如，家庭生活中的用電安全、瓦斯使用安全、各種戶外運動應該注意的要點、網路交友的安全、戲水安全、各種網咖安全等。

收心操

· 學生在長假之後或是新學期開始，難免因為心情浮躁或是安逸過久而無法集中注意力學習。此時教師就需要進行類似收心操的活動，引導學生讓自己沉澱下來，以便慢慢集中注意力學習。

指導學生集中注意力學習策略

1.分享與討論新學習計畫

在開學前，教師可以利用時間和學生討論新學期的相關計畫，例如班級常規是否調整、班級自治幹部是否更新、新學期有哪些新的計畫、班級教室有哪些新的目標等，透過和學生討論新學期新計畫的同時，可以讓學生慢慢進入學習生活，同時也瞭解未來的學習重點，以及學科學習的要領。

2.以短時間靜坐的方式

教師也可以運用靜坐的方式，在教室中播放一些比較沉靜的背景音樂，請學生將眼睛閉起來，讓小組長閱讀教師事先準備的文章，透過靜坐與文章欣賞的方式，讓學生可以安靜下來，並且從欣賞文章中讓心情慢慢沉澱下來。

3.請學生閱讀勵志的小品文

教師也可以事先安排幾位小組長閱讀教師準備的小品文或勵志文章，讓全班學生靜靜地欣賞。此外，也可以請學生分享假期中，自己的旅行經驗、難忘的經驗、家居生活、過年的景象等，透過生活經驗的分享可以讓學生的心情慢慢靜下來。

4.分享假期生活經驗

教師也可以和學生分享自己的假期生活、寶貴的生活經驗、未來對學生的期許等等，透過心情的分享可以拓展學生的視野，同時也可以讓學生的心情慢慢地沉澱下來。相對地，教師可以播放一些比較具思考性的電影供學生欣賞，或是一些比較勵志的電影讓學生觀賞。

5.檢查學用品及各種準備事項

由於新學期的開始，難免有一些重要的事情要先處理，例如學生學用品的檢查、新課本的發放、各種教科書的整理、學習新計畫的擬定等都可以利用這些時間處理，順便讓學生從開學用品的整理，慢慢將玩的心思收起來，準備迎接新學期的開始。

Unit **13-5**
補救教學的實施

在班級教學實施中，學生因為家庭背景、文化刺激、學習參與等，在學習成果方面難以達到一般的精熟度，需要教師給予特別的補就教學，才能提升學生的學習成就。因此，教師在班級教學中除了給予學生各種學習策略之外，也應該針對需要進行補救教學的學生實施補就教學。一般而言，在補救教學實施方面，需要考慮下列原則與因素：

一、瞭解學生學習落後的原因

教師在實施補救教學前，應該先瞭解學生學習落後的原因，針對原因給予專業方面的指導。透過學習落後原因的瞭解，教師才能擬定補救教學的有效策略，並且依據對學習落後原因的瞭解，才能實施具體有效的補救教學。

二、診斷學習實施補救教學

對需要進行補救教學學生學習的瞭解，對學習的提升是相當重要的。教師透過學習的診斷，才能瞭解學生在學科方面的學習情形，以及學習程度，如此，才能針對學習情形進行補救教學。例如，五年級的學生如果數學程度停留在三年級下學期的話，教師就必須從三年級的數學開始進行補救教學。此迫因於國小的學科係以螺旋式課程編制，學生的學習是依據具體、半具體至抽象的設計，因此，補救教學前需要瞭解學生的學習程度，以及學習階段作為參考。

三、有效地運用人力資源

教師在班級實施補救教學時，應該有效地運用人力資源，才能達到預期的效果，並且不影響教師的教學活動。在人力資源的運用方面，包括教師本身、學生小老師、愛心家長、社區人士的運用等。

四、安排補救教學的時間

實施補救教學時間的安排，教師可以運用各種課餘時間，例如，利用中午午休時間、團體活動時間、課餘時間進行補救教學。如果需要在放學之後留下來進行補救教學的話，必須事先徵求家長的同意，才可以實施補救教學。此外，教師可以運用上課時間，請學習小老師就近輔導學習落後的同學。

五、擬定適當的評量標準

教師在班級實施補救教學時，應該依據學生在學習方面的情形，擬定補救教學措施，並且在學習評量標準方面，考慮降低對學生的要求。通常需要進行補救教學的學生，在學習方面比普通學生而言，學習成就是比較低落的，因此，教師應該降低對學生的要求，只要學生學習有進步就應該給予鼓勵。

一般對學生學習的要求，在精熟方面會訂在80%的標準。對於學習過程中無法達到精熟的學生，教師在班級教學中應該給予更多的支持與指導，讓學生從補救教學中建立對學習的自信心，提升對學習的興趣。在班級教學中，教師可以依據學生的學習進步情形，決定是否需要實施補救教學，透過各種指導策略的實施，協助學習困難的學生在學習中找回自信心。

忘記帶東西

善用聯絡簿

· 請學生將重要的行程或要提醒的事，隨時登錄在聯絡簿上面，提醒自己每天需要帶的學用品或是班級重要的記事。
· 如果學生仍然忘記帶東西的話，教師可以運用聯絡簿通知家長，隨時提醒自己的孩子。

運用班級置物櫃

· 一般學校的班級都設有學生置物櫃，教師可以向學生講解置物櫃的功用，請學生將一般常用的學用品放在置物櫃中，不必每天帶來帶去增添麻煩。
· 學生的置物櫃運用，教師必須經常性地提醒，才能收到預期性效果。比較理想的方式是教師請學生將置物櫃裡的東西，題寫在置物櫃醒目的地方，可以隨時提醒學生。

班級備份

· 例如，部分學生經常有學用品無人認領的話，教師可以集中放置處理，有學生忘記帶學用品到學校的話，就可以從教室備份中借用。
· 無人認領的學生衣服，教師可以請班上學生輪流帶回家，用洗衣機處理並置放在教室中方便急用。

補救策略

· 如果學生忘記的東西是無法立即補救的，就請學生暫時和同學共用，並在正式課程中，先進行其他活動以免影響其他同學的學習活動，請學生回家之後再進行補救。

林小河：怎麼樣你才記得住呢？

報告老師，我又忘記帶作業了！

Unit 13-6
接新班級的處理

教師接收新班級時，應該先將各種前置工作備妥，讓學生和家長對教師的教學產生信心，尤其是對學生家庭背景的瞭解，以及和家長的溝通。在接新班級的處理方面，可分成新生訓練和舊生訓練兩部分。

一、新生訓練方面

1.準備工作

在新生訓練方面，教師在事前的準備部分包括：(1)先將教室布置成溫馨的氛圍，降低學生對新環境的恐懼感，同時也可以增加對學習的興趣；(2)事先將學生的座位表規劃好，並將學生的座位表公布在教室前面，讓學生家長可以很快地找到自己的座位；(3)規劃新生入學當天的流程，尤其是新生入學當天的活動流程表；(4)將學校的位置圖公布一份在教室前，讓新生和家長可以很快地認識學校的環境，不至於因為陌生而迷失。

2.教師本身方面

教師在新生訓練當天，應該儘量梳洗乾淨並穿戴整齊，帶著愉快的笑容進教室，給學生和家長一個好印象。此外，教師於當天應該儘量早些到學校，避免讓早到的家長枯等。教師在家長就座之後，將各種事先準備好的資料發給家長，並請家長填寫學生基本資料，將各種家長需知和需要與學校配合之處，一一地秉告家長，讓家長充分瞭解。

3.資料提供方面

新生訓練當天，教師應該提供的資料包括新生訓練流程表、教師班級經營理念與計畫書、家長應該配合的要項、家長和教師聯絡的方式、輔導家長如何協助子女正常的學習銜接（由幼稚園至國小）、每個月的親師座談時間、學校需要家長配合之處等。

4.活動進行方面

新生入學當天，教師在活動的進行方面，通常包括運用活潑的方式進行自我介紹、指導學生認識新朋友、配合各種熟悉的音樂做律動、做師生之間心靈的對話以縮短彼此間的距離、引導學生認識校園的環境、進行基本生活常規的講解訓練等。

二、舊生訓練方面

如果教師接的是學校新班級舊生的話，可以考慮運用新生入學的方式，實施生活方面的訓練。在舊生訓練方面包括認識校園環境、介紹新課程及新的科任教師、瞭解班級重要的規定和措施、填寫各種資料表、準備各種學習用具和學用品、為學生布置一個溫馨的學習環境等。

教師在接新班級時，應該設法給予學生溫馨的感覺，降低學生對教師的恐懼及對學習的陌生，將教室布置成溫馨、人性化的家，讓學生喜歡新的學習環境，無形中便縮短了學生與教師之間的距離。

轉學問題

資料移轉方面

學生轉學時，教師應該將學生的重要資料，如學籍紀錄表、輔導資料表、訓輔資料等填寫完整，以保密且用掛號的方式寄達轉學的學校，切記不可以讓家長自行攜帶到當地學校報到，以免因為家長好奇偷窺資料而引起不必要的爭執。

提供詳細的觀察紀錄

學生需要轉學時，教師應該將平日對學生的觀察紀錄，包括學生的日常生活表現、在各學科的學習情形，一一詳細地記錄，並且將該資料提供給新教師，讓教師可以透過資料的閱讀，很快地認識學生，並瞭解學生需要哪些專業方面的協助。

協助適應新環境

通常轉學生會面臨環境適應、學習適應、生活適應等方面的問題，需要教師給予各方面的協助。教師可以在學生轉學時，提供未來轉學新學校的簡介，讓學生對新環境有些許的認知。如果在時間上、地理位置上允許的話，也可以親自帶學生和家長到新學校，讓學生瞭解新的環境，並且親手將學生交給新的級任教師。

寫一封感謝書函

教師可以在學生轉學時，寫一封感謝或委託信函給新任教師，內文包括對該學生平日表現的描述、教師對該學生好的印象，以及該學生需要哪些專業方面的協助，並感謝新任教師對該學生的接納，並且留下自己的聯絡方式，作為日後聯絡之用。

第 **14** 章

稱職教師的角色與義務

章節體系架構 ▼

　　在教師教學生涯中，要當一位負責盡職的教師容易，但要擔任一位受歡迎的教師則很難。由於教學生涯相當漫長，因此，教師在生涯發展中必須瞭解學生、家長、社區人員對教師的看法，才能不斷調整自己，修正自己的教學步調，成為高效能且受歡迎的教師。

Unit 14-1
教師的特質

依據相關的實證研究指出，受歡迎教師的人格特質應該是多元動態的。因此教師應該瞭解，一般人員對教師工作本身的期許。各類型教師特質：

一、受歡迎教師的人格特質	1.有幽默感、有耐心
	2.有創造力、具親和力
	3.以身作則、主動學習
二、受學生歡迎教師的特質	1.愛學生、認同學生個別差異
	2.教學有趣多樣化、與學生亦師亦友
	3.對學生多讚美與鼓勵
三、受學校歡迎教師的特質	1.能掌握班級、教學有趣多樣化
	2.有明確的教學目標、展現高度熱誠，熱愛教學
	3.明確制訂常規並徹底執行
	4.與其他教師、學校行政人員關係良好
	5.能配合學校課外活動和委員會的工作
四、受家長歡迎教師的特質	1.親師溝通良好、主動釋出善意
	2.發現孩子的潛力、營造良好的上課氣氛
	3.做到公平、公正、公開
	4.將孩子的小事當成大事
五、實證研究 一項「如何做一位受歡迎教師應具備特質」的問卷中，教師被要求在34項特點中，依序圈出他們認為最具體的特質，提供幾項讓教師參考。	1.赤子之心、愈挫愈勇
	2.博學多聞、跟得上潮流
	3.理性與感性兼具、自我期許高
	4.善於啟發、以身作則
	5.樂在教育、多學習、多成長
	6.以愛為出發點、勤於學習，追求成長
	7.個性活潑外向，表情動作豐富
	8.能與學生打成一片，但不失分寸
六、成功教師的特質 （一）國內調查 　　10年以下年資的教師認為好教師的重要特質	1.親切、多鼓勵與讚美、留給學生自尊心
	2.敬業
	3.認同個別差異並瞭解全班同學、有愛心、展現高度熱誠
	4.講課淺顯易懂、多跟家長溝通、教學不斷創新
10～20年年資的教師認為好教師的重要特質	1.講課淺顯易懂
	2.自主且明是非、多鼓勵與讚美、敬業
	3.願傾聽學生想法、認同個別差異並瞭解全班同學、有愛心、展現高度熱誠、親切、教學生動

20年以上年資的教師認為好教師的重要特質	1.真誠且誠實、自主且明是非、多鼓勵與讚美 2.願傾聽學生想法、有耐心、講課淺顯易懂、展現高度熱誠、教學生動、口齒清晰、聲音甜美、教學不斷創新。
依總分而言，教師們心目中好教師的重要特質	1.多鼓勵與讚美、自主且明是非、講課淺顯易懂 2.展現高度熱誠 3.真誠而誠實 4.有愛心 5.願傾聽學生想法 6.教學不斷創新 7.認同個別差異並瞭解全班同學 8.教學生動
（二）國外的研究 　　以美國的研究為例，曾有學者針對教師及校長做過類似的調查： 　　五十六位教師所選出的好教師十大要素	1.認同個別差異 2.嚴格要求學生但不嚴厲 3.愛學生 4.有幽默感 5.教學有趣多樣 6.有耐心 7.有創造力 8.有魄力 9.展現高度熱誠 10.對學生多讚美與鼓勵
六十一位校長所選出的好教師十大要素	1.認同個別差異 2.教學有趣多樣 3.有明確的教學目標 4.愛學生 5.展現高度熱誠 6.有創造力 7.嚴格要求學生但不嚴厲 8.對學生多讚美與鼓勵 9.有幽默感 10.有耐心

教師的幽默感需要透過平日不斷練習，才能在班級教學中運用自如。「臺上三分鐘，臺下十年功」正說明教師在講臺上的講解必須透過不斷地練習，才能收到預期的效果。

Unit 14-2
教師對學生的看法與期望

一、教師對低年級學生的看法	1.對父母的依賴性強
	2.天真、活潑、可愛
	3.喜歡發問，大驚小怪
	4.高分貝的自說自話，無視他人的存在
	5.旺盛的精力與強烈的好奇心
	6.期待被重視
	7.需要父母、師長在一旁鼓勵、鞭策
	8.低成就者，得不到成就，無法專注於所要求的事務上
	9.要求高度安全感
	10.生活自理能力需再加強
	11.團體生活常規需再訓練
	12.需不厭其煩、再三重複叮嚀
二、教師對低年級學生的期待	1.群體生活適應良好，培養基礎生活技能
	2.能生活自理
	3.先關注自己，別急著指正別人的錯誤
	4.集中注意力
	5.喜愛學習與探索知識領域
	6.培養對上學充滿期待
	7.在遊戲中學習成長，在歡樂中求知茁壯
	8.聽懂教師所說的話，知道該做的事
三、教師對中年級學生的看法	1.處於在家依賴父母，在學校又要表現獨立人格的過渡模糊階段
	2.學習能力的最佳塑造期
	3.因開始重視同儕關係，所以易形成小團體
	4.慢慢有自己的看法和見解顯現於外
四、教師對中年級學生的期待	1.從學校群體生活中，培養出獨立自主的生活態度
	2.在團體相處中，能保有自我的特質
	3.能學習團隊合作的精神
	4.不要斤斤計較，懂得團體生活中應有的包容心
	5.上課專心，下課開心
	6.快快樂樂上學，平平安安回家
	7.能脫離一個口令一個動作的機械命令
	8.有判斷力，不隨同儕起舞

五、教師對高年級學生的看法	1.大部分心思都花在電腦遊戲光碟
	2.愛看電視，不愛讀書
	3.好爭吵打鬥
	4.處在訊息萬變的資訊時代，常有無所適從的徬徨感
	5.精神生活貧乏
	6.低成就者到此階段更無信心
	7.多輔導，頑石還是能點頭
	8.不善於安排自我的時間
	9.自我中心思想較重
	10.以身教代替言教，教學相長
	11.邁入青春期，對兩性關係既好奇又期待
	12.重視同儕的友誼
	13.渴望在同儕中獲得高度的肯定及認同
	14.與教師較無距離，較能打成一片
	15.脾氣較無法控制
	16.自我反省能力欠佳
	17.思考敏捷，但對於困難忍受力太差
	18.處理事情的態度都很暴力
六、教師對高年級學生的期待	1.培養良好的閱讀習慣
	2.品德重於一切
	3.足夠的挫折容忍力
	4.品行端正善良，有恆心、有耐心
	5.具備基本學識
	6.擁有一技之長，貢獻於社會
	7.友愛同儕
	8.熱心服務
	9.自動自發
	10.具有責任心，積極、樂觀進取的人生態度
	11.凡事用心，有一顆包容的心
	12.對人、事、物都能有體貼的心
	13.善於觀察

教師對學生的看法與期望，將影響教師在教學中對學生的觀點。善用對學生的正向期望，減少對學生的負向看法，學生也會感受到教師的心意，而有所改變。

Unit 14-3
新手與老鳥的座右銘

不管新手或專家教師在專業成長過程中，難免會遇到各種來自內外在的壓力，形成專業成長方面的挫折。教師在生涯發展階段中，如何面對這些壓力和挫折，促使自己不斷學習與成長，是相當重要的議題。

一、新手座右銘

1.以成長取代抱怨：新手教師在教學生涯中，由於教學甫起步，難免因為各種情境而導致沮喪挫折。新手教師應該在遇到挫折時，以不斷成長的心情取代不斷的抱怨，不可以將各種挫折歸咎於他人的理念或是學校教育的問題。

2.以專業取代口水：當新手教師展開教學時，往往因為經驗方面的不足，導致學校教師、主管、甚至家長對教師教學的質疑。此時，新手教師應儘量以專業知識的角度，向相關人員作詳細的說明，才能化危機為轉機，將教育專業精神發揮到淋漓盡致。

3.以虛心取代無禮：新手教師在展開教學生涯時，難免因為各種經驗不足，導致各種無禮的質疑和指責。建議新手教師應該以虛心學習的態度取代各種無禮的狡辯，或是非要在論辯中爭個道理來不可。

4.以冷靜取代衝動：新手教師在教學初期，很容易因為理念與經驗上的問題，導致教學受到質疑，因而形成教學上的挫折。在遇到教學挫折時，應該儘量以冷靜取代衝動，透過專業對話方式，讓對方瞭解自己的教學理念，進而建立共識。

5.以學習取代挫折：新手教師來自教學與生涯發展方面的挫折，足以讓教師懷疑自己的專業知能。以不斷學習與成長的精神，取代因為經驗與專業方面的不足而產生的挫折，更有助於教師專業方面的成長。

二、專家座右銘

1.以提攜面對請教：專家教師經過新手教師階段，不管在教學經驗方面或是人際關係經營方面，都比新手教師擁有更豐富的知能。在面對新手教師時，應該秉持提攜後進的精神，將教學經驗傳授給新手教師，以減少新手教師在教學方面嘗試錯誤的機會。

2.以能力面對傲慢：專家教師在面對家長和外界壓力時，應該以專業的精神與能力，提供各方面的經驗和知能，儘量以專業能力解決教學上的各種問題，避免以「倚老賣老」的態度面對外界的質疑。

3.以學習面對沮喪：專家教師在教學多年之後，往往因為教學理念問題而被質疑，導致教學產生挫折感而萌生「不如歸去」的想法。當專家教師遇到教學方面的挫折時，應該以「終生成長」的方式面對各種沮喪。

4.以經驗面對指責：專家教師另外要面對的是家長對自己教學方法的質疑，尤其在瞬息萬變的社會中，教學理念與方法能否創新、面對訊息的改變等，專家教師可以透過教育經驗的累積，以經驗面對各種指責。

5.以專業面對質疑：教師的風采往往來自教育專業，專家教師在生涯發展中，透過專業方面的成長，以及專業能

力培養，面對各界的質疑。在教學多年之後，不可自認為專業能力足以解決來自教育上的各類問題，應該針對專業能力不斷持續成長與改變，以創新的精神面對瞬息萬變的社會。

教師穿著問題

- 一般學校對教師的穿著，並無明文的規範。
- 教師在平日的教學中，應該針對各種場合、教學上的需要，調整自己的穿著，才能提高學生的學習動機。如同服裝顧問法蘭克有言：「從衣櫥中取出衣服前，要先問你的顧客期待你穿著哪一套衣服。」
- 教師在穿著部分應該配合學校的各種活動，作各種的調整因應。

牛頭要對馬嘴

- 教師的穿著應該要針對學科教學與學校活動性質，作為穿著搭配的依據。
- 如果學校舉辦動態的活動，教師就可以穿著比較輕鬆的衣服。

學生也懂得欣賞

- 教師的穿著除了配合學校的節日之外，也應該瞭解學生也懂得欣賞的心理，提供機會讓學生評比自己的穿著，作為生活教育的一部分。

避免穿幫

- 女性教師在穿著方面，應該避免穿幫以免引起學生的好奇心。尤其，高年級的學生對教師的一舉一動都充滿好奇心。

以合禮儀為主

- 教師的穿著應該以合禮儀為主，不可以過於隨便或是過於嚴肅。
- 在穿著的搭配方面，可以考慮季節的變化以及各種禮儀需要，例如班親會、家長參觀教學日等，教師在服裝儀容方面應該有所因應。

樣式可以隨意變化

- 教師的穿著可以在樣式方面進行隨意變化，但仍以清爽自然為主。
- 避免過於花俏、不莊重等的樣式變化。

Unit **14-4**
成為精練教師的方法 (1)

圖解班級經營

一、具備教室主角是學生的認知

　　教師在教室生活中，應該以專業的能力和精神，引導學生進行學習與探索，不可以在教學中，本末倒置地將自己視為最佳主角，千萬別忘了學生才是學校教育的主角。誠如國外學者所言：「對某些教師而言，讓他們瞭解自己並不是教學上的主角，是一件非常困難的事。」「這有點直覺上的反抗，並不表示教師本身不重要。教師與其問自己：『我今天要做什麼？』不如問：『我的學生今天該做什麼？』」

二、凡事用心才能更新

　　當稱職的教師，在專業方面的每一個細節都應該要用心才能獲得肯定。教師在面對學生時，應該花時間在瞭解學生上，尤其是研究學生的才能、先前經驗，以及學習方面的需求，才能在教學中展現教師的專業能力。凡事用心的教師，可以在複雜的教學活動中，運用豐富的經驗處理瞬息萬變的教室事件。

三、提供安全的環境讓學生冒險

　　教師要能提供安全且具風險的環境，學生才能勇敢將自己的想法說出來或做出來。從「學習需要承擔風險」的角度而言，學生要能承認他們所不知的並承受其中的風險，然後再重新思考他們認為自己已經瞭解的。教師要在學習環境中評估各種學習活動的風險，營造一個具有刺激性的環境，提供學生滿足各種學習需求的心理特質。在教學活動進行時，引導學生降低對各種新鮮事務的恐懼感，提高學生對各種學習的好奇心，給予學生在情緒上、智力上及心理上有安全學習環境感。

四、散發教學熱忱與教學目的

　　教師的教學熱忱應該在班級生活中，透過對學生的關懷、對教學的熱愛、對職責的堅持而散發出來且讓學生可以感受到。如果教師對教學散發熱誠的話，學生就願意在教師的引導之下進行學習。

五、明確的教學目標與專業的引導

　　教師應該提供學生明確的教學目標，讓學生瞭解每天學習的重點何在，隨時提供學生專業方面的引導，讓學生在學習過程中有恃無恐，教師可以隨時提供專業方面的協助，讓學生的學習活動可以順利進行。

六、有效轉化各種複雜的概念

　　教學概念的轉化是教師專業重要的一環，在教學活動進行時，如何將複雜或抽象的概念具體化，並且轉化成為學生可以理解的方式是相當重要的。因此，教師要能隨時和外界的變化接軌，將各種生活經驗透過整合融入教學活動中，可以有效結合理論與實務，讓學生進行學習。

七、承認教師的不足並向學生學習

　　教師本身要能瞭解「教師並非萬能」的事實，隨時反省自己的教學，提供學生雙向回饋的機會。因此，教師也要向學生表明自己的不足，以及願意和學生學習的精神態度。

認識學生

學生 自我介紹	・教師可以運用相互訪問的方式介紹學生的姓名、興趣、星座、家庭生活概況、喜歡的偶像等。 ・在教室重要的地方中可以張貼學生的大頭照，在學生的座位上面可以黏貼學生的名字，學生可以在胸前配掛識別牌。

如何快速認識學生

1. 運用座位表

運用學生的座位表作為快速認識學生的依據，尤其是科任教師應該請級任教師提供學生的座位表，並且將座位表黏貼在教科書上面，教學進行時，依據班別可以快速認識學生。

2. 記住學生的特性

教師也可以運用學生的特性快速認識學生，或是透過學生的乳名拉近與學生的距離。

3. 向教師作簡報

教師可以請班長在上課前，向教師進行班上同學的簡報，透過簡報的進行，可以讓教師快速地認識並瞭解學生。

4. 問問題

上課時間運用問問題的方式，教師可以快速地認識學生。因此，教師可以製作學生各項資料統計表，如果問過問題的學生就在資料表上面作記號，有助於教師認識學生。

5. 軼事記錄法

教師透過對學生的回應，將各種學習的特性記錄下來，請學生提供一張生活照片，張貼在軼事記錄表上面，可以讓教師隨時核對學生的資料，加深教師對學生的印象。

Unit 14-5
成為精練教師的方法 (2)

八、教學可以順應自身的價值觀和特質

瞭解自身的價值觀和特質，對教師教學活動的進行是相當重要的。理解自己的特質，才能掌握自己的教學特色，進而願意接納學生各種不同的想法。透過對自己的瞭解，可以使教師在專業能力方面不斷地成長。

九、提供明確的學習方向和策略

效能的教學可以提供學生明確的學習方向，讓學生在遇到學習困難時，知道如何突破各種學習方面的障礙，進而解決問題，促進學習。此外，教師要針對學習困難的成因，提供學生有效學習的策略，讓學生在學習過程中遇到困難時，可以運用學習策略促進學習效果。

十、適時反問學生：How？What？Why？

教師在教學進行中，可適時地反問學生How？What？Why？的問題，有助於幫助學生澄清各種學習方面的疑問，提供學習概念的澄清機會。傳統的教師在教學中，有過於偏向「教師中心」教學型態的趨勢，學生很難在遇到學習困難時，有機會向教師請教。

十一、重視指導學生學習的策略

教師在教學過程中，針對學生學習的指導是極為重要的階段。缺乏教師的指導，學生出現學習障礙，導致對學科學習的挫折感。教師在教學進行時，應該運用對學習策略的瞭解，針對學生的學習反應，隨時提供有效的指導策略，促進學生的學習效果。

十二、避免說教，要雙向互動溝通

教師在教學中應該避免對學生說教，影響學生的學習興趣。教師應該在教學中少說教、多溝通，少灌輸、多分享，提供教師與學生雙向互動溝通的機會，讓學生勇敢地將自己的想法說出來。此外，在班級生活中，教師應該放下自己的身段，隨時和學生保持密切的溝通，讓學生隨時有興趣學習。

十三、隨時傾聽學生的聲音

傾聽學生的聲音有助於教師瞭解學生的內心世界，從傾聽中理解學生對學校生活的看法，作為班級經營的參考。教師可以在班級設置「我有話想說」信箱，讓學生可以隨時將自己的想法寫出來，由教師針對學生的問題給予指導。

十四、鼓勵學生「三角學習」：教師、同學、自己

教師可以鼓勵學生在學習中隨時運用三角學習的概念，提高自己的學習效果。

十五、秉持因材施教的理念

教師在班級教學中，應該秉持因材施教的理念，將自己對學生的刻板印象消除，對學生一視同仁。不可以因為學生的各種先在特性（例如，家庭社經地位、學習成就、父母職業）的不同，而給予不同待遇。對於學習不利或文化刺激的學生，教師應該提供多元且充足的

學習機會，在教學上顧及每一位學生。

十六、永不放棄任何一個學生

教師對每一位學生都應該秉持相等對待的觀念，給予全心全意的照顧，不可以輕言放棄任何一位學生。在教室生活中，對每一位學生的關懷與照顧都應該是相等的，對每一位學生的表現都應持著欣賞的角度，給予學生的鼓勵與支持都應該是對等的。

235

強化師生關係的活動

詩詞背誦活動	針對學生的課程與教學內容，篩選適合學生學習的題材，而且容易琅琅上口的詩詞來要求學生背誦。
讀經朗誦活動	運用經書朗誦活動的進行，作為班級生活的活動。
輕聲細語活動	要求學生在班級生活中儘量放低音量，以輕聲細語的方式將自己的意思傳達給學生。
清潔寶寶運動	透過各種有效的獎勵措施，增進學生的清潔習慣。
有話大家說活動	班級中設置「我有話要說」信箱，進行雙向交流。
多說好話運動	運用在班級生活中的多說好話運動，指導學生在講話中可以更優雅、更有氣質。
個別晤談活動	學生在班級生活中出現反社會行為的話，教師可以透過班級個別晤談給予適時的輔導和協助。
好書分享活動	透過對好書閱讀心得方面的分享，強化學生對閱讀的習慣，提倡班級閱讀活動。
學生旅行分享活動	規劃旅行分享活動單元布置，請家長和學生協同布置和分享。
生活經驗分享活動	例如以詐騙集團的策略和方法與學生進行分享，讓學生瞭解詐騙集團慣用的策略，為生活預防之用。

參考書目

中文部分

王文科（民 85）。有效的班級經營模式。載於教育實習輔導，2 卷 3 期，頁 3-8。

王俊明（民 71）。國小級任教師之領導行為對班級氣氛的影響。國立臺灣師範大學輔導研究所碩士論文。

王雅觀（民 88）。高級中學班級組織型態及其班級氣氛與學習狀況之研究。國立臺灣師範大學教育研究所碩士論文。

吳武典（民 76）。國民中學班級氣氛問題。臺灣教育，第 329 期，頁 46-51。

吳清山等（民 81）。班級經營。臺北：心理。

吳清山（民 86）。初等教育。臺北：五南。

林進材（民 81）。佛洛依德的精神分析論。郭為藩主編，現代心理學說。臺北：師大書苑。

林進材（民 88）。班級經營——理論與策略。高雄：復文。

林朝夫（民 84）。偏差行為輔導與個案研究。臺北：心理。

洪若馨（民 92）。國小一年級級任教師常規建立之行動研究。國立屏東師範學院國民教育研究所碩士論文（未出版）。

夏林清（民 85）。變，一個問題的形成與解決。臺北：張老師文化。

郭玉霞（民 86）。教師的實務知識。高雄：復文。

郭明德（民 90）。班級經營。臺北：五南。

陳密桃（民 70）。國小級任教師的領導類型對學習狀況及學生學習的影響。高雄師院教育學刊，第 3 期，頁 161-207。

陳幸仁（民 85）。淺談國小教師領導風格、班級氣氛與學生疏離感之關係。教育資料文摘，第 37 卷，第 4 期，頁 138-152。

陳奎憙（民 66）。教育社會學研究。臺北：師大書苑。

陳奎憙、王淑俐、單文經、黃德祥（民 85）。師生關係與班級經營。臺北：三民。

黃政傑、李隆盛（民 82）。班級經營。臺北：師大書苑。

黃德祥（民 86）。青少年發展與輔導。臺北：五南。

單文經（民 91）。班級經營。臺北：師大書苑。

郭玉霞（民 86）。教師的實務知識。高雄：復文。

張秀敏（民 87）。如何做好班級經營。載於國立臺南師範學院主編，班級經營——理論與實務。

鄭熙彥等（民 74）。學校輔導工作的理論與實施。彰化：復文。

鄭詩釧（民 87）。國民小學班級經營氣氛、教室衝突管理與教師效能關係之研究。國立臺灣師範大學教育研究所碩士班論文。

簡紅珠（民 85）。國小專家與新手教師班級經營管理實作與決定之研究。載於教育研究資訊，4 卷 4 期，頁 36-48。

鍾紅柱（民 72）。高中班級氣氛之研究。國立臺灣師範大學教育研究所碩士論文。

西文部分

Berliner, D. C.(1983). Development conceptions of classroom environments: Somelight on the Tin classroom studies of ATI. Educational Psychologist, 18, 1-13.

Blair, G. M., Jones, R. S., & Simpson, R. H. (1975). Educational psychology. New York: Macmillan.

Doyle, W.(1990). Classroom organization and management. In W. R. Houston(Ed.) Handbooks of research on teacher education. New York: MacMillon.

Driscoll, M. P.(1994). Psychology of being for instruction. Needham Heights, MA: Ally & Bacon.

Frojen, Y. A.(1993). Classroom management: The reflective teacher. New York: Merrill.

Goldstein, A. P., Glick, B., Irwin, M. J., Pask-McCatney, & Rubama, I.(1989). Reducing Delinquency: Intevention in the community. New York:Pergamon Press.

Lewin, K., Lippitt, R., & White, R. K. (1939). Patterns of aggressive behavior in experimentally created social climates. Journal of Social Psychology, 10.

McCown, R., Driscoll, M., & Roop, P. G.(1996). Educational psychology: A learning centered approach to classroom practice. Boston: Ally & Bacon.

Trickett, E. J., & Moos, R. H. (1971). Assessment of the Psychological Environment of the High School Classroom. Stanford, CA: Stanford University, School of Medicine.

Veenman, S.(1984). Perceiced problems of beginning teachers. Review of Educational Research, 54, 143-178.

Walker, P.(1988). The sociology of teaching. John Wiley & Sons.

Woods, P.(1983). Sociology and the school. London: Routledge and Kegan Paul.

Woodfolk, A. E.(1995). Educational psychology. Needham Heights, MA: Allyn & Bacon.

Yinger, R. J.(1980). A study of teacher planning. Elementary School Journal, 80, 107-127.

國家圖書館出版品預行編目資料

圖解班級經營／林香河，林進材著.
--初版.-- 臺北市：五南，2015.02
　　　面；　公分
ISBN　978-957-11-7946-9（平裝）
1.班級經營
527　　　　　　　　　103024972

1IYA

圖解班級經營

作　　　者 ─ 林香河（135.4）　林進材

發 行 人 ─ 楊榮川

總 經 理 ─ 楊士清

副總編輯 ─ 陳念祖

責任編輯 ─ 李敏華

封面設計 ─ 童安安

出 版 者 ─ 五南圖書出版股份有限公司

地　　　址：106台北市大安區和平東路二段339號4樓

電　　　話：(02)2705-5066　傳　　真：(02)2706-6100

網　　　址：http://www.wunan.com.tw

電子郵件：wunan@wunan.com.tw

劃撥帳號：01068953

戶　　　名：五南圖書出版股份有限公司

法律顧問　林勝安律師事務所　林勝安律師

出版日期　2015年2月初版一刷
　　　　　2019年1月初版三刷

定　　　價　新臺幣330元